[개정판]

언어의 산책

김형엽·오관영·이현구 지음

[개정판] 언어의 산책

© 김형엽·오관영·이현구, 2019

1판 1쇄 인쇄__2019년 05월 05일
1판 1쇄 발행__2019년 05월 15일

지은이__김형엽·오관영·이현구
펴낸이__홍정표
펴낸곳__글로벌콘텐츠
      등록__제25100-2008-000024호
      이메일__edit@gcbook.co.kr

공급처__(주)글로벌콘텐츠출판그룹
      주소__서울특별시 강동구 풍성로 87-6(성내동)
      전화__02) 488-3280 **팩스**__02) 488-3281
      홈페이지__http://www.gcbook.co.kr

값 15,000원
ISBN 979-11-5852-241-4 95740

언어의 산책

개정판

understanding of the language

walk of language

semantics

syntax

modern language

characters of language

김형엽·오관영·이현구 지음

BOOK

phonetics

morphology

글로벌콘텐츠

머리말 글

영문과 교수로서 학생들을 교육하면서 쉽고도 어려운 일이라고 한다면, 그것은 아마도 '영어학 개론'이라는 과목을 가르치는 일일 것이다. 그냥 이야기 하듯이 수업을 진행하면 할아버지께서 손자에게 옛이야기 들려주는 양 내용이 단순하게 끝날 것이고, 내용을 좀 더 심도 있게 가르치자고 들자면 상당히 전문적인 용어들이 마구 제시되면서 학생들을 상당히 긴장시키게 된다. 영어영문과 교수들은 학기가 시작 될 즈음이면 항상 개론을 위하여 적절한 교재를 찾게 되는데, 외국에서 출판된 서적을 뒤지다 보면 내용이 너무 전문적이라 교재 선정이 머뭇거려진다.

여러 해 동안 이 문제를 고민하던 우리 저자들은 2년 전 교재를 직접 준비하기로 서로 의견을 모으고 본 저서를 쓰기 시작하였다. 물론 처음에는 그저 쓰면 되리라는 생각에 페이지를 쌓아 가면서 기쁨도 느꼈지만, 차차 내용이 모아지면서 우리들 또한 동일한 문제점을 걱정하지 않을 수 없었다. 저자 모두가 언어학 전공자이기에 자신들이 관심 있는 분야의 내용을 중심으로 저술하다 보니, 자연히 내용 자체가 전문적인 부분으로 치우칠 수밖에 없었다. 특히 언어학에 관련된 내용은 자신들이 공부한 분야이기에 쉽게 쓴다고 노력했지만, 우리의 지식과 학생들이 이해할 수 있는 한도에서 격

차가 너무 벌어졌음을 깨닫게 되었을 때에는 조금 당혹감마저 들기도 하였다.

바로 이처럼 각 교수들의 학문적 배경 때문에 저서 내용은 너무 먼 곳을 달리게 되고, 학생들을 직접 가르쳐야 하는 사람으로서 이런 괴리감으로 인한 고민을 피할 수가 없었다. 우리 저자들은 이 부분을 위하여 여러 번 서로의 의견을 나누었고, 이런 조정 과정을 거치면서 저서 내용을 쉽게 이해시키는데 필요한 요인들이 무엇인지 찾을 수 있었다. 특히 저자들이 수년간 쌓아 온 학생들에 대한 교육과 여러 차례에 걸친 외국 방문 경험들은 책의 내용을 교육적이며 효율적 방향으로 틀 잡는데 큰 도움이 되었고, 저자들의 토론 과정은 본 저서를 효과적인 교재로 구성하는데 중요한 토대가 되었다.

책의 전체적인 구성은 기존의 저서들의 내용을 따랐지만, 내용 소개 면에서 상식적인 내용과 함께 약간의 전문 지식을 곁들여 학생들로 하여금 쉽게 내용에 접근할 수 있도록 배려하였다. 언어 및 영어의 역사적인 측면은 영어에 대한 호기심을 만족하는데 초점을 맞추었고, 언어의 기원과 언어의 내적 특성을 설명하는 부분은 많은 예를 첨가하여 이해를 쉽게 할 수 있도록 세심하게 주의를 기울였다. 또한 언어와 인간 그리고 동물의 연관성을 제시하는 부분은 예시 그림을 수시로 보여줌으로써 시각적으로 빨리 이해할 수 있도록 하였다. 이런 모든 시도는 저자들의 끊임없는 토론에서 비롯된 것이며, 학생들에게 효율적으로 지식을 전달하는데 모든 노력을 경주해야 한다는 믿음에 대한 결과라고 할 수 있다.

본 저서를 출판하면서, 영어학 교수 및 미래의 영어학 학자들이 학생들을 교육하는데 더 이상 어려움을 갖지 않기를 간절히 바라는 바이다. 또한 '전공 관련 저서는 어려울 수밖에 없다'는 교육자들과 학생들의 믿음을 변환하는데 본 저서가 조금이라고 도움이 되었으면 하는 마음 간절하다. 특히 교재를 완성하는데 끝까지 노력을 아끼지 않았던 본 저서 출판사 관계자들에게 심심한 감사의 뜻을 전하며, 본 저서의 저자들이 영어학 연구자 길을 시작할 수 있도록 도움을 주신 스승님들에게도 감사의 마음을 전하고자 한다.

2005년 봄이 오는 길목에서
저자들

다시 손질하면서

본 교재를 출판한 세월이 어느 덧 15년 가까이 이르고 있다. 애초 학생들에게 언어에 관하여 다방면의 서술들을 주축으로 언어에 대한 이해를 도모할 필요성이 있다는 의견을 나누면서 시작된 기획이 었지만, 사실 지난 시간동안 본 책을 통하여 우리들이 의도하였던 목표 지점에 다가섰는지에 대해서는 아직도 확신하지 못하고 있다. 무엇보다도 언어가 태생부터 현재까지 인간 사회의 핵심적인 역할을 수행하고 있는 상황들을 언급하면서 많은 부분들이 특정 언어에 치우쳐 있었다는 점을 인정하지 않을 수 없다. 그 이유는 저자들 모두가 영어학 및 언어학 전공자들로서 평생을 해당 분야에 종사하였던 경험이 책을 완성하는데 중요한 토대가 되었기 때문에 이런 아쉬움은 어쩌면 당연한 일이 아닐까 싶기도 하다.

그리고 이번 기회를 통하여 책 내용을 다시금 살펴보면서 언어 특징들을 일목요연하게 독자들에게 전달하게끔 구성되었다기보다는 전개 단계에서 사뭇 산만한 구석이 엿보이기도 하였다. 이런 문제점들이 본 저자의 눈에 하나씩 노출되면서 다른 저자들과 의견을 나누게 되었고, 앞서 언급한 부족한 점들과 일부 오류들을 수정하려는 필요성을 이야기하면서 지금의 단계에 들어서게 되었다. 첫째로 개념 설명의 편의성을 위하여 제시된 많은 예들이 영어에 국한되어 있는 상황에 대해서는 우리 저자들의 전문성의 한계성을 분명하게 인정하고, 이를 기반으로 영어에 속한 자료들이지만 좀 더 다양하고 폭넓은 예들을 포함하는 방법을 통하여 언어적 한계점을 극복해보려고 한다. 다음으로 전체 내용 전개에서 일관성이 확실하지 못한 부분을 보완하는 차원에서 기존에 서술된 내용 순서를 과감하게 재구축하려고 한다. 책 전반부에는 언어와 주변 개념들의 연관성을 주축으로 언어와 역사, 언어의 활용, 언어와 인간 뇌 등을 취급하면서 언어 사용에서의 다양한 맥락 등을 살펴보려고 한다. 책 후반부에서는 언어의 특징을 확실하게 보여주는 차원에서 언어학 전공 방면의 방법론을 기반으로 언어 특성 설명 방식을 참고하면서 언어의 내적 특징들을 순차적으로 열거하려고 한다. 따라서 언어의 소리, 단어, 문장, 의미에 관련된 서술들을 포함시키려고 한다. 고로 본 교재를 탐독한 사람이라면 언어가 주변의 여러 분야의 요인들과 함께 연계성을 형성하고 있는 현상들을 분명하게 파악하면서 아울러 후반부 내용을 토대로 언어만의 특성들을 확실하게 파악해가는 완성 단계를 밟아 갈 수 있으리라고 본다.

주변 사람들과 이야기를 나누어 보면 대화 속에서 왕왕 '세월이 약'이라는 표현을 접할 때가 있다. 물론 고통의 기간을 지나가는 사람들에게 위로하는 의미로 전달하는 내용이기는 하지만, 우리 저자들이 수년간 학생들을 가르치고 지도하면서 언어에 관련하여 축적된 여러 분야의 지식들을 기반으로 이 책을 한결음 도약시키는 잠재성을 갖추게 된 모습을 가리키려는 차원에서 '세월이 약'이라는 개념을 좀 다르게 이해하려고 한다. 최초 교육을 향한 단심에서 시작된 저술이었지만, 완성 이후 여러 시행착오를 발견하는 과정들이 그리고 그 안에서 심적으로 겪어내는 고통이 이 저서가 또 다른 모습을 갖추는데 핵심적인 치료제 역할을 톡톡히 해내고 있음을 상기

시키고 싶다.

끝으로 본 저서가 얼마 전까지 절판 단계에 이르렀다가 다시 한 번 재탄생할 수 있도록 기회를 마련해준 출판사 관계자들에 심심한 감사의 뜻을 전하고 싶다. 사실 오래전부터 개정 및 증보의 필요성을 느꼈던 안타까움이 없지는 않았지만, 출판 시장 환경을 감안할 때 동일한 책에 대하여 새로운 출판을 종용하는 의사를 전하기가 선뜻 내키지 못했던 것 또한 사실이다. 그렇지만 이렇게 저서가 세상에 다시금 나서는 기회는 너무나 행복한 일일 것이다. 다만 최근에 본 교재를 또 한 번 발전시키려는 시도 단계에서 저자들 중 이현구 교수의 상실은 지금도 마음에 큰 상처로 남아 있다. 그에게 큰 애도를 보내고자 하며 또한 출판사 배려 속에서 이번만큼 저자 구성을 그대로 유지하려는 결정은 커다란 위안이 되고 있다. 앞으로도 이 저서가 우리들이 의도하였던 최초 의중을 충실하게 반영하고, 단단하게 독자들의 지식 기반을 마련해주면서 아울러 만능열쇠처럼 또 다른 학문의 세상을 열어주는 기능을 수행할 수 있기를 진심으로 바랄 뿐이다.

차례

I 인간 언어의 특정

　'지구상에서 인간만이 언어를 가지고 있다'라는 명제는 언어가 오직 인간에게만 국한된다는 것을 의미한다. 이처럼 언어가 인간에게만 제한되어 있다는 사실은 인간들이 사용하고 있는 인간 언어와 동물들의 의사소통 수단 등을 비교, 검토하는 과정에서 두 부류 사이의 차이점을 확인해 가는 과정에서 발견할 수 있다. 그러므로 인간 언어의 특색을 논의할 때는 가장 먼저 동물의 표현 방식과 차별되는 인간 언어에만 나타날 수 있는 특징들을 찾아내고 항목들을 단계적으로 짚어가는 과정 속에서 해당 내용을 분명하게 이해할 수 있을 것이다.

01 언어의 특징

1.1 인간 언어 발화 및 청취 역할의 교환성

언어는 의미를 보내는 사람(화자: speaker)과 그 내용을 받는 사람(청자: hearer) 사이에서 상호전달(communication)이라는 역할을 수행하는 기능을 한다고 볼 수 있다. 즉 인간들이 상호 의미를 교환하는 수단으로서 언어를 이해하는 것을 가리키는 것이다. 사람들에 따라서는 언어의 이런 특성을 호환성(inter-changeability)라고 명명하고 있다. F. Saussure는 언어의 이와 같은 기능을 설명하기 위하여 언어에서 의미와 전달되는 소리를 분리하였다. 바로 기의(signifié)와 기표(signifiant)들이 바로 해당 용어들이다. 전자의 경우는 화자가 소리의 수단을 이용하여 상대방에게 전달하려는 개념을 가리키는 말이며, 후자의 경우는 소리로 표현되는 음향적 표상을 가리키는 것으로서 단어를 형성하는 소리들의 구성 방법 및 형성된 구조를 가리키는 것이다. 이 둘을 합치어 단어를 구성하게 되면, 그 단어는 명실상부하게 언어적 기호(linguistic sign)로서 자격을 갖추게 되는 것이다.

> **요점 정리** 호환성: interchangeability
> Language has a role of transmission between sender and receiver.

1.2 기호의 의미 사이의 이중성

인간 언어의 특성을 확인시켜 줄 수 있는 요소들을 들자면 가장 먼저 언어의 이중성(duality)을 들 수 있다. 이중성이란 언어의 기능적인 구조로서 소리와 의미가 일대일로 연관되어 있는 현상을 가리킨다. 이 구조에 따르면 소리로 구성된 최초 단위라고 할 수 있는 단어는 항상 하나의 대상만을 가리켜야 한다. 두 가지 이상의 소리 단위가 하나의 대상만을 가리키거나, 하나의 소리 단위가 두 가지 이상의 단위를 의미하는 중복 현상은 절대 허락되어서는 안 된다.

이런 기준으로만 인간의 언어와 동물의 언어를 구별한다는 것은 그리 쉽지는 않을 것이다. 동물의 의사소통 방식에서도 소리와 의미의 일대일 연결 관계는 얼마든지 발견할 수 있기 때문이다. 동물의 의사소통 수단인 울음소리는 항상 일정한 동물만 생성할 수 있도록 되어 있다. 따라서 직접 그 동물을 보지 못하더라도 소리만으로 어떤 동물이 근처에 있는지를 알아낼 수 있다. 만약 특정 동물의 울음소리를 A라고 한다면, 이것은 어떤 다른 동물의 울음소리와 절대로 혼동되지 않는다.

동물들과 각 울음소리의 연관성은 마치 영어의 철자들처럼, 한 철자는 반드시 하나의 명칭만을 가져야 하는 일대일 관계 상황에 비유해 볼 수 있다. 각 철자들의 차이성은 단어의 의미 구분 기준에 아주 중요한 역할을 담당한다. 즉 영어 단어들 중에는 내부를 구성하고 있는 철자들 중 하나의 차이만으로도 단어의 의미가 구별되는 것들이 아주 많이 있다. 하나의 철자 때문에 단어 사이의 의미를 간단하게 구분할 수 있다. 언어학에서는 철자의 이런 기능을 중시하여 철자를 하나의 구별 단위로 보게 되었고, 이때 의미를 구분하는데 중요한 역할을 담당하는 철자를 가리켜 음소(phoneme)라고 하였다.

이에 따르면 음소의 개념은 의미와 소리를 일대 일로 보는데서 의미를 구별하게 해주는 수단으로 생각할 수 있다. 예를 들어 'tap – tip'의 두 단어에서 모음 / a /와 / i /들은 두 단어의 의미적 차이를 확인시켜 주는 중요한 기준이 된다. 마치 동물마다 서로 다른 울음소리를 가짐으로써 동물들 각자를 구별할 수 있게 해주는 현상과 아주 유사하게 생각할 수 있다.

그렇지만 인간 언어에는 두 가지 이상의 다른 의미가 하나의 소리 단위에 동시에 연관되는 경우가 아주 많다. 바로 동음이의어(homonym)가 여기에 해당한다. 동음이의어란 동일한 발음으로 구성된 단어들이 두 가지 이상의 의미를 지시하는 것을 가리키는 개념이다. 예를 들자면 'tale – tail'은 서로 동일한 발음으로 소리 나지만, 엄연히 다른 의미를 지시하는 별도의 단어들이다. 'ear – year, east – yeast' 등도 바로 여기에 속하는 예들이다. 그러나 동물의 의사소통 수단에서는 이런 현상에 해당하는 예를 전혀 찾아볼 수 없다.

동음이의어가 인간 언어에 미치는 영향은 적지 않다. 즉 한정된 소리의 범위 내에서 여러 의미를 동일한 한 소리로 표시함으로써 어휘의 부족을 상당 부분을 해결할 수 있다. 더 나아가서는 언어의 표현 능력을 더욱 풍부하게 해줄 수 있다. 비록 단어만을 단순 비교할 때는 쉽게 혼동될 수 있는 문제점이 없지는 않지만, 이런 상황은 각 단어가 속한 문장의 전체 의미(context)를 파악함으로써 의미가 혼동되는 경우를 미연에 방지할 수 있다.

요점 정리

동음이의어: homonyms(same sound — different meaning)
예) tale - tail, see - sea, bear - bare

동물의 울음소리(animal calls): 동물의 울음소리들은 영어의 철자들이 서로 다른 것처럼 각각 독립성을 가지고 있다.
예) A B C D E …… 모든 철자는 독립적인 요소로서 구분되어 있다. 문자의 개념 또한 이와 같다고 할 수 있다.

1.3 언어 표현 의미의 독립성

인간의 언어를 이야기할 때 특히 주의할 점은 소리의 독립성과 자의성에 바탕을 둔 특성이라고 할 수 있다. 때에 따라서는 이런 성격을 임의성이라고 표현하기도 한다. 영어로 그 의미를 짚어보면 'arbitrariness'라고 할 수 있을 것이다. 이 용어가 가리키는 내용은 소리와 대상 사이의 관계는 임의적 연관성이 있으며, 특정 소리가 특정 대상을 표시하는데 상호 내적 연관성이 전혀 반영되지 않는다. 더욱이 소리의 의미의 필연성을 나타내는 내재적인 동기는 단어와 의미 연결에 절대 반영하지 못하도록 되어 있다. 따라서 영어 단어 중 많이 사용되는 명사 'book'은 이것이 지시하는 '책'의 속성과 어떤 연관성도 보여주지 못한다. 'b, o, k'와 같은 철자들은 '책'이 소유하고 있는 구조와 특성을 전혀 반영하고 있지 않기 때문에, 단어의 철자 구성만으로 전체 의미를 알고자 하는 것은 별로 바람직한 일이 못 된다. 즉, 이 단어를 형성하는 어떤 철자도 관련된 대상의 어떤 부분을 가리키지 않는다는 점을 철저하게 따르는 것이다.

Lewis Carroll(본명: Charles Dodgson)은 자신의 대표적 작품인 *Alice's Adventures in Wonderland*에서 주인공인 Alice와 그녀가 여행 중에 만난 Humpty Dumpty와의 대사를 이용하여 언어의 임의적 요소를 유감없이 증명해 보이고 있다. Humpty Dumpty는 'glory'라는 단어에 자신만의 의미를 부여함으로써 말을 자신의 의도대로 사용하고 있는데, 이 점이 바로 Alice를 혼동하게 하는 점이다. Humpty Dumpty는 자신이 택한 단어에 자신이 원하는 바대로 어떤 의미든지 임의적으로 연결시키는 것이 가능하다고 생각하는 믿음이 바로 다음에 나오는 예의 주된 요점이라고 할 수 있다.

"네가 계산한 결과를 따르자면 1년에 364일 동안 '생일 아닌 날'로서 선물을 받을 수 있을 거야. 그렇지 않니?" Humpty Dumpty가 이처럼 질문을 하자,

"물론 그렇지." Alice가 대답하였다.

"그러면 생일 선물이라는 것은 하루만을 위하여 주는 것이잖아. 그래서 너에게 'glory'를 해보일 수 있어." Humpty Dumpty가 말을 이었다.

"그런데 네 말 중에 'glory'가 무얼 뜻하는 지 알 수가 없네." Alice가 물었다.

Humpty Dumpty는 Alice의 질문에 경멸하는 듯한 태도를 보이면서,

"물론 네가 그 말의 뜻을 알 수는 없지. 내가 말해줄 때까지는 말이야. 내가 말하는 'glory'란 '너를 꼼짝도 못하게 할 수 있는 논쟁이다'라는 것을 가리키는 것이야.

그 때 Alice는 놀라면서 어리둥절한 표정으로 질문을 던졌다.

"그렇지만 'glory'란 단어는 본래 '꼼짝 못하게 하는 논쟁이다'라는 것을 가리키는 말이 아닐 텐데······."

Humpty Dumpty는 좀 더 비웃는 듯 한 웃음을 보이면서 다음처럼 말했다.

"내가 단어를 선택할 때는 각 단어들로 하여금 더도 덜도 말고 내가 의도하는 의미만을 가지게 할 수 있지."

"그러나 문제는 누구든지 말의 의미를 자기 마음대로 바꿀 수는 없다는 사실이야."

Alice가 이처럼 Humpty Dumpty 말에 대항하자 그는 다음처럼 대답하였다.

"아니지 요점은 누가 해당 단어를 마음대로 주무를 수 있느냐 하는 사실이야. 바로 이것이 말을 사용하는 모든 것이라고 할 수도 있을 거야."

"······ — and that shows that there are three hundred and sixty-four days when you might get un-birthday presents —"

"Certainly," said Alice.

"And only one for birthday presents you know. There's glory for you!"

"I don't know what you mean by 'glory'," Alice said.

Humpty dumpty smiled contemptuously. "Of course you don't know — till I tell you. I meant 'there's a nice knock-down argument for you!"

"But 'glory' doesn't mean 'a nice knock-down argument'," Alice objected.

"When I use a word", Humpty Dumpty said, in rather a scornful tone, "it means just what I choose it to mean — neither more nor less."

"The question is," said Alice, "whether you can make words mean so many different things."

"The question is," said Humpty Dumpty, "which is to be master — that's all."

요점 정리 언어에서 소리 단위와 의미 연결의 임의성
(The relation between a sound and a thing is arbitrary.)

일반적으로 언어 기호는 스스로가 지시하려는 대상과 내적으로 어떠한 필연적 연관성을 가지고 있지 않다. 예를 들어, 'Ronald Reagan'이라는 표기는 우연히 미국의 한 대통령을 가리키게 되었지만, 그 표기가 경우에 따라서는 전혀 다른 사람을 가리킬 수도 있을 것이다. 따라서 'Bob Hope'를 가리켜 'Ronald Reagan'이라고도 할 수 있을 것이다. 이 표기로서 지명된 사람은 자신을 전혀 다른 명칭을 이용하여 나타낼 수도 있는데, 'Hopalong Cassidy'라는 이름으로도 자신을 지칭할 수도 있다.

이와 같은 상황은 언어에 나타나는 기호의 임의성을 극단적인 방식으로 보여주는 것으로서, 사람을 지칭하는데 사용되는 이름들이 반드시 특정인의 특질을 반영하여 설정된 것이 아님을 확연하게 보여주는 예라고 할 수 있다. 특히 영국의 논리 학자였던 'Lewis Carroll'은 명칭의 이런 측면을 여실하게 보여주었다.

In general, linguistic symbols have no intrinsic or necessary connection with their referents. The inscription, 'Ronald Reagan', happens to refer to a certain president of the USA, yet it is in an importance sense arbitrary that it does so. That inscription could have been used to refer to Bob Hope; and Reagan could have been called 'Hopalong Cassidy'. This arbitrariness is nicely illustrated by the English logician, Charles Dodgson, better known as Lewis Carroll :

1.4 언어 표현의 시공적 자유성

인간이 언어를 사용하면서 얻을 수 있는 유리한 점들 중에 하나는 언어 표현의 변위성(displacement)이다. 변위성이란 언어로 거리, 시간, 공간 등과 같은 조건들에 전혀 구애됨이 없이 원하는 사실을 표현할 수 있음을 의미한다. 다음에 제시된 예는 'B. Russell'이 언어의 변위성을 염두에 두고 제시한 내용 중 일부를 인용한 것이다. 주어진 내용에 의하면 '개'가 아무리 짖어대더라도 과거 자기 자신의 조상에 대한 이야기를 전해줄 수 없다는 것이다. 그러나 인간의 언어는 얼마든지 시공에 제한됨이 없이, 조상이던 멀리 있는 친척의 일이던 어렵지 않게 여러 사람들에게 전달하는 것이 가능하다.

<예> Russell
  No matter how
  a dog may bark
  he cannot tell you that
  his father was poor but honest.

요점 정리 변위성: Without limitedness of distance, time, space, language can express all. However, animal language cannot have feature of displacement.

1.5 언어 표현의 생산성 및 창의성

인간의 언어가 오늘날처럼 풍부한 표현력을 가지게 된 것은 인간만이 가지고 있는 창의성에 근본 원인이 있는 것 같다. 동물이 의사소통 수단으로 소유하고 있는 단어의 수나 표현 방법은 어류, 곤충류, 영장류 등 종류에 따라 특수한 표시 방법이 있을 뿐, 어떤 것도 인간 언어처럼 다양한 표기 방식을 보여주지는 못 한다. 인간 언어와 달리 동물의 언어는 한정된 수의 표현만을 가지고 있지만, 인간은 언어에 새로운 단어를 부여할 수 있는 표현 창출 능력을 지니고 있다. 이처럼 인간들이 새로운 단어들을 만들어내는 능력을 가리켜 언어의 조어력(linguistic coinage)이라고 한다.

인간 언어에서는 단어와 그 단어에 연관된 의미를 암기하면, 모든 의사소통을 위한 모든 신호체계를 완전히 소유하게 되는 것은 아니다. 인간은 더 많은 의미 전달을 위하여 이미 주어진 기존 신호체계에 단어와 단어를 합성한 또 다른 복합어를 제시하는 방식도 알고 있기 때문에, 신호체계는 더욱 복잡한 의미를 포함할 수 있게 된다. 따라서 누구든지 신호체계의 최소단위인 단어와 단어들을 합해서 어떤 의미의 신호단위를 만드는 방법만 알기만 하면 모든 신호단위의 의미를 알 수 있고, 비록 그 신호단위를 전혀 본 적이 없어도 상당 부분 그 의미를 유추하여 이해할 수 있다.

그러나 벌의 신호 방식은 약간의 생산성을 가질 수는 있지만 생산성의 정도에서 나타나는 한계 때문에 더 이상의 창조성을 기대하기는 어렵다. 그러나 인간 언어에는 그와 같은 한계성이 존재하지 않기 때문에, 무한에 가까운 창조적 과정과 생산적 특징을 관찰할 수 있다.

생산성과 창의성: productivity and creativity

Being different from human language, animal has a few fixed words. But human can concoct new words.

1.6 언어 행위의 집중도 차이

인간은 말을 할 때 자기가 갖고 있는 모든 에너지를 말하는 데만 사용하지는 않는다. 때에 따라서는 다른 행동을 하면서도 얼마든지 자신의 의사를 밝힐 수 있다. 신문이나 대중매체에 나오는 내용을 보면서도 자신이 원하는 내용을 상대방에게 전달할 수 있다. 다만 사회적 윤리관에 따라 산만한 행동이 문제 발단이 될 수는 있지만 언어 자체의 기능만을 생각한다면, 주의가 흩어지는 현상은 그렇게 문제시 되지 않는다.

그러나 동물들의 경우에는 조금 사정이 다르다. 이른 새벽 수탉이 아침 시간을 알릴 때, 우리는 수탉이 자신의 혼신의 힘을 소리를 내는데 모두 집중시키는 것을 어렵지 않게 보게 된다. 또 개의 경우에도 낯선 사람이 나타났을 때, 그 사실을 경고하는 데만 집중한 채 다른 측면에 거의 신경을 쓰지 않는 것도 흔히 발견할 수 있다.

반면에 인간의 언어행위는 다분히 병렬성이 있다. 그 이유는 여러 가지의 행동을 언어 행위와 함께 동시에 수행할 수 있기 때문이다. 뛰면서 말을 한다든지, TV와 신문을 보면서 이야기를 듣는 다든지... 그래서 동물의 의사소통 행위는 병렬성을 가지고 있기보다는 모든 행위를 시간상의 순서에 따라서 이행되는 직렬성 방식으로 설명되어야 한다. 그래야만 동물들의 행동 양식을 적절하게 이해할 수 있을 것이다.

전문화(또는 특성화): specialization

Human don't devote all their total energy or concentration in speaking. They can speak with doing something else such as watching TV, reading newspaper.

1.7 언어 습득 환경에 대한 연관성 차이

인간들은 자신들이 태어난 장소와 그곳의 언어가 사용되는 환경에 의해서 해당 언어를 모국어로 습득할 수 있는 능력이 있다. 어떤 아이가 아시아 지역에서 태어나서 미국으로 옮겨질 경우에도 그 아이는 영어를 모국어 화자로서 충분히 습득할 수 있다. 그러나 동물의 경우에는 똑같은 결과를 기대하기란 불가능하다. 만일 참새 한 마리가 병아리들과 같은 장소에 살더라도 병아리 소리를 배운다는 것은 쉽지 않을 것이다. 이처럼 인간의 언어는 동물의 의사소통 수단과 달리 해당 지역에 따라서 얼마든지 배울 수가 있지만, 동물들 사이에서는 같은 현상을 기대하기란 어렵다.

문화적 전이: Cultural transmission

Human can learn a language without relating with the place where he was born. A child who was born in Asian Area learn English when he went to U.S.A. But, animal cannot do same as human.

1.8 인간과 동물 사이의 언어 표현 다양도 차이

아무리 환경을 제한한다고 할지라도, 한 사람이 다른 사람의 생각과 언어행위를 예측한다는 것은 거의 불가능하다. 그 이유는 조건의 변화는 인간들로 하여금 새로운 표현 방법을 찾아내도록 할 수 있기 때문이다. 그러나 동물의 세계에서는 인간과 전혀 반대의 결과가 나온다. 환경이 어떻게 바뀌든지, 동물들은 유사한 방식을 가지고 의사소통을 하기 때문이다. 따라서 우리는 환경이 아무리 다양해지더라도, 특정 동물이 어떤 소리로 의사소통을 할 것이라는 것을 아주 간단하게 예측할 수 있다.

먼저 예로 새의 의사소통 방법을 보도록 하자. 새들은 의사소통을 위한 신호체계를 몇 가지의 특수한 방식으로 제한하고 있다. 예를 들면, 비행을 알리는 한다는 울음소리와 경고의 울음소리가 바로 여기에 해당하는 것들이다. 그리고 이와 같은 울음소리들은 정해진 조건에서만 발휘되기 때문에, 주어진 소리 방식을 사용하는 환경적 조건을 알기만 하면 적절하게 어떤 방식의 소리를 사용할 것이 지에 대하여 어렵지 않게 예측할 수 있다. 그렇지만 인간의 언어는 같은 상황에서도 새들의 울음소리와 달리, 고정된 방식으로 국한되어 있지 않기 때문에 나타날 모습을 예측하기란 쉽지 않을 것이다.

벌들은 춤이라는 의사소통 방법을 이용하여 먹이가 있는 곳까지의 방향, 거리, 양 등을 자신의 동료들에게 알려 준다. 이와 같은 신호방식은 새들의 울음소리와는 근본적으로 차이가 있다. 즉 벌들이 춤을 추면서 동작을 마치는 시간과 춤을 추는 방법에는 다양하다는 것이다. 예를 들면, 거리에 따라서 춤의 속도를 조절하는 무한한 방법이 가능하다. 이것은 벌들이 새들과 달리 좀 더 다양한 의사소통 방식을 소유하고 있음을 보여주는 것이다. 그러나 벌의 신호체계의 다양함에도 불구하고, 우리는 벌들이 춤에 대하여 어떻게 반응할지를 예측할 수 있을 뿐만 아니라, 벌들이 춤이라는 신호체계에 어떻게 자신이 원하는 내용을 신호화하는 지를 관찰을 통하여 알아낼 수 있다. 그러므로 우리는 벌들이 특정 장소에서 먹이를 찾아내었을 때 어떻게 춤을 출 것인지를 예측할 수 있다. 인간의 경우에는 이것마저 예측이 가능하지 않다. 예를 들어, 어떤 사람이 좋은 식당을 발견하였을 때 그 사람이 그 식당의 위치와 음식에 대하여 어떻게 묘사할 지는 전혀 예측할 수 없다. 사람마다 아주 다양한 방법으로 그 위치를 알려 줄 수 있기 때문이다.

1.9 인간 언어 표현의 추상성

인간 언어에서 관찰될 수 있는 문장 구조는 해당 문장에 사용된 단어들이 여럿 있더라도, 단어 각각의 의미와 상관없이 그 문장 전체가 전달하는 의미 이외의 어떤 것도 청자에게 전달해주지 못 한다. 그 이유는 문장을 통하여 전단되는 의미는 구체적인 면이 결여되어 있기 때문이다. 예를 들면, '철수는 100㎏이다'라는 문장은 철수의 몸무게 이외에는 어떤 다른 정보도 우리에게 전달해주지 못한다. 그러나 사진으로 동일한 정보를 전달하려고 하는 경우에는 사정이 사뭇 다르다. 한 장의 사진을 통하여 몸무게 이외에도 많은 정보를 얻어 낼 수 있다는 것이다. 철수의 사진을 보고 있다면, 철수의 몸무게에 대한 정보뿐만 아니라 철수의 얼굴 생김새, 인상, 나이 등 여러 가지를 알 수 있다.

벌들의 춤도 사진과 같은 경우인데, 춤은 먹이가 있는 장소까지의 거리뿐만 아니라 먹이가 있는 장소의 방향과 먹이의 양과 질도 아울러 가르쳐 줄 수 있다. 따라서 벌의 춤은 제한된 정보만을 가리키는 언어의 추상적 측면을 갖기보다는 사진처럼 구체적인 정보를 전달하는 의사소통 방법을 소유하고 있다고 할 수 있다.

1.10 언어 표현 전달과 매개체 수단

언어가 사용하는 의사 소통방법은 대화, 기록, 점자들 등 여러 가지 방식을 전달 매체로 이용할 수 있다. 그러나 새나 벌들은 울음소리나 춤과 같이 의사소통 방식이 한 가지로만 제한되어 있다. 따라서 언어는 의미 전달에 여러 가지의 문자처럼 다양한 매개체를 이용하고 있지만, 동물의 언어에서는 반드시 의사소통을 위한 매개체가 있어야 하는 것은 아니다.

1.11 언어 표현 대상의 다양성

인간 언어가 전달할 수 있는 내용의 다양함으로 인해, 동물들이 의사소통을 위해 사용하는 신호체계로는 인간 언어를 도저히 감당할 수가 없다. 인간 언어는 시공에 구애됨이 없이 원하면 무엇이든지 전달할 수 있으며, 전달하는 대상에도 거의 제한이 없다. 전달주제로는 '책상, 인간, 분자, 광선'과 같이 인간 주변에서 관찰이 가능한 것뿐만 아니라, '기쁨, 슬픔, 선, 악' 등 개념적인 것까지도 전달할 수 있다. 우리가 인간의 역사를 이해하려 할 때 여러 기록에 바탕을 두어 과거 조상들이 소유하고 있었던 생각이나 생활 방식을 추정할 수 있는 것도, 언어가 인간들이 소유하고 있는 다양한 문화를 표현하는 것을 가능하게 해 주었기 때문이라고 할 수 있다.

그러나 새나 벌과 같은 동물들은 전달할 수 있는 대상이 한정되어 있다. 예를 들어, 자신을 해칠 수 있는 적이 나타나거나 자신들과 짝짓기를 해야 하는 배우자가 나타나는, 구체적인 현상 이외에는 자신들의 느낌, 생각, 예측 등 추상적인 상황들을 자신들의 의사소통 방법으로 전달할 수 없다.

02 언어에 대한 선입견

사람들이 사용하고 있는 언어에 대한 오해와 이로 인해 발생되는 오류(popular misconceptions about languages)들은 여러 측면에서 발견되고 있다. 비록 상호 이해 및 정보 전달의 목적을 위하여 언어라는 수단을 항상 사용하고 있지만, 정작 언어를 본질적으로 설명할 필요가 있을 때에는 적지 않은 오류를 범하였다. 이제부터는 우리가 언어를 이해하는 과정에서 범하는 오류의 종류들을 찾아보고, 각각에 대한 적절한 답을 생각해 보고자 한다.

2.1 정치적 경계와 언어 경계의 불일치

사람들은 흔히 언어적인 경계와 정치적인 경계가 완전히 일치한다고 생각하기 쉽다. 즉 국가의 경계를 중심으로 언어의 종류들을 분류할 수 있다고 쉽게 생각하는 경향이 농후하다. 그러나 한 국가가 반드시 하나의 언어와 관련되는 것은 아니다. 다시 말하자면 국가와 언어 사이에는 완전한 일대일의 관계가 존재하지 않는다는 사실이다. 이에 대한 적절한 예로는 영어를 생각해볼 수 있다. 우리가 영어를 영국이나 미국에 한정시켜 생각해볼 수도 있지만, 사실은 이 언어의 영역은 훨씬 광역화되어 있음을 어렵지 않게 발견할 수 있다. 위에서 언급한 두 나라 이외에도 영어는 여러 국가에서 공용어로서 사용되고 있다. 아프리카 대륙, 인도 대륙, 호주 대륙 등을 보면 영어의 영역이 얼마나 광역화되어 있는가를 알 수 있다.

언어는 때때로 특정 언어를 사용하는 사람들을 대표하기도 한다. 그래서 캐나다의 퀘벡 주민들은 자신들만의 자치 구역을 세워 독립하기를 원하고 있다. 그 이유는 그 지역의 사람들은 같은 캐나다 지역에 속해 있더라도 불어를 공용어에 준하여 사용하고 있지만, 다른 지역에서는 영어를 중심으로 모든 행정적 처리가 시행되고 있기 때문이다. 이와 같은 예는 비록 한 국가라도 하나의 언어에만 국한되지 않고 둘 이상의 언어들이 사용되는 경우들이 얼마든지 있음을 잘 보여주는 경우라고 할 수 있다.

요점정리 제1 오류: 언어적인 경계와 정치적인 경계가 완전히 일치한다.
linguistics boundary and political boundary show the one-to-one correspondence.

2.2 언어들 평가에서 상하 수준의 양분화

언어에 대한 연구를 하면서 모든 사람들이 반드시 명심해야 할 점은 모든 언어는 의사와 정보 전달이라는 기능에 관해서는 평등하다는 사실이다. 과거 몇몇 학자들은 언어를 분류하면서 언어가 사용되는 지역의 문화적 수준과 언어가 지니고 있는 기능의 복잡성 정도에 따라서 언어들을 상하로 구별하려고 하였다. 그러나 이와 같은 태도는 언어를 객관적인 자료에만 의거하여 제대로 연구하는 데 적지 않은 방해 요소가 되었다. 순수하게 학문적으로만 규명되어야 할 일을 객관적인 사실과는 상관없는 외적 요건만을 내세워 한 특정 언어를 다른 언어들에 비교하여 상위에 놓음으로써, 언어를 설명하는데 주관적인 판단이 주가 될 수 있도록 유도하는 문제점이 있을 수 있다. 예를 들면, 국가관, 역사관 등과 같은 주관성이 많을 수 있는 부분들이 판단의 기준이 되어, 주어진 언어들을 수준에 따라 상하로 나열하는 잘못을 수없이 반복하였다.

　언어 외적인 조건뿐만 아니라 자음이나 모음과 같은 소리들의 숫자와 어휘수의 많고 적음과 같은 언어 내적인 성격들이 언어들을 상하로 구분하는데 많이 이용되기도 하였다. 또한 복잡한 사실을 표현할 수 있는 다양한 언어적 체계가 부족하다는 사실은 위에 제시된 기준들과 함께 특정 언어들을 다른 언어에 비하여 원시적 언어라고 판단하게 하는 기준이 되었다. 그렇지만 이러한 기준들은 언어를 원시적이라고 규정할 수 있는 근거가 되지는 못한다. 왜냐하면 어떤 언어이든지 사용되는 자연적, 문화적 조건 내에서는 의사 전달 수단으로서 자신의 역할을 수행할 만큼 충분한 표현력을 가질 수 있기 때문이다. 따라서 위에서 언급된 몇 가지의 기준들만으로는 언어를 상하로 구별하는 것은 정당하다고 생각해서는 안 될 것이다. 유럽 중심의 언어적 학문 조류에서, 시대에 따라서 언어를 상하로 구별하는 것은 다분히 서구 언어 중심적인 사고방식이라고 할 수 있다. 언어와 관련된 연구들이 주로 서구 지역을 중심으로 발흥하였기 때문에, 이 지역을 중심으로 활동하였던 학자들이 주변에 사용되고 있던 언어들을 우위에 놓는 것은 인간적인 측면에서는 이해될 수 있는 부분도 없지는 않지만, 학문적인 측면에서는 별로 바람직하다고 볼 수는 없을 것이다.

> **요점 정리**
>
> 제 2 오류: 원시적 언어에 대한 기준 등이 존재한다.
> ① small sounds system
> ② small words
> ③ no complex linguistic system for expressing sophisticated facts

2.3 표현의 정확성 및 부정확성에 대한 가치 부여

교육 현장에서 언어를 가르칠 때, 선생님들은 학생들에서 항상 정확한 표현이 무엇인지를 강조하고, 반드시 주어진 규칙에 따라서 표현하도록 지도하고 있다. 그러나 어떤 사람이 언어를 사용하는 중에 실수를 했다고 하는 사실을 간단하게 규정한다는 것은 그렇게 쉬운 일은 아니다. 그리고 그 사람이 저지른 실수가 정말로 실수였는지를 정확하게 단정하기도 역시 쉬운 일은 아니다. 언어에 대한 여러 연구를 역사적으로 보면, 언어 표현의 기준이 되었던 표준 언어조차도 수시로 바뀌었기 때문에, 하나의 문장을 표준 언어에 비교하여 옳은지 그른 지를 판단하는 것은 적절하지 못하다고 생각한다.

그러나 이러한 주장이 비문법적인 문장까지도 문법적인 문장으로 판단될 수 있음을 의도하는 것은 아니다. 다음의 예는 영어에서 경우에 따라서 표준 언어 표현에는 어긋나지만, 사람들 사이에서 통용되고 있는 것을 보인 것이다. 그러나 문법에 어긋나는 것은 반드시 비문법적 문장으로 처리되는 것도 보여주고 있다.

예 It is me.(통용되고 있는 표현)　　　　　⇔ It is I.(표준 문법에만 맞는 표현)
He will yesterday water.(문법에 어긋난 표현)　⇔ He will water yesterday.
She coffee drink.(문법에 어긋난 표현)　　　⇔ She drinks coffee.

요점
정리　제 3 오류: 정확한 발화가 반드시 존재한다.
　　　correct vs. incorrect speech

2.4 언어에 대한 논리적 및 비논리적 판단 부여

언어가 보여주고 있는 표현의 방법들이 언어를 논리적이거나 비논리적이라고 판단하는 기준이 되어서는 안 된다. 영어, 독일어, 불어는 모두 동일한 인구어족(Indo-European language family)에 속한다는 공통점이 있다. 그러나 이 언어들의 관사 체계를 살펴보면, 영어에서는 성(gender)에 따른 형용사와 명사의 일치 관계(agreement)가 없지만, 독일어나 불어에서는 성의 차이를 표시할 수 있는 기능을 가진 형태소가 존재한다. 사람들에 따라서는 독일어와 불어가 영어보다 표현 방식에서 더 논리적이라고 주장하기도 한다. 그러나 위의 제시된 일치 관계의 표현 가능성만으로는 독일어와 불어가 영어보다 더 논리적인 언어라고 주장할 수는 없다.

언어에 따라서 하나의 대상을 지칭하는데 해당 대상이 보여주는 성격의 다양성에 따라서, 내적 분류를 위해 여러 개의 단어들이 사용되기도 한다. 물론 이들 단어들의 의미를 분석해보면 핵심적으로는 동일한 의미를 가지고 있지만, 관찰될 수 있는 여러 경우를 반영하기 위하여 다수의 단어들이 존재할 수 있다. 다음에 나오는 예는 한국어, 영어, 불어에서 '나무'를 가리키는 단어들을 수적인 면에서 비교한 것이다. 비록 영어에 '나무'와 연관된 많은 단어들이 있지만,

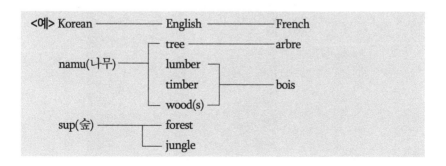

이 기준에만 의거하여 영어가 다른 두 언어보다 더 논리적인 언어라고 결론지을 수는 없다.

요점정리

제 4 오류: 논리적 언어와 비논리적 언어 차이가 있다.
'language is not logical' vs. 'language is logical'

II 언어의 시작과 인간의 행동 양식

01 언어의 기원에 대하여

언어의 기원에 관하여 생각하였던 사람들이 우선적으로 관심을 기울였던 분야는 바로 최초의 언어를 찾아내는 것이었다. 일반적으로 보면 한 언어가 다른 언어보다 훨씬 오래 전에 생성되었다고 믿는 언어의 발달의 계보성의 출현은 당연하다고 생각한다. 따라서 학자들 사이에 언어의 역사적 측면을 고려하여 최초의 언어를 가늠해보는 것은 어쩌면 자연스러운 일이었을 것이다.

역사적으로 최초의 언어를 실험을 통하여 밝혀보려는 노력이 이집트에서 찾아볼 수 있다. 이 실험에 대한 기록은 헤로도투스 (Herodotus)의 저서에 나온 것을 인용한 것이다. 이집트의 파라오였던 Psammetichus는 Phrygian어를 최초의 언어로 간주하였는데, 이는 자신의 실험을 위하여 새로 태어난 두 아이를 철저하게 외부와 통제한 끝에, 이 두 아이가 오랜 세월 이후에 스스로 발화를 시작한 'bekos'란 말이 Phrygian어로서 음식 중에 '빵(bread)'을 가리키는 단어와 같다고 생각하였기 때문이다. 이와 유사한 실험은 James 4세(1488~1513)에 의하여 시행되기도 했는데, 그에 따르면 외부로부터 접촉이 통제된 아이들이 'spak very guid Ebrew'라는 문장을 말했다는 점을 근거로 Hebrew 언어를 최초의 언어로 주장하기도 하였다.

이와 같은 방법 외에도 언어에 대한 역사적인 추적을 통하여 최초의 언어가 무엇인지를 규명하려는 학자들도 있었다. Isidore de Seville(7세기경)가 바로 그 사람인데, 그는 오래 전에 언어를 어원적으로 연구하고 어원학 사전을 저술하기도 하였다. 그는 Hebrew어가 최초의 언어라고 주장하면서 Hebrew어의 기원을 신으로부터 찾고자 했으며, Hebrew어를 신이 인간에게 마련해준 세계에 최초로 주어진 언어라고 주장하였다.

최근에는 강제적인 실험이 아니라 상황에 의하여 격리된 사람을 언어적 측면으로 접근하여 언어의 기원을 추측해 보려는 시도도 있었다. 그 중 대표적인 것이 바로 1920년 인도에서 발견된 '늑대 아이(소녀)'가 바로 여기에 해당하는 경우이다. 이 아이는 발견 당시에는 인간의 언어를 전혀 사용하지 못했으며, 행동 양식도 늑대와 유사한 모습을 보이고 있었다. 걷는 대신 다른 짐승들처럼 기어 다녔으며, 음식을 먹는 모습도 마치 자신이 함께 생활하였던 동물들과 유사하게 보였다. 당시의 교육 담당자는 이 아이에게 언어를 가르치고자 시도하였고, 약 4년에 걸쳐 45개의 단어를 습득하게 할 수 있었다. 그렇지만 그 이상의 발전은 전혀 나타나지 않았다.

02 언어의 기원에 관련된 주장들

언어의 기원에 대한 이야기들은 오랜 기간에 걸쳐 여러 학자들에 의해 중요하게 다루어져 왔다. 인간이 동물의 한 부분을 형성하면서도 별도로 다른 존재로서 분류되는 이유 중에 가장 중요한 요건을 든다면, 언어의 사용이라고 할 수 있기 때문이었다. 학자들에 따라서는 언어를 인간에게만 국한시키지 않고 다른 동물들도 언어를 사용할 수 있다고 주장하지만, 대부분의 학자들은 언어에 바탕을 둠으로써 인간을 동물과는 다른 별도의 존재로서 인정하였다. 이 장에서는 과연 언어가 어느 때부터 인간 사회에서 발생하기 시작했는지에 대하여 생각해 보고자 한다. 언어의 기원에 대해서는 여러 이론들이 있지만, 우선은 대표적인 세 가지 이론들을 소개하기로 하겠다.

2.1 하늘에서 내려 받음

인간들은 태고로부터 자연을 상대로 살아가면서, 절대적인 존재에 관하여 늘 생각하고 두려워하면서 도움을 청하는 마음으로 삶을 영위하였던 것으로 보인다. 원시인의 단계를 지나 좀 더 체계화된 절대자를 선별하여, 종교라는 방식으로 자신들과 자신들이 믿는 존재와의 연관성을 설명하였다. 이와 같은 노력은 절대적인 존재를 신으로서 숭배하고, 신을 통하여 인간 자신들의 정체성을 정립하려고 시도한 역사적 흔적에서 발견할 수 있다.

이처럼 신이라는 존재를 설정한 인간들은 자신들이 공유하고 있었던 모든 것들을 신으로부터 물려받은 것으로서 인식하게 되었다. 그 이유는 인간들만이 신과 연관되어 있으며, 자신들이 소유하고 있는 모든 것은 신이 소유하고 있는 것들과 유사하다고 믿었기 때문이었다. 그렇게 생각해야만 자신들이 이 대자연의 다른 어떤 존재들보다도 우수하다고 여길 수 있었고, 또 자연을 신의 이름으로 대신 다스릴 수 있는 권위를 부여받을 수 있다고 생각하였기 때문이었다. 신이 인간들에게 베푼 여러 중요한 요소들 중에서, 언어는 신이 인간들과 교류하고자 하는 수단으로서 또한 인간들이 스스로가 교류할 수 있도록 하기 위해서 내어준 것으로서 믿게 되었다. 이처럼 언어의 기원을 생각하는 방식을 신성이론(divine theory)이라고 부른다. 이처럼 인간 언어의 기원을 신으로부터 찾는 이 이론은 오늘날에도 인간 언어의 기원을 아주 적절하게 설명하는 방법으로서 여러 사람에 의하여 설명되고 인용되고 있다.

언어를 신으로부터 받은 것으로서 생각한 내용은 어떤 종교보다도 기독교에 아주 잘 나타나 있다. 성경에 수록된 창세기를 보면 최초의 인간이었던 아담은 하나님으로부터 직접 언어에 대한 능력을 물려받은 것으로서 암시되어 있다. 하나님의 말씀은 아담을 통해 하느님의 창조물들의 이름을 짓게 함으로써, 그대로 인간의 언어에 반영된 것으로 나타나 있다. 최초의 인간은 세상만물을 자신의 마음이 가는 대로 명명하였고, 그것이 바로 인간 언어의 기원으로 여겨질 수 있는 근거가 된 것이다. 그러나 성경의 내용은 언어의 기원에 그치지 않고 있다. 어떤 이유로 세상에 지금처럼 많은 종류의 언어들이 존재하게 되었는지에 대해서도 일화를 이용하여 잘 보여 주었다.

신의 존재를 두려워하고 그분의 도움을 절실하게 요구하였던 인간들은 직접 그분과 만나야겠다는 욕망에 사로잡히게 되었다. 이와 같은 마음은 바로 하늘에 가보려는 계획으로 실행되었고, 그 결과가 바로 거대한 탑을 만드는 것이었다. 사람들은 모두 힘을 합쳐 하늘에 다다를 수 있는 탑을 건설하기 시작하였고, 이 건축물을 이용하여 하나님의 세계를 알고자 하는 욕망을 실현시킬 수 있는 계기를 마련할 수 있었다. 그러나 인간들의 시도는 결국 절대자를 분노하게 하였으며, 탑의 붕괴가 그들에게 내려진 천벌이었다. 하나님이 택한 벌은 탑을 직접 파괴하기보다는 인간들의 협동의 바탕이 되었던 통일된 언어를 분리시키는 것이었다.

그 결과 어떤 작업을 하더라도 아주 중요하게 여겨졌던 인간들 사이의 의사소통은 언어의 분리 때문에, 거의 불가능하게 되었으며 공통된 의사소통 수단을 잃어버린 인간들은 탑의 건설을 포기하고, 하나님에게 다가가려는 계획을 포기해야만 했다. 바로 이 일화가 바벨탑(Babel's Tower)과 관련된 언어 분리의 기원에 대한 이야기이다. 지금까지 세상에 알려진 어떤 신화도 이처럼 적절하게 인간 언어의 다양화를 설명해내지 못하고 있다고 생각한다.

신과 언어를 연관시키는 이야기는 성경뿐만 아니라, 인도의 성서에 대한 승려들의 노력에서도 엿볼 수 있다. 인도의 승려들은 자신들이 오랜 세월 동안 보관한 경전인 리그베다를 원전 그대로 보존하고자, 후대의 승려들에게 선대의 승려들이 암송하는 방법을 직접적으로 전수하는 중요한 수행 과정이 있었다. 이것은 마치 조선 시대에 창(唱)을 가르치는 방법에 비교해보면 어렵지 않게 이해할 수 있다. 창의 내용을 그대로 보존하기 위하여 스승이 제자에게 노래 구절을 하나씩 가르치고 확인하였던 과정이 아주 중요하게 생각되었던 것과 마찬가지였다. 다만 인도의 승려들이 우리나라의 창 전수자들과 달랐던 점은 내용의 보존을 신의 이름으로 이행하였다는 사실이었다. 승려들은 경전의 내용이 어떤 이유에서든지 변경되는 것을 절대 허용하지 않았다. 그 이유는 경전의 내용이 달라진다는 것은 신의 뜻을 위반하는 일이 된다고 생각하였기 때문이었다. 신이 내려준 말씀을 그대로 보존하지 못하고 약간이라고 변화를 허용하게 되면 경전 내용의 신통력을 잃게 될 뿐만 아니라, 신으로부터 감당할 수 없는 천벌을 받게 된다고 굳게 믿었기 때문이었다. 이것도 바로 신과 언어를 연관 짓는 중요한 예 중에 하나라고 생각해볼 수 있을 것이다.

위에 나온 이야기 내용을 무시하고, 만일 언어를 인간 내에서만 생겨났다고 본다면, 언어의 변화도 하나의 자연스러운 현상으로 볼 수밖에 없게 된다. 왜냐하면 시대가 변하면 인간들도 그 변화를 거치게 되고 변해가는 형태에 따라서 언어가 변화하는 현상은 지극히 당연하게 받아들여질 수밖에 없기 때문이다.

2.2 인간 스스로가 창조

언어를 인간들 스스로로 창조한 고안물로 생각하는 이론도 있는데, 인간으로부터의 언어 기원설은 인간을 우주의 중심으로 생각하기 시작하였던 그리스 철학(Greek Philosophy)으로부터 비롯되었다고 볼 수 있다. 이전의 주요 언어 기원설들이 인간의 언어의 시작은 신과 아주 밀접한 연관성을 가지고 있음을 굳게 믿었던 내용과는 아주 다른 모습이라고 할 수 있다.

인간이 언어를 스스로 창안하였다고 생각하는, 인간으로부터의 언어 기원설을 주장하였던 철학자로는 그리스 철학의 대표적인 인물이라고 생각할 수 있는 플라톤(Plato)이다. 플라톤(Plato)은 소크라테스의 제자 중에 한 명이었다. 그는 자기 나름대로 철학적 사상을 발전시켰을 뿐만 아니라, 『크라티루스(*Cratylus*)』라는 저서에 소크라테스의 사상을 플라톤 자신과 다른 학생들과의 대화체로 잘 표현한 업적으로도 유명하다. 이 저서는 역시 플라톤이 집필했던 『테아테투스(*Theatetus*)』와 함께 자신의 스승이었던 소크라테스의 언어에 대한 사상을 잘 보여준다는 면에서 매우 중요하다.

플라톤은 자신이 기록한 내용을 통하여 언어의 기원에 대한 개념을 잘 보여 주고 있다. 플라톤이 주장하였던 언어의 기원은 다름 아닌 인간들 사이의 약속으로서 언어의 기원을 생각해본 것이었다. 이와 같은 개념을 우리는 관습(convention)이라고 명명할 수 있는데, 플라톤 자신이 무엇보다도 언어의 기원을 인간들 사이의 약속을 의미하는 관습에 두고 있었다. 이 개념의 초점은 인간들이 자신들의 집단체인 사회를 영위하기 위하여, 상호 원활한 의사소통을 위하여 언어와 관련된 약속을 만들어 통용하기 시작하는데서 언어가 시작했다고 보는 것이었다.

플라톤은 위와 같은 언어학적 개념 이외에도 언어와 관련된 여러 내용들을 자신의 기록을 통해 잘 보여주었다. 우선 이 기록은 플라톤이 언어에 나타나는 문법 범주(grammatical category)를 어떻게 발전시켰는지를 보여주기도 하였는데, 그 기록 내용의 탁월성은 후대에도 아주 높은 평가를 받고 있다. 여기에서 말하는 문법 범주는 오늘날의 품사라는 개념과 동일한 것으로 플라톤은 언어에서 크게 두 가지의 문법 범주를 찾아내었다. 그 두 가지는 'onoma(ὄνομα)'와 'rhēma(ῥῆμα)'로, 전자는 명사를 의미하고 후자는 동사를 의미한다. 이 철학자는 이밖에도 문장이라는 개념을 언어와 관련시킨 최초의 철학자이기도 하다. 문장이라는 의미를 가리킨 용어로서 'logos'를 제안하여 각 품사의 역할을 설명하려고 시도하였다. 여기서 우리가 주목해야 할 점은 품사들의 설명이 주로 의미론적 측면에서 시도되었다는 것이다. 명사를 정의할 때 현대 언어학 이론에서는 문법 내용에서 문장 속의 위치에 근거하여 명사를 정의하고있는데, 이것은 문장에서 각 단어가 어떤 위치에 어떻게 배열되는지를 근거로 하여 명사를 이해하는 양상을 보여 주는 것이다. 그러나 플라톤은 의미론적으로만 명사를 정의하고 있다. 따라서 어떤단어이든지 의미상 명사로서의 요건을 갖추고 있으면 명사로서 인정받을 수 있었다.

> **참고 내용** 우리가 현재 사용하고 있는 여러 가지 문법 용어들은 대부분 그리스에서 발전되고 차근차근히 정립되었다. 이 용어들은 로마 시대를 거치면서 상당 부분 추려지고 걸러져 재정립되는 과정을 거치게 된다. 그러나 이들 용어들 중에서 로마 시대를 거치는 동안 잘못 번역되어 본래의취지와 벗어나게 되는 경우가 적지 않게 있었다. 그 중에서 본래 의도한바로부터 가장 동떨어진 의미를 나타내는 것 중의 하나가 '품사'라는 의미를 가진 'part of speech'라고 할 수 있겠다. 그리스 시대에 'speech'라는용어는 지금처럼 발화(發話)된 결과만을 가리키는 것이 아니라 'sentence'라는 의미도 포함하고 있었다. 과거 그리스에서 'part of speech'는 문장속에서의 배열 위치를 품사의 기준으로 이해한 것인데, 로마 시대에는'speech'를 원래의 의미는 간과한 채 주어진 단어 모양만 보고 그 의미만을 받아들여 해석하였던 까닭에 오늘날과 같은 모습으로 남게 되게 되는 오류를 범하였다.

2.3 진화와 언어의 시작

언어가 인간에게 주어진 과정과 방법들 중에서 학문적으로 가장객관적인 것으로서 인정되고 있는 것이 바로 인간 진화와 언어의시작을 연관 지어 설명한 방법이다. 진화의 가장 기본적인 생각은 인간이 절대적인 존재에 의하여 창조되고 인간들이 누리는 모든 사항들이 창조로부터 주어진 것으로 보기보다는, 인간은 가장 기초적인 생명체로부터 차츰 발전하면서 서서히 언어라는 능력도 가지게되었다고 생각하는 내용이다. 따라서 진화 이론에 따르면 인간 사회에서 통용되고 있는 소통 수단인 언어는 단순히 주어진 것이 아니며, 사람들이 자연에 적응하는 과정에서 스스로가 사회적 구조를 만들면서 고안해낸 결과물이라고 간주된다. 단지 문제가 되는 것은 인간의 언어가 어떻게 고안되었는지를 찾아보는 것인데, 이와 관련된 이론들을 모두 모아 보면 세 가지로 축약해볼 수 있을 것이다. 공교롭게도 이들 이론들은 주로 18세기를 기점으로 하여 왕성하게 발전하였다는 사실이다.

참고 내용

18세기에 들어서면서 많은 학자들은 언어학 연구에 역사적인 측면이 상당히 중요하다는 사실을 깨닫기 시작했다. 언어학자들 사이에서 언어의 역사적인 측면이 의문의 대상으로 떠오르기 시작한 것이다. 당시 유럽의 여러 학자들 사이에서 언어의 기원에 관한 문제가 강하게 대두되었고 이에 대한 대답을 찾는 노력이 두드러지게 나타난 것이다. 이와 같은 연구를 수행한 학자들은 단지 언어의 기원을 밝히는 것에만 그치지 않고 과거 역사 속에 존재하였던 언어와 현존하는 언어 사이의 관계를 밝히는데도 적지 않은 노력을 기울이게 되었다. 이러한 경향은 역사적인 흐름과 맥을 같이 하면서 언어에 대한 연구를 수행하는 역사언어학의 태동을 가능하게 하였다.

역사적인 언어학의 시작은 동시대의 철학적인 상황에 지대한 영향을 미치게 되었다. 즉 언어의 기원 및 최초의 언어를 찾아내고자 하는 노력과 역사적으로 가정할 수 있던 최초의 언어로부터 현재의 언어들이 나오게 된 발전 과정을 설명하려고 하는 시도는 철학의 두 흐름을 하나로 합치게 하는 중요한 요인이 되었다. 여기서 말하는 철학의 두 흐름이란 다름 아닌 이성주의의 철학과 낭만주의 사상인데 이들의 학문적인 융합은 역사언어학에 두 가지의 중요한 영향을 미쳤다.

2.3.1 동물 소리의 흉내로부터 언어 시작

인간의 언어의 시작을 동물 소리의 흉내로부터 그 기원을 찾는 이론이다. 본래의 용어로는 '개'가 울부짖는 소리를 영어로 표기한 바우와우(bow-wow theory)인데 동물 소리 의성어 이론이라고 할 수 있다. 이 이론의 기본적인 내용은 동물 소리와 연관성이 있는 모든 소리가 언어의 기원으로서 역할을 할 수 있다고 생각하는 방법이다. 이 이론을 언어의 기원으로서 주장하였던 사람은 바로 독일 학자인 헤르더(J. C. Herder)이다. 그는 언어의 기원을 설명하는 과정에서 누구보다도 동물의 모방에서 언어가 시작되는 출발점으로 생각하였으며, 이와 관련된 여러 설명을 많은 청중들 앞에서 주저 없이 펼치곤 하였다. 다만 이 이론의 근거인 동물 소리를 대표하는 의성어(onomatopoeia)는 언어에 사용되는 단어 모두를 설명하기에는 상당히 역부족이었다는 점이 문제였다. 그래서 헤르더는 자신이 주장한 이론에 많은 예외적인 설명들이 나타나면서 많은 실망과 함께 말년을 맞이할 수밖에 없었다.

만일 헤르더의 주장대로 모든 동물 소리가 언어의 기원이 되었다고 가정한다면, 동물의 이름들이 동물 자신들이 내는 소리와 아주 긴밀한 관련성이 있을 수밖에 없다고 생각할 수 있는데, 이와 같은 연관성에 관계없이 동물의 이름이 결정된 것을 어렵지 않게 발견할 수 있다. 다음에 주어진 예들은 동물들의 이름과 동물 소리 사이에 직접적인 연관성이 확실하지 않는 것들을 보여주고 있다.

goose	'거위'	cackling	'거위가 내는 소리'
hen	'암탉'	clucking	'암탉이 내는 소리'
duck	'오리'	quacking	'오리가 내는 소리'

sparrow	'참새'	chirping	'참새가 내는 소리'
dove	'비둘기'	cooing	'비둘기가 내는 소리'
hog	'수퇘지'	grunting	'수퇘지가 내는 소리'
cat	'고양이'	mewing	'고양이가 내는 소리'
dog	'개'	barking	'개가 짖는 소리'
		yelping	'개의 깽깽거리는 소리'
		snarling	'개가 이를 보이면서 내는 소리'
		growling	'개가 성을 내면서 으르렁거리는 소리'

참고 내용

헤르더(J.G. Herder)는 18 세기경 독일을 중심으로 활동하던 학자이다. 저서로는 *Abhandlung über den Ursprung der Sprache*가 있는데, 그는 루소의 사회적 낭만주의를 언어학적 낭만주의(linguistic romanticism)로 전환시킨 학자이다. 그는 언어의 기원에 대하여 지대한 관심을 가지고 있었고 이에 대한 많은 저서를 남기기도 하였다.

헤르더의 주장이 나오기 전까지는 인간의 언어가 인간의 사고 작용의 결과라고 이해되었다. 즉 사고의 방법이 인간의 언어 행위를 조절한다고 사람들은 믿었다. 그러나 헤르더는 반대의 경우를 생각하기에 이르렀다. 즉, 언어가 인간의 사고를 지배할 수 있다는 것을 보여준 것이다.

그의 방법에 따르면 과거 시대는 지금보다 훨씬 더 나은 가치관을 가지고 있었다. 헤르더는 이와 같은 시대에 도달하기 위해서는 해당 시대의 언어를 연구하여 습득해야 한다고 믿었다. 과거 시대의 사람들이 어떻게 생각하였는지를 알기 위해서는 그 시대의 언어를 습득하여 현재의 나를 당시의 언어로 개조해야 한다고 생각한 것이다. 이처럼 언어가 사고를 지배한다고 생각하였던 것은 헤르더가 처음이었는데, 이것은 후세의 언어학자들에게 언어 연구의 또 다른 측면을 보여준 것이기도 하다.

2.3.2 외침으로부터의 언어 시작

감정을 나타내는 소리로부터 언어의 기원을 생각하는 이론이다. 이와 같은 생각이 어느 정도 설득력이 있었던 이유는 동물의 소리 모방은 인간을 동물보다 저열한 존재로 여길 수도 있는 오류를 벗어나기 위해서라고 볼 수 있다. 유럽의 철학자들 중 한 사람이었던 Condillac은 언어의 기원을 동물의 소리 모방으로 보는 것을 반대하였는데, 그 이유는 사람들이 언어를 시작하기 위하여 새 또는 짐승들의 소리를 습득하기 시작하였다고 보는 생각은 인간을 동물보다 하등으로 볼 수밖에 없는 잘못을 인정해야만 하기 때문이었다. 그의 주장을 따르면, 사람들이 공포, 고통, 즐거움을 나타내기 위하여 만들어내었던 소리들이 가장 자연적이고 실질적인 언어의 기원이 될 수 있다. 이처럼 인간의 마음속에 있는 감성을 반영하는 소리를 외치는 것을 언어의 기원으로 보는 이론은 푸푸이론(pooh-pooh theory)이라고 불리었다.

비록 이 이론에 대한 비판들 중에서 가장 대표적인 내용은 Horn Tooke의 언어에 대한 설명에 잘 나타나 있다. 그는 인간의 외침이 언어의 기원임을 확실하게 반대하는 의미로서 언어를 인간들의 고차원적인 고안물로 정의하였다. 만일 인간들이 언어를 고안하기 위하여 상당한 높은 단계의 기술적인 발전과 함께 언어에 대한 치밀한 고안 작업 과정이 없었다면, 사람들은 지금까지도 외침이나 동물 소리만을 언어로 소유할 수밖에 없다는 사실이다. 따라서 Horn Tooke는 언어란 고차원적 고안 과정의 결과물로서 인간만이 달성할 수 있는 것이며, 이것이 바로 자연의 다른 존재들과 인간을 구분시키는 중요한 기준이 된다는 것을 주장하였다.

혼 투케(Horne Tooke)는 18세기경 영국을 중심으로 활동하던 학자이다. *Epea Pteronta or the Diversions of Purley*의 저자이며, 이 저서는 1, 2권, 두 권으로 구성되어 있고, 각각 1786년, 1805년에 출판되었다. 이 책에는 그의 문법관이 잘 나타나 있다. 그는 품사적 관점에서 다른 문법 학자들과 다른 의견을 제시하고 있는데, 이를 통하여 언어에 대한 그의 주된 견해가 해리스의 주장과 상치되고 있음을 알 수 있다. 혼 투케는 해리스와 다른 문법 학자들이 언어의 기원이 인간들의 자연적인 부르짖음으로부터 나온 것으로 보고 부르짖음과 관련이 깊은 감탄사(interjections)를 품사의 하나로 설정하는 것을 비판하였다.

2.3.3 자연 소리 묘사로부터의 언어 시작

우리들은 주변에 많은 물체들에 의하여 둘러싸여 있다. 이들 물체들의 특징은 각각의 생긴 모습과 접촉을 통하여 딱딱하고 무른 정도로서 그 차이를 보여줄 수 있다. 그리고 이들 물체들은 두드림을 이용하여 나는 소리들로 하여금 나름대로의 특질을 알게 해주기도 한다. 쇠와 나무는 단단함이나 울림성과 같은 재질의 특성에 따라, 각각 서로 다른 소리를 우리에게 들려준다. 이처럼 물체가 두드림에 반응하여 내는 소리를 울림(resonance)라고 하며, 인간들의 목소리는 이들 소리들과 비슷한 공명성을 가지고 들리는 소리를 통하여 원하는 말들을 만들어낼 수도 있었을 것이다. 자연의 소리 묘사를 언어의 기원으로 생각하는 이론에서는 이와 같은 소리 묘사를 언어의 시작으로서 아주 중요하게 생각하고 있다. 이 이론을 가리켜서 딩동이론(ding-dong theory)이론 또는 자연 소리 묘사 이론이라고 하였다.

2.3.4 진화론에 관련된 기타 언어 기원설

첫째로 들 수 있는 것이 노래를 부르면서 언어가 시작되었다고 주장하는 노래 부르기 이론(sing-song theory) 또는 노래 기원설이다. 이 이론에 따르면 사람들은 노래를 부르기 시작하면서 언어의 모습을 갖추기 시작하였다는 것이다. 이 이론이 부분적으로는 이해되는 부분도 있을 수도 있지만, 언어의 전반적인 상황을 고려해 보면 이 이론이 그다지 설득력을 많이 얻지는 못하는 것 아닌가 싶다.

둘째는 도움을 청하거나 멀리 내용을 알리기 위하여 일부로 멀리까지 들리도록 소리 지르던 것이 언어의 기원이라고 생각하는 소리 통신방법(yo-he-ho theory)인데, 사람을 부르는 소리의 기원설이라고도 할 수 있다. 마치 스위스의 목부들이 산 위나 아래에서 다른 목부를 부를 때 내는 요들(yodel)과 같은 것이 아닌가 생각된다. 산 계곡 사이에서 목부들이 요들을 이용하여 서로를 부르는 소리는 상당히 멀리 퍼질 수 있는 효력이 있기 때문이다.

셋째는 인간의 행동과 연관성이 있는 소리를 만들어 내기 시작하면서, 언어가 처음으로 나타나기 시작하였다고 주장하는 행동 소리 대체 이론(ta-ta theory)이다. 이 이론이 주장하는 내용은 인간들이 정해진 행동 양식을 이용하여 자신들이 의도를 내보이듯이, 소리도 같은 기능을 가짐으로써 언어로서 역할을 하기 시작하였다는 사실이다. 사람들은 서로 헤어지는 순간이 오면 손을 상대방에게 흔들어 보임으로써, 서로 잘 가라는 표시를 하거나 반가운 사람을 만나면 악수를 통하여 서로의 안위를 확인하기도 한다. 그렇지만 이런 행동 양식은 육체의 움직임에만 한정되지는 않는다. 경우에 따라서는 입에서 소리를 만듦으로써, 자신들이 의도한 내용을 효과적으로 가리키기도 한다. 즉 혀의 앞부분을 입천장에 두 번 연속적으로 접촉시킴으로써 'ta-ta'와 같은 소리를 생성하게 하고 이 소리를 이용하여 잘 가라는 표현인 '안녕!'을 표시할 수 있다.

넷째는 언어의 기원을 종교 의식과 관련된 춤이나 주문(呪文)에서 찾는 것인데, 이 이론은 종교의식 기원론(ta-ra-ra-boom-de-ay theory)이라고 불렸으며, 종교적 주문 가설이라고도 한다. 인간들은 최초에 사회적인 구조를 형성하면서 절대자에 대한 두려움을 의식을 통하여 해소하려고 하였다. 이와 같은 현상은 역사를 보면 여러 곳에서 적지 않게 발견되고 있다. 인도의 베다(Veda)는 주술 내용으로서 처음부터 문자로 기술도기 보다는 구술로서 후대에 전해진 것이었다. 신을 경배하고 도움을 바라는 이와 같은 성전 내용은 처음부터 현존하는 다른 언어들처럼 완벽하게 모습을 갖추었다고 보기는 쉽지 않을 것이다. 신을 모시고 신의 뜻을 기리기 위하여 주문을 외우기 시작하였고, 이 내용이 점점 시간의 흐름과 함께 정리되면서 후세의 모습을 가지게 된 것이 아닌가 생각되기도 한다. 그렇다면 언어의 기원을 종교적인 색채를 강하게 띠고 있는 주문이나 주술에 두는 것도 그렇게 어긋난 상상이라고 일축하기는 조금 생각해볼 여지가 있다고 느껴지기도 한다. 다만 언어의 전반적인 모습이 주문이나 주술에서만 시작되었다고 보는 것은 무리가 있지만, 부분적으로는 언어의 기원을 설명하는데 중요한 몫을 차지한다고 생각한다.

베다(Veda)는 인도 종교인들이 매우 중요하게 생각하였던 성서를 일컫는 것으로 내용의 대부분은 과거부터 전해온 신들의 말씀을 인도의 고유어인 산스크리트어(Sanskrit)로 표기한 것들이었다. 당시의 표기 방식은 주로 음성적 방법에 의존하였는데 신들의 말씀을 문자로 기록하기보다 암송에 의하여 후대에 전해지고 있었다. 이 방법은 인도에만 한정된 것은 아니었으며 기록에 의존하는 대신에 반복적 학습의 결과인 암기를 통하여 선대의 종교인들이 동일한 내용을 후대에 남겼던 예는 역사적으로 여러 시대에서 많이 발견할 수 있다.

03 인간 특성과 언어의 기원

　정확한 연대를 추정할 수 있는 해부학적 현대인 호모 사피엔스의 최초 화석 잔해는 약 100,000년 전 현재의 이스라엘 지역에서 살았다. 이 초기 인간들은 인간 말과 통사론 산출에 필요한 두뇌 장치들과 현대인의 초후두부 성도를 가졌다. 이들은 아마도 복잡한 통사론과 추론 능력을 사용하는 언어 또는 언어들을 가지고 있었을 것이다. 이들은 죽음에 대해 생각하고 말했으며, 삶과 죽음 그리고 죽은 뒤 존재할 지도 모르는 세계―죽은 자를 무덤 속에 넣어 준비하게 했던 세계―에 대한 이론들을 만들었다. 인간의 언어와 사고는 더 오래되었을 수도 있다. DNA에 대한 최근 연구에 의한 연대 추정이 정확하다면, 현대인은 250,000년 전 최초로 등장했을 것이다. 그리고 이들이 비록 제한적이긴 하지만 이런 식으로 말하고 생각하고 행동했을 것이다. 그러나 우리는 적어도 이 시기와 장소(100,000년 전 아프리카와 아시아의 가장자리)를 거슬러 알 수 있으므로 언어의 연대를 추정할 수 있다. 그리고 우리는 삶에서의 우리의 위치, 죽음의 의미, 삶의 처신에 관한 이론과 규약(즉 종교 및 도덕 체계)을 만들고자 하는 인간의 충동을 이들에게로 거슬러 올라가 찾을 수 있다.

그 최고의 형태가 아마도 도덕의식임에 틀림없을 인간 문화의 발달은 분명 지난 100,000년 동안 진보되어 왔다. 우리는 지난 세기에도 진보가 있었음을 안다. 노예제도는 거의 전 세계적으로 비합법적인 것이 되었다. 고문은 이제 용인되지 않으며 반감의 대상이므로 대부분의 정부가 이를 숨기고 있다. 그러나 우리의 도덕적 발달이 불분명한 것 또한 사실이다. 비록 우리는 대륙에 살며 변화시켜 왔고 자연의 힘을 이용하며 여러 다른 형태의 생물들을 정복하여 왔지만, 우리 자신을 정복하지는 못했다. 인간 머리 안에 있는 원시적 두뇌의 유물은 아직도 인간사를 지배하는 격분, 화, 폭력을 생성해낸다. 이타주의, 애정표시를 위한 감정이입, 도덕의식 등이 인간이 되기 위한 기본적 속성들이라면, 인간 잠재능력에 내재된 본능적인 특성들은 아직 인간을 불완전한 상태에 두는 것 같다. 그래도 인간이 추구하는 목표를 위한 유일한 희망은 이타주의적 행위와 도덕의식을 실천하는데, 우리만의 독특한 진화적 유산인 인간 언어와 인간 사고의 힘이 다른 동물과 달리 존재하고 있다는 사실이다.

따라서 언어의 기원을 살피는데 인간의 특징을 살펴보는 것이 무엇보다도 중요하다. 앞으로 전개되는 인간의 특징들은 동물들과 달리 인간만이 언어를 사용하는 이유를 잘 보여줄 것이다.

3.1 행위에 대한 연구

사람들이 어떤 행동을 취하는데 있어서 가장 특기할 사항은 목표 지점에 대한 계획을 미리 세운다는 사실이다. 동물의 경우에는 특정 장소로 이동할 때 주로 자신들의 본능에 의존하여 행동을 취하는 것이 보통이지만, 인간들은 어느 곳이든지 일단 가기로 결정을 하게 되면 갈 장소에 대한 주변적인 여건을 미리 생각하고 행동을 시작하는 것을 항상 볼 수 있다. 만일 도착할 장소에 여러 가지 조건이 원하는 바에 따라서 형성되어 있지 않으면, 미리 필요한 장비를 준비하여 출발하기도 한다.

예를 들면 등산가들이 산을 오르기로 일단 결정하면, 목표가 되는 산의 지형과 오를 시점의 기상 조건을 예측하고, 필요한 모든 보조 수단을 미리 준비하기도 한다. 그러나 동물들은 경우가 조금은 다른 것 같다. 아프리카의 한 무리의 소 떼가 비가 적게 오는 건기를 피하기 위하여 초목이 무성한 지역으로 이동을 할 때, 이들은 단지 가야만 하는 본능에 의하여 갈 뿐 이동을 시작하기 이전에 어떤 형태의 준비를 별도로 하는 것을 찾아보기는 어려울 것이다. 이처럼 행동을 시작하기 전에 미리 예측하고 계획을 세우는 행동 양식은 목표 지점을 향하여 무조건 움직이기 시작하는 행동 양식과 분명한 차이점이 있다. 이처럼 동물과 인간의 행동을 구분하는 데는 두 가지 개념을 생각해볼 수 있다. 인간처럼 계획성을 가지고 행동을 시작하는 것을 비선형적 행위(non-linear behavior)라고 부른다면, 단순하게 행동에 임하고 일단 시작된 행위를 지속적으로 이어가는 데만 주력하는 행동 양식은 선형적 행위(linear behavior)라고 부를 수 있을 것이다.

행위에 대한 구분
비선형적 행위: 특정 장소로 걸어가기 전에 가는 방법을 미리 생각하는 행위를 가리킴. 예를 들면 도착할 장소까지의 거리, 각도, 방향 등을 미리 생각함.
선형적 행위: 예를 들어 특정 장소로 걸어간다는 생각을 지속적으로 가지는 것과 같은 행위 형태를 가리킴.

인간의 언어는 비선형적 행위와 아주 밀접한 연관성을 가지고 있음을 알 수 있다. 그 이유는 언어는 인간들이 미리 예측하고 준비하는 상황을 얼마든지 표현할 수 있기 때문이다. 그러나 동물의 의사소통 수단으로는 정보의 전달은 할 수 있을 수는 있지만, 장래에 발생할 수 있는 돌발적 상황을 표현할 수 방법이 없다. 벌의 경우에도 꽃이 많은 지역을 춤이라는 의사소통 수단으로 다른 벌들에게 알려줄 수는 있지만, 다른 벌들이 출발하기 전에 준비할 필요가 있는 상황을 설명할 수 있는 표현 방식을 춤으로는 표시할 수 없다. 이처럼 인간은 비선형적인 행동 양식을 보여줌으로써 비선형적 상황을 표현할 수 있는 언어를 사용할 수 있는 기반을 가지게 되었음을 어렵지 않게 생각해볼 수 있다.

그리고 사람들이 동물과 달리 비선형적인 행동 의식을 가지고 있다는 것은 다음 문장을 예측하는 면에서도 쉽게 알 수 있을 것이다. 다음에 주어진 문장에서 인간들은 빈 공간에 들어갈 단어가 'flew(비행기 타고 갔다)'라는 것을 예측할 수 있지만, 동물들은 이 공간에 나와야 할 단어를 생각해내기가 그렇게 쉽지 않을 것이다.

Bob flew to Chicago and Mary _____ to Boston. (빈 공간에는 'flew'가 들어감)
Bob flew to Chicago and _____ flew to Boston. (빈 공간에는 'Bob'이 들어감)
Bob flew to Chicago and Mary flew to _____. (빈 공간에는 'Chicago'가 들어감)

참고 내용 영어뿐만 아니라 다른 많은 언어에서도 문법적으로 예상이 가능한 부분을 굳이 반복하여 기록하지 않는 것을 흔히 발견할 수 있다. 특히 영어에서는 'and'로 구성된 중문(coordinate sentence)은 생략되는 부분을 빈번히 보여주고 있다. 문법적으로 이와 같은 단어나 구의 생략 현상을 가리켜 'ellipsis' 또는 'gapping'이라고 부르고 있다.

최초의 인간들이라고 할 수 있는 원시인(early hominoids)들은 도구를 만드는 과정에서 시대적인 차이점을 보여주었다. 약 250~300만 년 전에 만들어졌으리라고 추정되는 도구들은 주로 유사한 모양의 물체를 약간만 변형시켜 도구로서 사용했던 혼적들을 보여준다. 만일 도끼를 만들고자 했다면, 도끼로서 사용될 만한 모양을 가지고 있는 돌을 구하고 그 돌을 약간 손을 보아서 사용하였던 것이다. 인간과 가장 유사한 동물이라고 일컬어지는 침팬지로 비슷한 방법으로 도구를 이용하는 모습을 보여 준다. 침팬지 중에는 개미굴에 들어 있는 개미들을 먹기 위하여, 굴속에 집어넣을 수 있는 나뭇가지를 꺾어 거기에 달려 있는 잎들을 떼어낸 후, 그것을 개미굴 구멍에 넣어 가지에 붙어 나오는 개미들을 훑어 먹는 것을 볼 수 있다. 수달의 경우에는 자신들이 좋아하는 조개를 먹기 위하여, 물속에서 커다란 돌을 구한 후 이것을 자신의 배 위에 올려놓고 그 돌에 수달 자신이 잡은 조개를 부딪쳐서 껍질을 깨어 내용물을 먹는 모습도 볼 수 있다. 이 뿐만 아니라 새 중에는 타조 알을 먹기 위해서, 돌을 물어 타조 알 위에 떨어뜨려 알의 껍데기를 깬 후에 내용물을 먹는 경우도 있다. 이러한 예들을 잘 살펴보면, 각 동물들은 도구를 사용함에 있어서 일단 자신이 도구를 사용해야 할 목적과 거기에 맞는 대상물을 골라 원하는 목적을 달성해낸다는 공통점을 찾아볼 수 있다. 이와 같은 도구 생산 및 사용 방식을 우리는 목적근접도구생산(tool-making)이라고 명명할 수 있다. 이 방법의 특징은 도구를 만들기 이전에, 목적을 설정하고 주어진 목적을 위하여 가장 효과적인 기능을 가진 도구를 선택하고 약간의 변형을 가한다는 것이다.

그러나 인간의 도구 생산 방식은 'tool-making'과는 좀 다른 형태를 보여 주고 있다. 역사적으로 10~15만 년 전부터 인간들은 좀 더 복잡한 과정을 통하여 도구를 만들기 시작하였다. 잘라내기와 깎아내기 방법(Levalloisian: core-and-flake)이 도구 생산 방식에 응용되기 시작하였던 것이다. 이 방법에 의하면 도구는 목적과 전혀 관련이 없는 원료로부터 출발한다는 사실이다. 목적에 도달하기 전에는 중간 단계를 거치게 되는데, 이 단계까지의 모습은 주로 일정한 재료를 선택한 후, 망치 등과 같은 기구로 크게 잘라내는 방식으로 만들어지는 것이 보통이었다. 일단 중간 단계에 이르게 되면 좀 더 목적에 적합하도록 세공의 단계를 거치게 되는데, 이때 사용하는 방식은 바로 껍질을 벗겨 내듯이 깎아 내는 과정이 사용된다. 이때 사용되는 것은 주로 끌처럼 세밀한 모양을 만들 수 있는 기구들이다. 망치가 사용되는 과정에서는 주로 내려치는 힘이 중요하지만, 끌이 사용되는 과정에는 주로 일정한 방향으로 밀고 당기는 힘이 사용된다.

'Levalloisian'으로 도구를 만드는 과정

i. **원료가 되는 재료를 구함**: 망치를 만들기 위해서는 돌과 같은 단단한 성질의 재료가 요구됨.

ii. **중간 단계 완성품(intermediate object)**: 주로 잘라내기 방식에 의하여 만들어짐.

iii. **마지막 단계 완성품(finished tool)**: 깎아내기 방식에 의하여 완성됨.

출처: Philip Leiberman, 1991, *Uniquely Human*

이처럼 도구를 만드는 방식은 역사적으로 주로 선사 시대를 배경으로 한다고 볼 수 있는데, 'tool-making'처럼 도구를 만들 때 목적에 적합한 재료를 구하는 방식은 주로 '타제 석기'에서 발견할 수

있다. 그렇지만 'Levalloisian(core-and-flake)'에서는 도구를 만들기 위하여 처음에는 목적과 전혀 상관이 없는 모습의 재료를 선택한 후 목적에 맞도록 변형을 가하는 방식을 사용하는데, '마제석기'가 주로 이 방법과 매우 밀접한 연관성이 있다고 볼 수 있겠다.

요점 정리 P. Lieberman(1991:158~160)은 도구 생산과 관련된 실험으로써 대학원생들에게 'tool-making'과 'Levalloisian(core-and-flake)'의 방법들을 모두 보여 주었다. 실험 결과에 의하면 실험에 참가했던 대학원생들은 'tool-making'에 의하여 만들어진 도구는 하루 정도의 관찰과 모방 과정을 거쳐 어렵지 않게 만들어 내는 것을 발견할 수 있었다. 그러나 'Levalloisian(core-and-flake)'에 의한 방법으로 만들어진 도구를 만들기 위해서는 한 학기 이상의 기간과 세심한 학습 과정이 소요된 것을 알 수 있었다. 이 실험에서 언어는 특히 대학원생들이 두 번째의 방법을 습득하는데 아주 중요한 매개체로서 학습 수단에 결정적인 역할을 수행하는 것을 알 수 있었다. 반면에 'tool-making'의 경우에는 언어를 통한 학습 과정이 없이도 쉽게 도구 생산을 완성하는 것을 발견할 수 있었다. 이 실험 결과를 토대로 도구 생산 방법과 동물의 관련성을 생각해 보면 동물의 경우에는 언어를 통한 학습 과정이 불가능하기 때문에 고도의 과정이 요구되는 'Levalloisian(core-and-flake)' 방법으로 도구를 생산하는 것은 기대하기 어려웠다. 만일 인간과 가장 유사하다고 간주되는 침팬지로 하여금 고도의 기술이 요구되는 방법으로 도구를 생산하게 한다면 우리는 침팬지에게 학습 과정을 거치게 해야 한다. 그렇지만 언어는 인간에게만 한정된 능력이기 때문에 언어를 통한 기술 습득은 침팬지에게는 무리일 수밖에 없을 것이다.

인간의 행동 양식과 도구 생산을 연관짓는 사람들은 'tool-making' 방식을 선형적인 행동 양식에 속하는 것으로 보는 반면에, 'Levalloisian (core-and-flake)' 방식은 비선형적인 행동 양식으로 생각하는 경향이 있다. 이미 위에서 말했듯이 언어는 비선형적인 행동 양식과 아주 밀접한 관련성이 있기 때문에, 'Levalloisian'의 도구 생산 방법이 언어를 사용할 수 있는 근거가 될 수 있다고 할 수 있다. 그리고 동물은 이 단계에 이르지 못하고 있기 때문에, 인간만이 언어를 사용하는 것은 아주 자연스러운 결과라고 할 수 있다.

목적근접도구생산
(tool-making)
선형적 행위
(linear behavoir)
타제 석기

잘라내기와 깎아내기
(Levalloisian)
비선형적 행위
(non-linear behavoir)
마제 석기

출처: Philip Leiberman, 1991, *Uniquely Human*

3.3 신체적 조건으로 본 언어의 탄생

3.3.1 언어 발성과 특수 조음 구조

3.3.1.1 조음 기관의 발달

인간이 다른 동물들과 달리 언어를 사용할 수 있었던 것은 바로 소리의 조음 기관의 구조에서 발견할 수 있는 혜택 덕분이라고 할 수 있다. 인간의 입과 성대는 다른 동물들과 다른 이중 음성 경로

(two vocal track)를 가지고 있다. 그러나 대부분의 동물들은 단순 음성 경로(one vocal track)를 가지고 있어서 언어와 관련성이 있는 다양한 소리를 만드는데 문제가 있지만, 인간은 소리가 울리는 부분과 울린 소리를 조종하는 부분이 구분되어 있어서 언어를 위하여 다양한 소리를 만드는 것이 가능하다는 사실이다.

리버만(P. Lieberman, 1975, 1991)에 의하면 인간의 성문은 시간이 흐르면서 점점 아래쪽으로 내려가는 현상을 보여준다고 하였다. 원시인과 현대인의 두개골을 조사해 보면 인간의 성대는 구강(oral cavity)의 구조에 대하여 서로 90°로 놓임으로써 'ㄱ'자 모습을 갖추고 있는 반면에, 동물 중에서 인간과 유사한 침팬지는 성대와 구강에 거의 일직선에 가까운 모습을 보여준다는 사실이다.

그러면 어떤 이유로 인간만이 이처럼 다른 모습의 조음 기관 구조를 가지게 되었을까? 우리는 인간의 직립으로부터 원인을 찾을 수 있지 않을까 한다. 인간은 원인류를 거쳐 직립 과정을 거치게 되었는데, 이와 같은 몸의 자세는 성문이 점점 아래쪽으로 향하게 하는 주요한 원인이 되었다고 할 수 있다. 이것을 성문의 하향 현상(descent of glottis)라고 불리는데, 이와 같은 현상의 결과는 구강을 별도의 공간으로 둘 수 있는 가능성을 낳게 했다고 볼 수 있다. 구강에서 소리를 만들어 내는 중요한 조음 구조는 바로 혀이며, 혀의 움직임과 구강 내의 다른 위치들이 여러 가지 소리를 생산하는 기본 구조를 형성하고 있다. 그러나 동물의 경우에는 직립 과정을 거치지 않았기 때문에, 성문의 하향 현상은 뚜렷하게 나타나지 않았으며, 그 결과로 동물의 구강은 성문과 아주 분리되어 독립적인 공간을 가지는 것이 불가능했다. 따라서 동물은 인간들만큼 다양한 소리를 만들 수 없게 되었으며, 언어를 형성할 수 있는 기본 구조를 애초부터 가지지 못하게 되었던 것이다.

One Vocal-track	Two Vocal-track
단음성 경로	이중 음성 경로
동물과 어린 아기를 포함	일반적인 성인

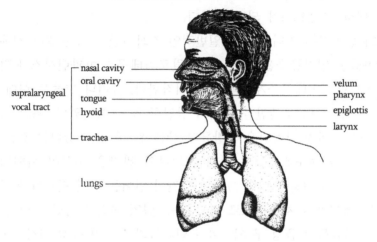

언어 생산과 관련된 해부학적 구조

nasal cavity: 비강 oral cavity: 구강 hyoid 설골 pharynx: 인두 trachea:기관 epiglottis: 후두개
출처: P. Lieberman, 1991, *Uniquely Human*

3.3.1.2 화석 중심의 조음 기관 이해

  인간을 언어와 연관시키는 해부학적 특수화 과정들이 현대 인류들을 고대의 호미니드(사람과(科)의 동물)들과 구별 짓는 근거가 될 수 있다. 지금까지 발견되었던 해부학의 지식에 의하면 초기의 인간들의 모든 화석 유골들은 현대식 초후두부 성도와 유사한 두개골을 지니고 있다. 인간 진화의 초기 과정은 씹기, 직립 자세, 양족 동물의 운동, 그리고 정확한 손 기동 연습(손을 목적에 맞게 움직이

는 연습) 등과 같은 인간 행동의 양상들을 강화했던 해부학적 적응들이 진화 과정에 분명히 포함되어 있었다.

그러므로 화석 기록에서 인간의 언어를 발생시켰던 두개골의 특징들을 통하여 현대 인류의 진화를 거슬러 올라갈 수 있다. 또한 이 특징들은 역시 언어를 위해 필요한 두뇌 장치들의 존재에 대한 지표로서 적절할 뿐만 아니라, 인간의 언어와 인식력, 문화의 진화에서 핵심 구성요소가 되기도 한다.

화석 인류(호미니드)들의 일반적인 진화적인 순서는 많은 점에서 살아있는 영장류들을 닮은 오스트랄로피테쿠스 아파렌시스와 다른 오스트랄로피테쿠스계들과 함께 시작한다. 그러나 그들은 현대 인간들처럼 직립 보행만을 위해서 발달한 것은 아니었다. 초기 인류가 오늘날까지 살아남은 영장류와 같은 성도들을 지녔다는 점은 오스트랄로피테쿠스계들의 두개골 기부의 관찰을 통하여 확인되었다. 이 점에 대하여 만약 그들이 인간의 언어를 위해 필요한 복잡한 운동 제어들의 자발적으로 조절할 수 있었다면, 살아있는 인간 이외 영장류들의 음성 구조는 아마 인간들의 복잡한 음성 의사소통을 가능하게 했을 것이다.

음의 특징을 음향적으로 보여주는 '포먼트(formant)' 변화들과 패턴들의 조절은 침팬지의 외침들에서도 발생하는 것처럼 보여 진다. 그러므로 음성 의사소통의 자발적인 제어를 용이하게 하는 두뇌 장치들의 진화가 인간의 언어 발달에 대한 해답 중에 하나인 것은 명백한 사실이다. 오스트랄로피테쿠스 계열은 아마도 이점에 있어서 오늘날의 침팬지들을 닮았을지도 모른다. 그들은 아마도 몸짓적인 표시들로부터 분리된 발성을 만들어낼 수 없었을 것이다. 그러므로 몸짓들이 오스트랄로피테쿠스계의 관련 있는 의사소통을 위한 일차적 방법이었을 것이다. 그러나 우리는 오직 그들이 말의 자발적인 제어를 허용하는 두뇌들을 가지고 있었던 지에 대해서만 추측할 수 있다.

살아있는 다른 모든 육상 포유동물의 특성을 나타내는 성도 구조로부터 첫 번째 주요한 변화는 호모 에렉투스(직립 원인)에게서 일어난다. 호모 에렉투스를 대표하는 화석들은 오스트랄로피테쿠스계들보다 더 큰 두뇌를 지녔다. 호모 에렉투스 화석에 있는 두개저의 굴곡부 또한 살아있는 영장류들이나 오스트랄로피테쿠스계들의 그것보다 더 큰데, 그들이 목 안에 낮게 위치된 후두를 지니고 있었다는 것을 증명하는 사항이다. 게다가 후두와 두개저의 굴곡부 사이의 관계를 직접적으로 다루는 한 실험은 그들이 단단히 연결되어 있다는 것을 보여주었다.

유아 구강의 두개골 기부의 각진 부분이 미소수술에 의해서 증가될 때, 후두는 더 낮은 부분으로 내려간다. 가상의 호모 에렉투스 초후두부의 기도는 사람이 만들어낼 수 있는 유용한 비연속적인 언어 음성들을 만들어 내기에 충분하지 않지만, 현대 인간의 초후두부 기도의 형태가 보여주듯이 많은 음식물을 삼키는 것을 방해하지도 않았을 것이다. 긴 하악골, 그리고 그에 상응하는 얼굴의 구조는 씹기에 충분히 적합했을 것이다.

아래쪽 후두 위치는 아마도 호기성 활동을 유용하게 해줄 수 있는 구강 호흡을 용이하게 하기 위해 진화했을 것이다. 호흡을 조절하는 두뇌 장치들은 후두 위치에 있어서의 변화를 이용하기 위해 자발적인 구강 호흡을 허용해야만 했을 것이다. 많은 연구들이(Kimura, 1979; Lieberman, 1984; MacNeilage, 1987) 인간의 언어 생산을 조절하는 두뇌 장치들은 아마 원래 연장을 이용하면서 숙련된 한손 작업을 용이하게 하기 위해 진화했던 어떤 것으로부터 유래했을 것이라는 추측을 제시하였다. 호모 에렉투스 호미니드들이 연장들을 사용했고 만들었기 때문에, 그들은 아마 최소한 기본의 자발적 언어 제어 능력을 소유했었을 것이다.

고대 인류의 표본으로 생각되어지는 아프리카의 브로큰 힐 화석은 현대식 두개골의 각도를 지니고 있었다. 그러나 입천장이 현대 인간들의 그것보다 더 길어서 음식을 씹기가 현대 인간들에게 있어서 보다 더 효율적이었음을 잘 보여주었다. 반면에 그것은 초기의 호모 에렉투스 화석, 오스트랄로피테쿠스계, 그리고 유인원들보다 삼키기로 인한 사망의 더 큰 위험을 내포하고 있었다. 화석의 초후두부 성도는 비록 완전히 현대식의 성도보다 열등한 안정성을 지녔지만, 비연속적인 언어의 완전한 집합뿐만 아니라, 비음화 되지 않은 말도 만들어낼 수 있었을 것이다.

만약 브로큰 힐에서 발견된 고대 인류가 자신의 성도를 언어 생산에 사용할 수 없었더라면, 상대적으로 생물학적 적응도가 매우 낮았을 것으로 추정할 수 있다. 그러므로 우리는 브로큰 힐 고대 인류 역시 언어의 자발적인 제어를 허용했던 두뇌를 지니고 있었다고 결론내릴 수 있을 것이다. 자동화된 언어 생산의 제어를 허용하는 두뇌장치들은 아마 어느 정도까지 존재했을 것이다. 완전히 현대식의 초후두부 성도는 대략 100,000년 이전 이스라엘로부터의 Jebel Qafzeh VI과 Skhul V 화석들에 존재한다. 그들의 구개의 길이는 오늘날 인간들의 그것과 유사하며, 성도는 안정적이었던 비연속적인 말 음성들을 만들어냈을 것이다.

최근의 이론들은 해부학적으로 현대의 인류가 100,000년과 40,000년 전 사이에 아프리카 어떤 곳에서 기원했고, 그 후에 중동을 통해서 유럽과 아시아로 흩어진다고 제안하고 있다.

125,000년 이전 아프리카의 브로큰 힐 화석 내의 기능상 현대식 성도의 존재, 그리고 100,000년 이전 Jebel Qafzeh VI와 Skhul V에

있어서 성도 구조의 유지와 변화는 인류의 진출 기원을 설명하는 이론과 모순되지 않는다. 거꾸로 네안데르탈 호미니드들의 멸종은 그들에게 인간의 말이 결핍되었던 것으로부터 유래한다. 최소한 그들은 덜 효율적인 음성 의사소통(더 혼동하기 쉬운 말, 아마도 매우 느린 속도를 진행됨)을 지니고 있었을 것이다. 따라서 현대 인류의 직접적인 선조가 되는 새로운 종이 이들을 대체하는 것은 어쩌면 당연한 일이런지 모르겠다.

다윈이 제안했던 이론과 같이 화석 인류(호미니드)안의 인간의 초후두 성도의 존재는 바로 인간의 언어를 위해 필수적인 언어의 자발적인 제어를 허용하고 빠른 운동 명령들을 수행하는 두뇌 장치가 있었음을 가리키는 중요 지표이다.

> "생존을 위한 경쟁에 있어서, 아무리 근소한 것일지라도 변이 자체는 다른 유기적인 존재들과 외부의 자연에 대한 무한히 복잡한 관계들로부터 나올 수 있는 것이다. 따라서 그 변이가 특정 종에 속하는 개체에 대해 어느 정도 유익한 것이 될 수 있다면, 그 개체의 보존에 이바지할 것이며 일반적으로 그 개체의 자손들에게 유전되어질 것이다."

만약 영장류의 다른 동물들이 발성 과정에서 적절한 자발적 신경 제어를 보여준다면, 인간의 언어를 위한 특수화 과정의 최초 발달 단계가 침팬지나 고릴라 같은 영장류의 초기 발달에서 확립될 수 있었을 것이다. 그러나 이런 발달 과정은 인류의 발전 과정에서만 발견되며 인간 언어가 빠른 데이터 전달을 위해서 기호화 되는데 잘 나타나 있다. 125,000년 이전의 현대 인간의 성도의 존재와 이어서 일어나는 기능적 유지는 자동화된 언어 운동 활동과 성도 표준화, 그리고 기호화된 말의 해독하기 등을 가능하게 하는 두뇌 장치들의 존재와 일치하기 때문에, 인류와 다른 동물을 분리하는 것이 가능하다고 볼 수 있다.

인간의 조음기관 구조와 언어와 밀접한 연관성이 있는 이유는 인간의 사용하고 있는 신호 방식에서 목소리가 가장 많은 장점을 가지고 있기 때문이다. 목소리는 가장 짧은 시간에 가장 많은 양의 정보를 전달할 수 있다. 비록 수화(sing language)처럼 신체 부위를 이용한 전달 방식도 있지만 목소리보다는 전달 내용이 현저히 떨어지는 것을 알 수 있다. 특히 목소리는 같은 소리로 여러 의미를 가리킬 수 있는 동음이의어(homonym)를 가능하게 하지만 수화는 그런 기능을 가질 수가 없다. 한 동작에 여러 의미를 부여한다는 것은 시작부터가 혼동의 원인이 될 수 있기 때문이다. 그런 식으로 하향화된 성문과 구강을 이용하여 인간은 다양한 소리들을 생산할 수 있다. 결과적으로 인간은 자신이 전달하고자 내용을 얼마든지 전달할 수 있는 장점을 가질 수 있음을 알 수 있다.

3.3.2 뇌의 용량 증가 그리고 인간 언어

인간만이 언어를 사용하는 이유는 뇌의 용량의 증가와도 긴밀한 관련성이 있다. 뇌가 커진다는 것은 많은 의미를 표현할 수 있는 잠재력을 키워줄 수 있기 때문이다. 이것은 마치 컴퓨터에서 기억 용량의 증가가 많은 기능을 가능하게 해주는 것과 유사하게 생각해볼 수 있는 사안이다. 고고학적 발굴에 의하면 인간의 두뇌는 작은 용량에서 큰 용량으로 아주 많이 진화된 것으로 규명되고 있다. 이런 사실은 여러 증거들을 통하여 뒷받침되고 있다. 이처럼 인간 두뇌가 용량에 있어서 진화한 결과는 인간으로 하여금 더 많은 정보를 이해하고 분석하게 해 주는 계기를 마련해주었다. 따라서 많은 용량의 기억력이 요구되는 언어활동은 뇌의 용량 증가와 매주 밀접한 관련성을 가지게 되었으며, 인간만큼 뇌가 자라지 않았던 동물들은 언어에 대하여 동일한 결과를 기대하기는 쉽지 않았을 것이다.

3.3.3 인간의 진화와 언어 구조 발생

위에서 제시한 성문의 하향화(descent of the glottis)와 뇌의 성장
(growth of the brain)은 의미와 소리 발전의 토대가 되었으며, 이것
은 언어를 사용하는 절대적으로 요구되는 내부적인 문법 구조를 형
성하는데 아주 중요한 역할을 한다. 다음에 나온 예는 인간의 신체
적인 변화가 어떻게 문법 구조를 형성하는지를 잘 보여주고 있다.

1. Growth of the Brain - meaning ⌐
                                  ├── **grammar**
2. Descent of the Glottis - sound ⌐

그러면 문법의 구조는 과연 어떠한 모습을 하고 있을까? 문법의
내부 구조는 다음에 주어진 모델로 표시될 수 있다. 이 모델의 특징
은 소리와 의미를 통사적인 정보로서 서로 맺어주는데 있다. 조음
기관의 변화로 인하여 다양하게 생산되는 소리가 인간 주변과 내부
의 사고를 대변할 수 있다는 것은 문장이 직접적으로 만들어지는
통사적인 과정에 의하여 서로 밀접한 관계가 있다는 사실이다. 그
래서 통사적인 정보는 '중계자(mediator)'로서 자신을 역할을 가지
게 된다.

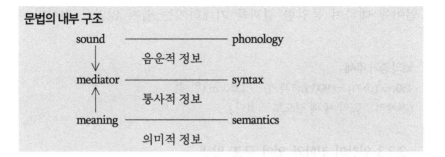

문법의 내부 구조

```
sound ─────────────── phonology
  │        음운적 정보
  ↓
mediator ───────────── syntax
  ↑        통사적 정보
meaning ─────────────── semantics
          의미적 정보
```

　영어로 'grammar'라고 부르는 '문법'이라는 용어는 일반적으로 언어를 사용하는 규칙(rule)으로서 이해되고 있다. 따라서 문법서는 언어의 사용 규칙을 모아 놓고 해당 언어를 공부하려는 사람들에게 올바른 사용 방법을 가르치는 책으로 알고 있는 것이 보통이다. 그렇지만 언어학(linguistics)에서는 'grammar'를 단순히 규칙이라는 개념으로만 사용하는 것이 아니라, 인간이 언어를 배울 수 있게 해주는 인지 능력의 하나로서 개개인들이 본능적으로 가지고 있는 언어 능력을 가리키는 경우로도 사용되고 있다. '문법의 구조'라는 용어는 문법서에 나온 규칙의 모습을 가리키기보다는 바로 사람들의 언어 능력을 모델로서 보여줄 수 있는 구조를 가리키는 것이다.

04 인간 언어와 사고의 연계성

4.1 인간 사고에서의 언어 활용

4.1.1 Sapir-Whorf 가설

　학자들의 의견이 분분한 주요 문제 중의 하나가 언어와 사고와의 관계이다. 이 논쟁은 1836년 Wilhelm von Humboldt가 기틀을 마련하고, 한 세기 후 미국의 언어학자 Edward Sapir(1949)와 Benjamin Whorf(1956)가 재차 주장한 한 명제에서 유래한다. Sapir-Whorf 이론에 의하면 언어 간의 차이는 각 언어의 모국어 화자가 세상에 대해 생각하고 추론하는 방식에 반영되어 나타난다. 예를 들어 Zuni(미국 아리조나주에 사는 북미 인디언의 한 부족) 언어는 노란색과 주황(Orange)색을 구분하는 단어가 없다. 영어 화자는 동일한 과제를 수행하는데 아무런 어려움이 없었던 반면, Zuni 모국어 화자는 이 두 색을 구분하는데 실패했다. 그러나 이러한 결과는 Zuni 모국어 화자인 피실험자들이 영어 화자와 기본적인 인지 및 지각 능력에 차이가 있기 때문이 아니라, 이들이 테스트에 익숙하지 못하였기 때문이라는 것이 이후의 실험에서 밝혀졌다.

보다 추상적인 개념에 대해서도 유사한 결과가 포착된다. 예를 들어 중국어에는 "If I were king I would"와 같이 화자가 가상적 또는 반 사실적 우연을 진술할 수 있는 명시적인 가정법이 없다. 그러나 단일 언어 중국어 화자와 단일 언어 영어 화자 간에 이러한 개념 구분을 이해하거나 표현하는 능력은 실질적인 차이가 없다. 이 점에 대해서도 초기 자료는 인지가 언어에 의해 강력하게 영향을 받는다는 Sapir-Whorf 가설을 강하게 지지하는 것으로 여겨졌었다. Alfred Bloom(1981)은 단일 언어 중국어 화자가 영어 단편 소설의 중국어 번역판에서 가정법 문장을 이해하는데 지장이 있다는 것을 찾아냈다. 그러나 중국어-영어 이중 언어 화자인 Terry Au가 위의 실험에서 사용된 것과 동일한 영어 단편 소설을 좀 더 중국어식으로 번역한 글을 자신의 실험에 사용했을 때에는, 영어와 중국어 피험자들 간에 아무런 차이도 보이지 않았다. 따라서 Sapir-Whorf 가설을 무조건 일반화 하는 것은 잘못된 것이었다. 중국어와 영어 화자 개개인의 인지 능력은 그 궁극적인 범위가 유사하다고 볼 수 있다.

아직 분명하지 않은 문제는 언어의 형식이 주어진 특정 순간에 그 언어를 사용하는 사람이 세상을 보는 방식과 세상에 반응하는 방식에 영향을 끼치는가 하는 것이다.

a. 한 언어의 형식과 어휘가 이렇게 특정 인지 대상에 초점을 맞추도록 하는 것이 그 언어의 고유한 특성 때문인가?
b. 예를 들어 눈이 형태마다 연한 정도나 조직이 다르다는 것을 판단할 수는 있을 것이다. 그러나 에스키모인처럼 다양한 형태의 눈을 지칭하는 단어들과 그 단어들을 특징짓는 의미를 몰라도 다양한 형태의 차이점들을 이들만큼 알아차릴 수 있을 것인가?
c. 가정법을 부호화하지 않는 언어를 모국어로 하는 사람들이 만일 자신의 모국어에 가정법이 있어서 가정법적 생각을 자주 하게 되는 사람들만큼 그렇게 자주 가정법적 사고를 하겠는가?

이러한 질문들은 언어와 사고 사이의 강한 유대를 보여주는 언어 습득 연구의 관점에서도 다루어져야 할 것이다.

4.1.2 계층적 범주화

특정 언어의 형식이 반드시 그 언어 화자의 사고의 본질에 제한을 두는 것은 아니라 하더라도, 아동 발달 연구에 의하면 언어와 사고 간에는 강한 상호작용이 존재한다. 예를 들어 계층적 범주화 체계(Hierarchical Categorization)는 사람이 지식을 조직할 수 있게 해준다. 스무 고개와 같은 실내 게임에서 이기는 비결은 계층적 범주화를 재치 있게 사용하는 것이다.

그것은 동물인가요, 채소인가요, 아니면 광물질인가요?라는 질문에 대한 답이 동물이라면, 두 번째 질문이 그것은 산인가요?라고 해서는 안 된다는 것이다. 계층적 범주화는 지식을 함축적으로 코드화 한다. 누군가가 여러분에게 판매대 위의 물건이 과일이라고 말한다면, 여러분은 즉각 그것에 대해 많은 것을 알게 된다. 그것은 식물이고 먹을 수 있으며 아마 단맛이 날 것이라는 것을 안다.

이 강력한 인지 장치는 인간 언어 구조 속에 만들어져 있다. 이 장치는 우리의 논리적 사고에 기틀을 제공한다. 세 살과 네 살 난 아동들을 대상으로 한 연속적인 범주화 실험에서 아동들이 형용사는 명사를 수식한다는 것뿐만 아니라, 특정 형태소가 단어의 품사가 형용사임을 표시한다는 것을 알고 있음을 밝혀졌다. 단어가 형용사임을 인지하는 방법과 형용사의 기능에 대한 아동의 지식은 아동이 여러 사진들을 범주화하는 능력을 촉진시켰다. 아동들은 여러 동물과 음식의 사진들을 분류하도록 요구받았다. 각각의 실험에서 여러 사진들을 다음과 같이 분류하도록 했다.

상위 범주	'동물 : 음식'
기본 범주	'개 : 고양이'
하위 범주	'개 : 작은 개'

실험자가 영어의 음 패턴에 일치하는 가짜 일본어 명사를 사용하여 각각의 사진을 설명했을 때, 아동들은 상위 범주 수준에서 사진 분류를 더 잘하였다. 예를 들어 사진을 가리키며 'This dog is a suikah'라고 했을 때, 이는 큰 개와 작은 개를 구별하는 하위 범주 수준의 분류를 용이하게 하지는 못했다. 대조적으로 'This dog is suk-ish'라고 말했을 때, 이는 아동이 적절한 하위 범주로 사진을 분류하는 것을 용이하게 했다. 이 아동들은 영어 형태론의 계층적 특성인 어떤 것이 Xish(형용사)라면 그 속성은 하위 범주에 속한다

는 것을 인식한 것이다. 하위 범주를 형용사로 코드화 하는 영어의 언어 체계가 아동의 인지적 과제를 용이하게 만든 것이다.

사실상 언어 발달에 대한 모든 연구에서 약 18개월쯤에 "이름 짓기 폭발(naming explosion)" 현상이 나타남을 알 수 있다. 사물 이름 짓기에 대한 관심이 발달하고 어휘가 갑자기 증가하기 시작한다. 이름 짓기에 대한 관심은 인지적 사건, 즉 범주화의 발달 시기와 동시 발생한다. 14개월에서 18개월의 아동은 자발적으로 사물을 모양별로 쌓는다. 이를테면 공과 상자를 분류하여 쌓는다. 물체를 범주화할 수 있거나 수직의 끈을 사용하여 물체를 얻는 것과 같은, 수단-목적 관계를 이해하고 유추해낼 수 있게 되면, 곧바로 이름 짓기 폭발이 나타난다. 다른 범주화의 측면들은 더욱 추상적이다. 아동이 물체의 영속성 개념을 습득하면 gone이라는 단어를 사용하기 시작한다. 물체 영속성의 전형적 테스트는 호두껍데기를 이용한 속임수 게임을 아동에게 맞게 각색하여 천이나 컵 밑에 공을 감추는 놀이를 이용한 것이다. 가려진 공이 단순히 사라진 것이 아니라는 것을 아동들이 알게 되면, gone이라는 단어를 처음으로 사용하게 된다는 것을 알아냈다. 아동은 단어 gone이 상징하는 개념을 습득했을 때 단어 gone을 습득한다. 언어는 사고를 반영하고 언어와 사고의 발달은 협력하여 진행된다.

4.1.3 통사론, 형태론, 인지 과정

아주 어린 아동조차도 영어 통사론과 형태론의 인지적 함축을 인식하고 있다는 증거가 나오고 있다. 18개월 된 아동이 전치사 up, on, under 등이 나타내는 인지적 차이를 이해한다는 것을 밝혀졌다. Look at the bear running on the table 등의 음성 메시지와 함께 만화 영화가 텔레비전 화면으로 동시에 제시되었는데, 한 만화는 곰 한 마리가 테이블 위로 달려가고 다른 만화는 테이블 아래로 들어가는 것을 보여주었다. 아동들은 메시지에 맞는 화면을 일관성 있게 더 자주 쳐다보았다. 기계적인 프레젠테이션은 아동의 초기 언어 이해에 관한 초창기의 많은 연구들을 무효화시켰던 신호 효과를 피하였다.

Barbara Landau와 Lila Gleitman(1985)은 어린 아동들이 영어 통사론이 나타내는 인지적 관계에 대한 지식을 사용하여, 단어 의미를 습득한다는 견해를 강력하게 지지한다. 아동은 우선 많은 신호를 사용하여 언어의 통사 구조를 유도해낸다. 예를 들어 아동은 기본 억양 호흡단위 신호를 사용하여 말의 연속을 구 단위로 분절한다. 강세를 받는 단어도 먼저 습득된다. 일단 통사론의 기본을 이해하면, 이 지식을 단어 이해에 적용한다. 아동은 See the X와 같은 간단한 구절에서 갖는 위치에 주목함으로써 단어가 명사임을 결정한다. 시각 장애 아동은 이런 과정을 통해 look과 see와 같은 단어 의미의 일부를 습득한다. 이 과정을 "통사적 자력"이라고 한다. 간단히 말하자면 인지와 언어 간에 강한 연관성이 있으며, 언어로 표현되는 인지적 차이가 아주 어린 나이에도 가능하다.

4.1.4 이중 언어 아동

언어와 사고의 관련성 논쟁에 대한 한 가지 특이한 전환점은 아동의 제2언어 지식이 비언어적인 인지적 과제를 더 잘 수행하게 한다는 발견이다. 1960년대에는 다른 능력들이 아동 단일 언어 화자와 모두 동일하다고해도 이중 언어 화자 아동은 단일 언어 화자 아동에 비해 두개의 언어 능력이 각각 덜 발달되어 있으며, 이중 언어의 사용이 지적 기능에 부정적인 영향을 끼친다는 생각이 일반적이었다. 이러한 견해는 극적으로 변화되었다. 초기의 연구는 흔히 피실험자의 나이, 성, 사회경제적 위치나 이중 언어 사용의 정도를 고려하지 않은 채로 아동 이중 언어 화자를 아동 단일 언어 화자와 비교했다. 많은 독립된 연구는 아동 이중 언어 화자가 범주 형성하기, 상징 조작하기, 추론하기, 복잡한 지시 따르기 등의 능력을 조사하는 테스트에서 더 잘 수행한다는 것을 보여준다. 이러한 연구는 아프리카어와 영어, 히브리어와 영어, 스페인어와 영어, 프랑스어와 영어, 웨일즈어와 영어 그리고 나이지리아어와 영어, 독일어와 영어, 그리고 영어와 중국어의 이중 언어 화자 아동(Bilingual Children)을 포함하였다. 그 결론은 이중 언어 화자 아동은 단일 언어 화자 아동보다 초기에 더 적은 수의 어휘를 갖는다는 것이다. 이러한 결과는 어휘 수에 치중했던 초기 연구들로 하여금 두 개 언어의 학습이 언어적 그리고 아마도 인지적 능력의 부족을 초래한다고 결론짓게 하였다. 그러나 아동 이중 언어화자는 인지적 능력과 언어구조 지식에 대한 테스트 결과 또래의 단일 언어 화자보다 일관성 있게 2~3년 더 앞서 있었다.

　　Anita Ianco-Worall(1972)은 4살에서 6살 사이의 아프리카어-영어 이중 언어 화자들이 소리 패턴보다 의미에 근거하여 단어들을 구분한다는 것을 보여주었다. 따라서 아동들은 "Which is more like cap, can or hat?"라고 질문하는 테스트에서 cap과 hat을 같이 분류하였다. 단일 언어 화자 아동은 2~3년이 지나서야 이를 수행할 수 있었다. 이중 언어 화자는 사물에 임의적으로 붙인 이름을 이해하는 테스트에서도 더 잘 수행하였다. Sandra Ben-Zeev(1977)의 연구는 5살 반에서 8살 반 사이의 아동들을 대상으로 일련의 테스트를 하였다. 이중 언어화자 아동이 지각 능력 테스트에서 언어 자료

처리와 지각적 구분 능력이 더 우수하며, 구조를 탐색하는 경향이 더 높았음을 보여주었다. 높이와 지름이 다른 9개의 실린더를 묘사하게 하는 실험도 있었다.

이중 언어 사용이 절대적인 인지적 이점을 가져다주는 것은 아닐 것이다. 단일 언어 화자 아동도 그만큼의 인지적 능력을 가질 수 있을 것이다. 그러나 결정적 시기 기간 내의 제2언어 학습은 인지적 능력을 높여주는 것 같다. 언어 습득과 인지 발달이 동일한 두뇌 장치를 사용한다고 할 때 그러한 효과를 기대할 수 있는 것이다.

4.2 인간 언어에 대한 구조학적 접근

4.2.1 구조주의 관점에서의 개념 이해

구조주의 언어학을 이야기할 때 우리는 항상 한 사람의 대표적 언어학자 소쉬르를 항상 기억해야만 한다. 그의 주장의 핵심을 구성하는 랑그(langue)와 빠롤(parole)은 언어학 연구에서 소쉬르에 의하여 처음으로 구분된 것으로서, 구조주의 언어학을 수행의 가장 중심적인 개념들이다. 소쉬르는 자신이 활동하던 당시 언어학에 대한 연구들이 주로 역사적인 변천에만 국한되어 있는 것에 문제점이 있음을 감지하였다. 소쉬르는 이러한 문제를 해결하기 위하여 언어학 연구의 새로운 방향이라고 할 수 있는, 두 개의 새로운 개념을 자신의 언어학 이론에 제시하였다. 소쉬르는 이들 두 개념을 통하여 언어학이 단순한 기술에만 그치는 것이 아니라, 과학적인 연구의 대상으로 역사적인 측면이 꼭 포함되지 않더라도 연구가 가능하다는 사실을 보이고자 하였다.

그렇지만 언어를 과학적으로 연구하는 데 역사적인 측면을 고려하지 않는다면, 어떤 방법으로 접근해야 하는지에 대해서는 해답을 찾지 못하고 있었다. 이와 같은 학문적인 답보 상태에서 그에게 연구 방법론상의 탈출구를 마련해준 학자가 있었다. 그는 사회학자 Emile Durkheim(1858~1917)이었다. Durkheim은 불란서의 유명한 사회학자였다. 그가 그토록 유명했던 것은 같은 시대의 인류학이나 심리학과 달리, 사회학을 사회 과학으로 자리매김하는데 아주 중요한 역할을 하였기 때문이었다. 그의 저서인 *Rules of the Sociological method*는 사회학을 과학의 한 분야로서 정착시키는 가능성을 보여주었다는 점에서 아직도 많은 후학들의 귀감이 되는 고전으로 남아 있다. 이 책에서 Drukheim은 사회적인 사실(fait social, social facts)을 하나의 연구 대상으로 정의하려고 하였다. 사회적인 사실이 대상으로 재정립된 것은 물리학에서 대상을 정해 놓고 연구를 진행하는 것과 비교될 수 있다는 것이었다. 그에 의하면 사회적인 사실이란 근본적인 성질에 있어 사회적으로 정해진 범위 내에서는 일반성을 유지하며 개체에 대하여 외적인 제약(external constraints)을 실행시킬 수 있다는 점에서 개인의 심리적인 행동과 구분된다. 이러한 입장은 개별 의식(individual consciousness)의 총합은 공유 의식(collective consciousness)과 동일하지 않다는 생각에서 출발하는데, 이것은 위에서 보았듯이 당시 철학 사관의 주를 이루던 'holosm'과 그 맥을 같이 하는 것으로 이해될 수 있다. 위의 정의 중에서 '외부 제약(external constraint)'이란 두 가지 측면의 특징을 가지고 있다.

첫째는 일단 외부제약 사항을 의사소통 수단으로 사용하기로 정하면, 다른 대안을 찾을 수 없는 것을 가리킨다. 둘째는 이 제약은 교육이라는 수단을 통하여 전달되며 피교육자가 습득 과정을 완수한 후에는 제약 조건 자체가 존재했는지조차도 알지 못하게 된다.

위 설명에 대한 예를 들면, 우리가 허리를 굽히는 행위를 상대방에게 진정한 존경의 의미를 전달하는 인사 수단으로 정하면, 이것 이외에 다른 방도로 같은 뜻을 전달할 수 없어야 한다. 그리고 이와 같은 인사 예절은 교육을 통하여 다음 세대에게 전달되며, 이 예절 방법에 익숙해지면 그들은 같은 행위를 더 이상 교육이 요구하는 제약으로 생각하지 않게 된다.

소쉬르는 Durkheim의 사회적 사실에 대한 정의를 언어학에 적용함으로써 언어에도 사회적 사실과 같은 연구 대상이 존재함을 주장하기에 이르렀다. 소쉬르에 의하면 언어는 그것이 사회 내에서 개별적으로 이용되는 것과는 별도로, 사회적인 사실과 같은 하나의 대상으로 정의될 수 있다. 언어는 우선 하나의 인간 집단 구성체를 통하여 공통적으로 이용되고 있고, 그 언어의 화자에게 외적인 제약을 적용할 수 있기 때문이다. 일단 한 사회가 특정 언어를 자신들의 의사소통 수단으로 택하게 되면, 구성원들에게는 다른 차선책이 더 이상 존재하지 않게 된다는 것이다. 이 언어는 다음 세대들에게 교육이라는 수단을 통하여 전수되고, 새 세대에 속하는 젊은이들은 그 언어를 습득하고 그것에 익숙해지면 더 이상 제약을 제약으로서 느끼지 못하게 된다. 이것은 앞서 보인 두 가지의 외적 제약과 같은 내용을 보여준다. 앞에서 지적한 '사회 내에서의 개별적인 사용'이란 한 언어의 화자 개개인들의 언어활동이라고 할 수 있는데, 소쉬르는 언어의 연구를 제대로 수행하기 위해서는 이쪽 방면에는 가능한 한 적은 관심을 가지는 것이 바람직하다고 생각하였다.

이를 통해 구조주의 언어학에 있어서 소쉬르가 Durkheim에게 얼마나 많은 영향을 받았는지 잘 알 수 있다. 소쉬르가 사회학적인 체계를 언어학에 그대로 적용했다고 해도 무방할 정도로 둘 사이에는 이론적으로 긴밀한 관계가 존재한다. 언어학 측면에서 볼 때 Durkheim은 당시 연구 업적을 통하여 언어학을 더 이상 한정된 이론에만 그치게 않게 해주었으며, 이론적으로 학문적 발전에 줄기차게 노력을 경주하였던 소쉬르에게 또 다른 새로운 방향을 제시해준 중요한 학자로 평가할 수 있다.

4.2.2 구조주의 언어학에 제기된 용어들의 개념 이해

랑그의 중요한 개념 중의 하나는 이것이 모든 인간들에게 존재하며, 한 언어 내에 객관적으로 내재되어 있는 체계라는 것이다. 그 언어의 화자들은 이러한 체계를 잘 알고 있으며 화자들 각자에게 동일한 규칙 형태로 존재한다. 이것은 다른 말로 인간 상호간의 체계(interpersonal system)라고 명명할 수 있다. 소쉬르는 langue가 Durkheim이 지적하였던 사회적인 사실이며, 이것은 정해진 사회 범위 내에서 모든 이들이 언어라는 수단으로 서로를 이해하는데 중요하다고 주장하였다. 또한 langue는 해당 사회 집단 내에서 교육을 통하여 수동적으로 습득되는 것이다. 그리고 langue에 대한 교육은 사람과 사람이 서로 이해하고 한 화자가 다른 화자들이 이해할 수 있는 방향으로 언어적인 조합을 수행하는데 중요한 역할을 담당한다. 만약 특정 사회의 화자가 다른 사회의 화자가 생성한 말소리를 들으면 그것을 단순한 잡음 이외의 어떤 것으로는 인식될 수 없다. 그 말소리의 근간이라고 할 수 있는 그 사회의 사회적인 사실이 그 말소리를 듣는 청자가 속한 사회의 사회적인 사실과 다르기 때문이다. 즉 청자는 자신이 들은 말소리와 그것이 만들어진 사회의 사회적인 사실을 연관 지을 수 없다는 것이다. 여기서 말하는 사회적인 사실이란 정해진 집단 내의 공유 의식을 의미하며 언어학적으로는 langue와 동일한 개념으로 이해될 수 있다.

parole은 langue의 개별적인 측면이라고 할 수 있으며, 이미 발화로서 말로 실현된 것을(what is said)을 가리킨다. parole은 실제로 발화된 결과를 가리키기 때문에, 한 사회에서 실질적으로 언어화된 것은 그 사회 내의 모든 발화 결과들의 총합과 동일하다고 볼 수 있다. parole은 현실화된 언어를 가리킨다는 점에서 나중에 촘스키에 의하여 언급될 언어 수행(language performance)과는 다르다. 언어 수행이 가능성은 있지만 아직 구현되지 않은 추상적인 발화까지도 자신의 영역에 포함시키는데 반해, parole은 구체화된 발화만을 의미하기 때문이다. parole은 개별적인 것으로서 공유적인 면에서는 결함이 있으며 구현된 실제의 발화만을 가리킨다고 요약할 수 있다. 경우에 따라서는 parole을 'speaking'과 연관시키기도 하는데, 그것의 성격을 감안한다면 전혀 무리가 없다고 간주된다. 소쉬르가 parole에 대하여 언급한 내용을 소개하면 다음과 같다.

parole을 위와 같이 정의하면, parole과 같은 개념이라고 여겨지는 'speaking'은 반드시 사회적으로 나타나는 사실로서 여기는 데 무리가 있을 수 있다. 그 이유는 사회적인 사실이란 특정 사회 내에서 두루 일반성을 띠고 있어야 하며, 자유로운 선택 대신 정해진 제약이 적용되고 있기 때문이다. 그렇지만 'speaking'과 연관된 모든 행위는 위에서 본 사회적 조건들과 상당한 차이를 보일 수도 있다. 이런 관점에서 볼 때 'speaking' 혹은 parole은 langue와 구별되어서 이해하는 것이 필요하리라고 생각한다.

만일 한 사회에서 수행된 발화 행위를 모두 종합하면, 그 집합 속에는 발화의 실제 결과와 한 언어의 문법적인 제약들을 실현한 것들이 들어 있게 된다. 여기서 말하는 문법적인 제약이란 모든 화자들이 항상 문법적인 언어만을 사용한다는 전제하에서 위의 집합에 포함되는 것이다. 소쉬르는 parole과 언어의 문법 규칙들을 합쳐 'le langage'라고 명명하였다. 'langage'는 그 속에 들어있는 parole의 요소들인 개별적 특징들과 함께 실제로 발현될 수 있는 구현에 해당되는 양쪽 모두를 포함한다고 볼 수도 있다. 따라서 이 용어를 정의하면서 '반드시 사회적인 사실이다'라는 개념만을 가리킨다는 정의로만 국한시킨다면 langue을 제대로 이해하는데 다소 무리가 있을 수 있을 수 있다.

III 두뇌와 행동 형태

　진화론적 생물학의 발전 과정에서 여러 학자들은 살아있는 유기체의 구조와 생리적 기능은 진화적인 역사를 반드시 반영하고 있다는 사실을 수차례 지적하였다. 인간 두뇌의 유기 조직도 기능에 따라 보면 예외가 될 수 없다. 두뇌는 일련의 복잡한 회로처럼 일하는 듯하다. 독립적으로 진화적 역사를 겪어온 특수화된 두뇌 기관들은 연결된 회로의 상황에 따라서 각각 다른 일을 수행한다.

　두뇌 구조는 수억 년 전부터 "색다른" 영역과 더불어 작용하면서 진화해 왔다. 두뇌를 구성하고 있는 부분들은 특별한 진화적 역사를 반영하는 여러 가지 다른 양상의 행동에 관여하였고, 이들 구성 요소들 중 하나인 기초 계산 요소도 두뇌의 특수화된 기계적 구조의 일부분을 구성할 뿐만 아니라, 나름대로 오래 된 진화적인 역사를 지니고 있다는 사실이 밝혀졌다. 두뇌를 넓게 차지하면서 복잡한 연결 상태를 보여 주고 있는 신경계의 회로는 분산 신경 네트워크(distributed neural networks)로 불리는데, 인류가 지금까지 만들어온 장치들의 기능들과는 매우 다르게 작용하면서 별개의 일들을 수행하고 있다.

이 신경계의 회로는 컴퓨터를 이용하여 재구성되기도 하였는데 컴퓨터로 재구성된 분산 신경 네트워크는 주로 연상 기억 또는 연속적 처리를 효율적으로 작업할 수 있도록 고안되었다. 많은 동물 학자들은 단순 구조로만 구성된 하등 동물들의 두뇌뿐만 아니라 고등 동물을 대표하는 인간의 두뇌도 내부가 분산 신경 네트워크로 구성된 장치로 이루어져 있을 것이라고 주장하고 있다. 이들 신경 구조는 인간 언어와 사고방식의 기초가 되는 인간의 정신 활동을 가능하게 하며, 이들 정신 활동을 기억 장치와 정보 처리 도구에 기초를 두고 있다고 한다.

01 두뇌 부위의 분포 현상

흔히 학자들은 두뇌에 대하여 언급할 때 지역화의 분산과 분담에 대하여 이야기 하곤 한다. 예를 들어 신체 각 부위에 배분된 특수 기능들은 두뇌에 특별 부위에 연결되어 있으며, 각 부위에는 별도의 기능이 부여되어 있어서 해당 기능은 바로 연결된 부분에서만 처리되는 것으로 설명한다.

두뇌와 신체 부위의 이런 연결 방식을 모듈방식(modularity)이라고 하며 지역적 분산 및 분담 처리를 의미한다. 그러나 어린이들의 정신적, 사회적 성장에 대하여 오랫동안 연구한 이들은 인간 정신의 특성이 독립적이면서 고립화된 분리장치들로부터 비롯된 것이라고 주장하는 통례상의 이론에는 문제점이 있음을 지적하였다. 인간을 대표하는 언어, 사고, 사회성 등을 연구해 보면 이들 기준들이 생물학적인 근거를 가지고 있다고 보는 관점에 많은 모순점들이 포함되어 있는 것이 발견된다. 인간들은 스스로가 단일 존재이며, 인간들만이 보여 주는 위의 기준들도 인간들처럼 각 행위를 통제하는 별도의 기관이 있는 것처럼 생각하는 것이 일반적이었다. 그러나 우리가 인간의 특징으로 여기는 언어적, 지적 능력을 자세히 살펴보면 창조적인 예술가들, 수학자들, 물리학자들, 은행가들과 심지어 언어학자들 사이에서조차도 이들 능력들이 제대로 이행되지 못함을 종종 발견할 수 있다. 또한 우리가 명심할 점은 인류라는 존재를 규정짓는데 중요한 기준인 도덕적 판단력이 항상 무시되는 경향이 있다. 이런 측면들도 언어능력이나 지적 능력과 마찬가지로 사회 계층에 전혀 구애받지 않는다. 예를 들어 사회 고위층에 속하거나 비범한 능력을 가진 사람들일지라도, 도덕적 판단이 아예 결여된 행동 양태를 얼마든지 보여주기도 한다.

Chomsky 그리고 Fodor(Chomsky, 1980a, 1980b, 1986; Fodor, 1983) 등이 자신들의 언어학 이론의 주요 요소로서 제시한 모듈러 방식들도 동일한 형태의 오류들을 보여 주고 있다. 그들은 인간의 두뇌가 각각 하나의 독특한 행동에 대응하고 결정하는 일련의 "모듈들" 또는 "기관들"로 구성되어 있다고 주장하였다. 언어기관은 추측컨대 기능적, 형태학적으로 사고력의 기본인 다른 기관으로부터 독립한 것으로 보았다. Fodor는 언어와 관련된 일련의 모듈을 통사론 전용의 것, 단어 사전 전용의 것, 언어 기관을 만드는 것 등을 가정하면서, 마치 언어의 모듈들이 가시적인 것처럼 생각하였지만, Chomsky는 모듈에 대한 인식을 같이 하였을 뿐 언어 기관의 가시성에는 반대 주장을 펼쳤다. 단지 모듈은 언어 행위라는 관찰 가능한 결과로만 존재하고 있음을 분명히 한다고 주장하여, 통사론, 언어의 어휘 목록, 담화 인지와 같은 특별한 형식, 언어의 구성 요소는 주어진 모듈에서 실행된 활동으로만 인식될 수 있다고 설명하였다.

이러한 모듈러 이론은 골상학(骨相學)에 힘입은 바가 크다. 골상학은 19세기 초반에 상당한 지위에 있는 과학이었다. 이는 Franz Gall(1809)이 학설을 제안했고, Johann Spurzheim(1815) 의해서 수정되었다. 골상학자들은 인간의 행동이 뇌 표면의 별개의 부위 내에 위치한 "영역"을 가진 일련의 독자적인 "분과들"로 구성되어 있다고 주장했다. 이들은 각 자리의 표면 영역은 어떤 특정한 기능의 발전을 결정한다고 보았으며, 골상학자들은 두개골들을 측정함으로서 그들의 이론을 시험하고자 노력했었다. 그러나 이후 연구가 지속되면서 기대한 바와 다른 결과들이 나타나면서 골상학은 사람들로부터 믿음을 잃게 되었다. 예를 들어 연구 결과로서 자신들이 주장하였던 방향과 달리 뇌의 한 부분이었던 숭배 부분이 성직자들 중 해당 영역 크기가 작은데 반해 살인자들 중 일부에서 해당 영역이 도리어 훨씬 컸다는 사실이 밝혀지는 상황이 전개되기도 하였다.

그러나 비록 골상학의 소멸에도 불구하고 모듈러 이론은 지금도 여전히 현존하고 있다. 모듈 방식을 따르는 사람들이 분과 영역들이 두뇌 표면의 특정한 부분들에 자리 잡고 있다고 주장하진 않았지만, 사고방식의 모듈러 이론들은 주장을 정당화기 위해서 골상학적인 주장을 유지하고 있다. 이들은 골상학에 의거하여 인간의 언어적 능력에 포함된 가장 간단한, 가장 논리적인, 그리고 가장 "경제적인" 신경계의 구조들을 제안하였다. 그러나 모듈러 이론은 생물학적 두뇌보다는 논리 설계와 전형적 디지털 컴퓨터들의 세부 구조에 근거하고 있다. 그래서 가상의 모듈들은 기능적으로 종종 디지털 컴퓨터들이나 전파 탐지기들과 같이 복잡한 전자 장치들을 조립하는데 사용되는 "플러그 접속식의" 구성요소들과 유사하게 설명되고 있다.

모듈러 설계는 사람이 컴퓨터를 만들 때에는 논리적이다. 한 세트의 독립된 모듈로 구성되어진 시스템은 대부분의 컴퓨터 프로그램들이 사용하는 연속적 처리의 단계에 대응한다. 서비스 제공자는 진단 시험을 실행하고 결점이 있는 부분을 뽑아낸 후 그것을 교체한다. 그러나 동물의 두뇌가 이런 식으로 설계되어야만 한다는 특별한 이유는 없다. 두뇌의 계산 결과들은 반드시 순차적인 것은 아니며, 결함이 있는 부분들을 개별적으로 교체하기란 불가능하다.

지금까지 발전해온 신경 해부학적인 연구는 인간 두뇌 구조의 논리는 다른 어떤 기관과 마찬가지로 진화의 산물이란 것을 보여준다. 역사적으로 두뇌의 모델은 당대의 가장 복잡한 기계의 구조를 따르려는 경향이 있다. 전화를 주고받는 것과 같은 구조로 두뇌를 표현하는 것은 1930년대의 일반적 모델이었다.

지난 30년 쯤 동안 존재했던 디지털 컴퓨터들은 종종 각각 특정한 일에 전용화 분리된, 독립적인 장치들로 구성되어졌다. 하지만 현재의 컴퓨터는 더 이상 이런 방식으로 설계되어서는 안 된다. 즉, 각 회로들은 한 가지 기능보다 더 많은 역할을 할 수 있도록 설계되어야만 한다. 예를 들어 인쇄기 회로들은 내용을 인쇄하는 기능을 넘어 전화 회선 상에서 내용을 전송하거나 컴퓨터 화면에 데이터를 표시할 수 있어야 한다. 이처럼 여러 가지 기능을 위해서 같은 장치들을 사용하는 것을 'multi'라고 부르며, 이런 형식은 부품들을 절약하고 전력 소비를 줄이는데 크게 기여할 수 있다.

모듈러 설계는 제 2차 세계 대전 초반, 전파 탐지기 장치에서 도입되었다. 그러나 최초의 전파 탐지기 장치는 모듈방식이 아니었다. 게다가 진공관 시절에 자주 발생한 일인데, 그것들이 고장이라도 날 때면 매우 수리하기가 어려웠다. 그러나 모듈러 디자인은 기초 훈련만 받은 기술자들로 하여금 전시 상황에서도 빠른 속도의 수리를 가능하게 해 주었다. 만약 설계자들이 전파 탐지기를 작게

만드는데 초점을 두었다면, 전파 탐지기 장치에는 아마 모듈방식이
도입되지 않았을 지도 모른다.

02 두뇌 기능과 회로 연결 구조

비록 지난 10년이 이전 100년 보다 두뇌가 어떻게 작용하는가에
대해서 더 많은 정보들을 산출해 냈지만, 많은 사실들이 정의하기
어려운 채 남아 있었다. 모듈 이론과 달리 순환성을 강조하는 "The
Circuit Model 회로 모형"은 이들 문제들을 설명하기 위하여 시도
되었던 방법들 중 하나였다. 이 모형은 Norman Geschwind(1965)
에 의해서 전개된 "연결론 모형(connectionist model)"에 기초하였
다. 연결을 중심으로 한 모형은 두뇌 결함으로 인해서 생긴 언어 결
함의 대표적 증상인 실어증에서 출발되었다. Geschwind 1860년대
부터 설명된 많은 언어 장애는 두뇌의 서로 다른 부분들이 충격이
나 사고로 회로의 연결을 손상시켰을 때, 회로가 끊여졌다는 가설
에 의해서 실어증의 증상이 설명될 수 있을 것이라고 설명했다. 여
기에 바로 "연결론 모형"의 기본 개념이 잘 나타나 있다.

03 두뇌의 신경 구조 이해

P. MacLean(1967, 1973, 1985, 1986)이 인간들과 동물들의 두뇌
를 비교하면서 보여 준 연구는 매우 유익하다고 할 수 있다. 비교
연구들은 좋은 출발점을 제공한다.

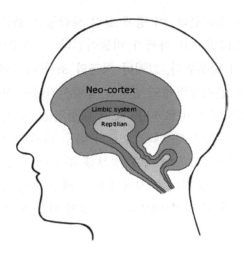

 위 그림은 인간 두뇌의 3가지 주요한 구성 요소들을 보여준다. 두뇌는 단단한 껍질인 두개골 안쪽에 포함되어 있으며, 두뇌 자체는 얇은 몇 개의 층들로 구성되어 있다. 이런 모습은 마치 급속히 성장된 양파와 닮은 것처럼 생각할 수 있다.

 양파 구조의 주요 부분은 대뇌이다. 다시 말하면 중뇌와 뇌간이 급속히 성장된 줄기를 형성하고 있다. 대뇌의 안쪽 대부분은 해부학자들에 의하여 기저핵으로 명명되었다. 비록 현대인의 기저핵이 설치류들이나 파충류들과 같은 단순한 동물들의 것보다 더욱 차별화되고 균형적으로 더 크더라도, 기저핵의 유래는 파충류 동물들의 두뇌에서 시작되었다고 볼 수 있다. 그래서 MacLean은 이 두뇌의 부분을 파충류적 복합체(Reptilian)라고 부른다.

 기저핵은 중뇌에 의해 척수에 연결되어져 있다. 그러나 흑질과 같은 중뇌가 기저핵에 너무나도 가깝게 연결되어 있어서, 기능상 기저핵 회로의 일부분인 연합 구조로 간주된다. 인간 두뇌의 기저핵은 전통적으로 운동 활동의 제어와 관련되어져 왔다. 이 부분에 주로 관련되어 있는 파킨슨병과 같은 퇴행성 신경질환들은 운동 제어에 중대한 결함을 초래한다. 이 병에 걸린 사람들은 걸음걸이와 손동작들이 부자연스러워지고 자세가 비뚤어진다, 그리고 일반적으로 손에 떨림 현상이 발생한다. 그러나 최근의 조사 자료에 의하여 이 병이 언어능력과 인지능력에도 결함을 유발시킨다는 사실이 발견되었다. 그러나 기저핵은 바로 다음 층인 대상엽(cingulate cortex) 피질과는 생화학적으로나 해부학적으로나 아주 다르다. 예를 들어 두뇌를 구성하는 신경세포들이 상호 정보를 주고받는데, 주로 의존하는 화학적 신경 전달 물질이 기저핵에서는 해당 기능들을 유지하는데 주로 작용하지만, 대상엽 내부에서는 내적 활동을 조절하는 역할만을 수행한다.

04 포유동물 뇌의 이해

4.1 초기 포유동물 행동과 두뇌

대상엽은 단순한 포유동물들에게서 처음으로 나타났다. 인간들과 다른 포유동물들 뇌에서 후각, 호전성, 기분과 같은 감정과 일반적 행동의 여러 가지 측면들을 조절한다.

포유동물들은 230만년부터 180만년 이전 사이에 살았던 포유류를 닮은 파충류인 테랍시드로부터 진화했다. 테랍시드 화석들은 남극대륙을 포함한 모든 대륙에서 발견되었다. 이것은 당시 지학학적인 구조가 하나의 거대한 대륙으로 형성되어 있음을 보여주는 증거라고 할 수 있다.

MacLean은 포유동물이 파충류에서 시작하였지만, 다음에 제시되는 세 가지의 특징을 들어 포유류와 파충류를 분리할 수 있음을 잘 보여 주었다.

a. 포유동물들은 그들의 유아들을 돌본다.
b. 유아 포유동물들은 어미로부터 분리 또는 고립의 신호인 외침을 만들어 낸다.
c. 포유동물들은 놀이를 한다.

쥐와 같은 포유동물 두뇌의 일부분을 파괴하는 실험들은 대상엽 내의 정신적 장애들이 어미로서의 행동에 있어서 두드러진 결함으로 나타남을 확인시켜 주었다. 실험 대상 쥐들은 둥지 만들기와 돌보기, 새끼를 되찾기를 경시했으며, 오직 12퍼센트의 새끼들만이 살아남았다.

포유동물들의 분리 외침들은 분명히 포유동물들을 파충류 동물로부터 차별화하는 필수적인 부분이며, 다른 포유동물들의 분리 외침 또한 대상엽에 의해서 조절되는 것을 발견한 것은 놀라운 것이 아니다. 일부 실험들은 대상엽의 앞부분이 원숭이에 있어서의 분리 외침을 유도해낸다는 것을 보여 주었다.

4.2 고등 포유동물의 두뇌

포유동물들이 복잡한 구조의 동물로 진화하면서 두뇌는 다양한 기능을 수행하기 위하여 새로운 부가 구성물인 신피질(neocortex)을 갖게 되었다. Harry Jerison(1973)의 두뇌 진화에 대한 포괄적인 연구는 한 동물의 신체 크기에 대한 두뇌의 크기 비율이 지능을 측정하는 최고 지표임을 입증하였다. 고등한 포유동물들에 있어서의 증가된 두뇌의 상대적 크기는 신피질에 있어서의 증가를 반영한다. 신피질은 복잡한 운동 근육의 일, 감각 정보의 지각과 해석, 감각들의 통합 또는 생각과 동작을 위하여 강화한다. 그것은 새로운 상황에 반응할 수 있고 새로운 반응들을 배우는 지적 판단과 가장 관련이 깊다. 유사 종족의 두뇌들을 비교하는 연구들은 신피질의 이와 같은 진화에 타당성이 있음을 입증하고 있다.

인간 두뇌의 상대적인 크기와 신피질이 두뇌에서 차지하는 비율은 동물의 종류에 따라서 다른 형태를 보여 주고 있다. 신피질의 이마 쪽 부위는 인간의 것이 다른 영장류에서 보다 훨씬 더 크다. 또한 기능성 조직에 있어서의 질적인 차이도 있다. 인간에 있어서 신피질은 언어의 자발적 통제에 관여하고 있다. 이것은 다른 영장류에게는 그렇지 않은 것이다. 예를 들어서 원숭이들은 신피질에 전기적 자극을 주어도 발성에 전혀 영향을 미치지 않는다. 대신에 대상엽의 자극은 의지를 나타내는 고립 외침과 같은 발성을 이끌어 낸다.

인간에 있어서의 발성의 자발적 통제는 진화적인 "부가 성향"의 또 다른 예로 볼 수 있으며, 본래부터 소유하고 연결 구조를 동시에 수정하는 시도로 볼 수도 있다. 언어가 발생한 것은 특정 부위의 변화에만 의존하였다기보다는 여러 장치들이 함께 변화하면서 만들어진 것이라는 의미이다. 두뇌에 속한 신피질, 대상엽, 기저핵, 구강 구조와 연관된 후두, 호흡 조직, 입의 근육들에 언어를 가능하도록 연결 경로를 형성한 것이다.

이런 변화들은 단순하게 기존에 소유하고 있지 않던 기능이나 기관을 새롭게 부여 받거나 교체하는 것과는 질적으로 다르다고 할 수 있다. 포유동물들은 어떤 다른 행동들을 더하고 운동 근육 통제를 강화하는 대상엽을 추가했지만, 두뇌의 더 오래된 부분은 제거되지 않았으며 "새로운" 모듈 구조로 대체되지도 않았다. 추가된 부분은 새로운 부분들과 협력하여 계속적으로 기능을 수행하였다. 영장류들 역시 새로이 진보된 신피질을 위해 대상엽을 교환해 버리진 않았다. 두뇌의 오래된 부분들은 더 발달된 동물들에 있어서 새로운 기능들과 두뇌의 더 새로운 부분들로부터 오는 선택적인 입력에 응하여 진화하고 변하였다.

05 대뇌피질 조직과 기능

5.1 대뇌피질의 모습

신피질과 대상엽을 포함한 두뇌 피질은 완벽하지는 않더라도 이와 관련된 많은 기능들의 상당수가 이미 알려져 있다.

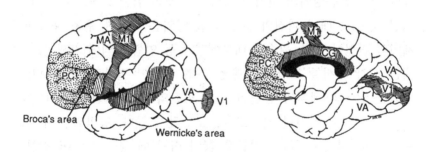

위 그림은 소뇌의 기능 부위를 보여주고 있다. 위쪽 그림은 좌측에 있는 전방부 전두엽 대뇌피질과 함께 외부 좌측 표면의 측면을 보여주고 있다. 아래쪽 그림은 신피질 아래의 안쪽으로 향한 대상엽 CG와 함께와 그것의 중앙 평면을 관통하여 구획화 된(반으로 자른 수박의 안쪽 모습과 유사함) 두뇌의 측면을 보여주고 있다.

골상학자들은 두뇌의 기능을 지역화 하는 것에 있어서 완전히 틀린 것은 아니었다. 대뇌 피질의 어떤 부분들은 극도로 특수화 되었다. 특수한 기능들에 가장 가깝게 얽매여 있는 것은 바로 감각과 연관된 것들이다. 예를 들어서 그림에서 V1은 시각에 필수적인 "일차 시각" 영역이다.

눈으로부터의 연결에서 다소 거리가 있는 "시각 연합" 영역 VA 같은 대뇌 피질 영역들은 특정 모듈에 제한된 연합 영역들이다. 이런 연합 영역들에 가해지는 피해는 복잡한 시각적 지각 결함을 발생시킨다. 그 같은 피해에 시달린 사람들은 비록 그들이 다른 형상들을 보고 인지할 수 있더라도, 얼굴 생김새를 알아볼 순 없을 것이다.

다른 동물들과 마찬가지로 인간은 방대한 시각 연합 영역들을 지니고 있다. 운동 제어 역시도 "일차 영역들"인 M1, 그리고 "전운동"이며 운동 연합 영역들인 MA로 나눠진다. 일차 운동 영역들은 특정 근육들의 활동을 직접 제어한다. 예를 들어서 원숭이에게 있어서 특유한 일차 운동영역의 전기적 자극은 그것의 입술 동작으로 연결 지어질 것이다. 대뇌 피질의 운동 연합 영역은 복잡한 운동 동작들의 제어와 관련이 있다. 원숭이 내부에서 운동 연합 영역에 가해지는 피해는 시각 지시를 포함하는 운동 과업 감손의 결과로 이어진다.

인간 언어의 제어와 관련된 대뇌 피질의 영역은 인간이 아닌 동물들 내부에서 어떠한 기능도 가지고 있지 않다. 광범위한 두뇌의 손상이 이 영역으로의 연결들을 끊어 버릴 때 영구적 언어 결함들이 그 결과로서 나타날 수 있다. 전방부 전두엽 대뇌 피질은 두뇌 전반에 걸쳐 정보를 받는 연합 영역이다. 인간과 다른 영장류에 있어서 전방부 전두엽 대뇌 피질에 가해지는 손상은 복잡한 일들을 배우기와 수행하기, 그리고 추상적인 생각에 있어서의 여러 다른 결함들로 결과 지어질 뿐만 아니라, 문제에 집중하는 능력인 "경계"의 손실로 이어진다. 대뇌피질의 다른 부분들과 두뇌의 피질하의 부분들 역시도 인간의 언어와 인지에 있어서 역할을 하는 것으로 보이지만, 두뇌 대부분의 기능들에 연관된 많은 불확실한 것과 추측이 남아 있다.

5.2 대뇌피질과 언어능력

언어와 두뇌의 관계에 대한 초기의 연구는 주로 두뇌에 손상을 입은 환자들을 대상으로 시작되었다. 연구자들은 두뇌에 손상을 입은 환자들을 대상으로 연구하였는데 두뇌의 어떤 영역이 손상되었는가에 따라 언어 결손의 양상이 다르다는 것을 발견하였다. 즉 좌반구에 손상을 입은 성인 환자의 경우 언어 결손이 발생하는 반면 우반구에 손상을 입은 경우에는 발생하지 않음을 발견하였다. 또 좌반구의 어떤 영역이 손상되었는가에 따라 실어증의 양상이 다르다는 것도 발견하였다.

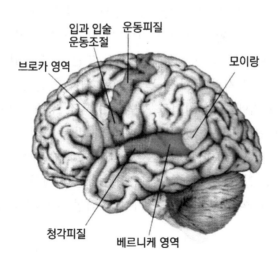

좌반구의 주요 언어 영역(Bear, Conners 그리고 Paradiso, 1996, 582)

5.2.1 브로카 실어증

5.2.1.1 두뇌에서의 브로카 영역

브로카 영역은 분명 유일한 인간 언어 기관은 아니다. 그보다는 특정 연속 작용을 하기 위해 서브루틴으로 접근하기 위해 전문화된 다목적 상위 연상 영역으로 보아야 할 것이다. 브로카 영역은 서로 다른 회로들을 통해 서로 다른 행위의 측면들에 관여하는 것처럼 보이며, 능숙한 손-팔 동작을 촉진한다. Paul Broca가 1861년 처음 언급하였듯이, 그것은 언어 영역에서 작용하며, 또한 통사 규칙에도 접근하는 것처럼 보인다. 전두엽 전방부 대뇌피질까지 연결된 회로들을 통해 이 자동화된 서브루틴들이 새로운 손동작을 수행하고, 음절을 발화하거나 문장 의미를 이해하는데 적용된다. 이러한 관점에서 볼 때 실어증의 결함들은 언어적인 측면만의 결함들만은 아니다. 그것들은 좀 더 일반적인 문제의 일부분인 것이다.

두뇌의 신경생리학에 대한 우리의 지식이 아직 초기 단계에 머무르고 있으므로, 자동화된 운동 서브루틴 또는 통사적 규칙이 정확히 어디에서 어떻게 저장되고 접근되는지에 대해 확신할 수 없다. 기억은 통사적 규칙에 대한 기억도 포함하여 특정 형태의 분산 신경 네트워크와 관련 되어지는 것 같다. 그러나 비록 분산 신경 네트워크가 이 정보를 저장한다 할지라도, 기억의 흔적은 어느 곳에서나 접근 가능할 수 있어야만 한다. 위에서 논의된 신경학적 자료는 브로카 영역이 이 흔적에 접근하는 가장 유력한 후보임을 보여준다.

5.2.1.2 말 더듬 증상

브로카 좌반구 대뇌피질의 특정 영역에 손상이 발생한 경우에는 말 산출에 장애가 있음을 알아내었다. 이 영역의 이름을 이 사람의 이름을 따서 브로카 영역이라고 부르며, 이 영역의 손상으로 인한 실어증을 브로카 실어증이라고 한다.

브로카 실어증 예

환   자: I'm a sig . . . no . . . man . . . uh, well, . . . again.

심리학자: Let me help you. You were a signal . . .

환   자: A sig-nal man . . . right.

심리학자: Were you in the Coast Guard?

환   자: No, er, yes . . . ship . . . Massachu . . . chusetts . . . Coastguard . . . years.

(Gardner, 1974, pp. 60-61.)

5.2.2 베르니케 실어증

5.2.2.1 두서없는 표현 형태

베르니케 실어증은 두뇌의 후방 영역과 여기로 들어가고 나오는 회로들의 손상에 기인한다. 베르니케 실어증 환자들은 말을 이해하는 것에 어려움을 지닌다. 또한 사물들이나 그림들의 이름을 말하는데 어려움이 있으며, 부적절한 단어로 대체 사용하거나, 무의미한 새로운 단어를 만들어낸다. 말이 유창한 듯 들리지만 그 의미가 없다. 베르니케 실어증은 말을 지각하는데 사용하는 음향 신호를 언어의 다른 측면에 통합시키는 두뇌 능력의 손상을 수반한다. 베르니케 실어증 환자는 브로카 실어증에서 관찰된 "자동적인" 통사론(구문법)의 이해 능력에 결손을 보이지는 않는다.

베르니케 실어증

심리학자: What brings you to the hospital?

환　　자: Boy, I'm sweating, I'm awful nervous, you know, once in a while I get caught up, I can't mention the tarripoi, a month ago, quite a little, I've done a lot well, I impose a lot, while, on the other hand, you know what I mean, I have to run around, look it over, trebbin and all that sort of stuff.

심리학자: Thank you, Mr. Gorgan. I want to ask you a few—

환　　자: Oh, sure, go ahead, any old think you want. If I could I would. Oh, I'm taking the word the wrong way to say, all of the barbers here whenever they stop you it's going around and around, if you what I mean, that is tying and tying for repucer, repuceration, well we were trying the best that we could while another time it was with the beds over there the same thing ...

(Gardner, 1974, pp. 67-68.)

두 실어증 환자의 말은 대조적이다. 먼저 브로카 실어증의 경우에는 더듬더듬 말을 하며, 주로 명사, 형용사, 동사와 같은 내용어들을 단순히 나열한다. 이를 전보식 발화라고도 한다. 반대로 베르니케 실어증의 경우는 매우 유창하고 말이 많아 얼핏 듣기에는 정상적인 발화처럼 여겨지지만, 조금만 주의를 기울이면 이 많은 말들이 문법적이기는 하나 내용이 전혀 없음을 알 수 있다. 우리는 이러한 실어증 환자들의 말을 관찰함으로써, 두뇌의 여러 영역이 어떤 언어 기능을 담당하는지를 알아낼 수 있는 것이다.

실어증의 유형과 특징

실어증 유형	두뇌 손상 위치	이해	말 산출
브로카	전두엽 운동 연상 대뇌피질	양호	유창하지 않음, 비문법적
베르니케	측두엽 후방부	어려움	유창함, 문법적, 의미 없음
전도성	궁상핵	양호	유창함, 문법적
포괄적	측두엽과 전두엽	어려움	거의 없음
명명불능	하위 측두엽	양호	유창함, 문법적

(Bear, Connors 그리고 Paradiso, 1996, 583)

5.2.3 수화 실어증

5.2.3.1 실어증 현상

미국 수화(American Sign Language: ASL)가 모국어인 청각장애자들도 실어증을 겪을 수 있다. ASL 실어증은, 음성 언어 화자의 실어증처럼, 대개 좌반구 손상에서 비롯된다. Ursula Bellugi, Howard Poizner, Edward Klima(1983)는 여러 손상 패턴을 갖는 좌반구 뇌졸중을 겪었던 세 명의 수화 청각장애인들과 연령을 맞추어, 좌반구 뇌졸중을 겪지 않았던 수화 청각 장애인 통제 집단을 연구하였다.

그들은 각 피실험자 집단에게 ASL의 형태론적 및 통사론적 규칙 테스트, 피실험자의 손과 팔 동작 수행 능력 테스트, 비언어적인 시각 신호의 지각 능력 테스트를 포함하는 공식 언어 검사 도구를 사용하였다. 세 명의 실어증 피험자 모두 비언어적 시공간 관계 처리 능력은 비교적 손상되지 않았다.

이 청각장애 실어증 피실험자들 중 두 명은 통사론(구문법)에 있어서 결함을 지니고 있었다. ASL에서 통사론은 어순이 아니라, 얼굴과 몸에 대한 손의 위치와 동작으로 표현된다. 예를 들어 동사를 표현하는 손은 동사의 부류에 따라서, 주어를 표시한 위치에서 목적어를 표시한 위치로 움직이거나 그 반대로 움직여야 한다. 비록 ASL과 음성언어 사이의 통사적인 관계를 전달하는 수단이 매우 다름에도 불구하고, 유사한 효과들이 발생했다. 브로카 영역 근처와 뒤쪽에 좌반구 피질하 손상을 지녔던 피실험자는 실문법증이었다. 그리고 브로카 영역과 전방 전두엽 대부분에 커다란 손상을 겪었던, 피험자는 유창한 수화를 만들어내지 못했다. 그의 수화하기는 실문법증을 보였지만 개별적인 신호들(수화의 신호)을 이해하는 능력은 양호했다. 이 환자의 결함은 브로카 실문법적 실어증 환자의 듣기 결함들과 유사했다. 반대로 또 다른 피실험자는 피질하에 두뇌의 후방 영역까지 퍼져있는 왼쪽 측두엽에 손상을 지녔었다. 즉 두뇌 손상의 경향과 언어 결함의 경향이 베르니케 실어증의 많은 면에서 유사했었다. 그의 수화하기는 유창했었지만, 대다수의 어휘에 오류들이 포함되어있었다

5.2.3.2 수화와 제스처 차이

수화와 제스처(gesture)의 차이에서부터 언어의 뇌신경학적 기초를 알아보자. 수화는 언어일까? 제스처일까? 수화는 음성을 사용하지 않고 제스처처럼 손짓이나 몸짓으로 표현하지만 일종의 언어이기도 하다. 그렇다면 수화는 두뇌의 좌반구와 우반구 중에서 어느 쪽이 관장을 할까? 일반적으로 수화는 시각·공간적 언어이니까 두뇌의 우반구의 통제를 받을 것이라고 생각할 수도 있다. 만일 이렇게 생각한다면 다음 신문 기사를 한번 읽어보자.

청각장애인들의 표현수단인 수화(手話)는 단순 한 몸짓이 아니라 언어로 인식된다는 연구결과가 나왔다. ...(중략)... 그러나 어빙 캘리포니아대 인지과학부 그레고리 힉콕 교수와 샌디에이고 캘리포니아대 에드워드 클리마 교수는 대중 과학잡지 '사이언스 올제' 최근호에서 "수화는 인간의 두뇌에서 언어로 인식한다"고 발표했다. 이들은 지난 10여 년간 뇌손상을 입은 장애인들의 두뇌활동(수화실어증)을 관찰한 결과, 수화능력도 일반인의 음성처리 언어능력(말하기와 이해력)을 담당하고 있는 두뇌 왼쪽 부분(브로카 영역과 베르니케 영역)에 의해 좌우된다는 것을 밝혀냈다고 주장했다. (조선일보 2001.7.11)

기사에서 확인한 것처럼, 수화 실어증 환자들을 대상으로 한 최근의 연구는 수화가 몸짓인가 언어인가를 분명히 판가름하게 해준다. 수화는 좌반구가 담당한다. 즉 수화의 산출 능력은 브로카 영역 그리고 수화의 이해 능력은 베르니케 영역이 관여한다. 위 기사에서 인용하는 연구결과에 따르면 뇌손상을 입은 장애인들 중에서 좌반구의 손상을 입은 사람들은 수화를 하거나 이해하는 데 장애를 보였다. 자신이 수화는 잘 하지만 다른 사람의 수화내용을 이해하는 데 어려움이 있는 사람들은 음성 신호를 받아들이는 청각 대뇌피질 옆에 있는 베르니케 영역이 손상된 사람들이었다. 반면에 다른 사람의 수화내용은 잘 이해하지만 자신이 수화를 하는 데에 어려움이 있는 사람들은 입과 입술의 근육을 통제하는 운동 대뇌피질 부근에 있는 브로카 영역이 손상된 경우였다. 두뇌 손상과 수화 실어증간의 이러한 양상은 앞에서 살펴본 것처럼 음성언어 실어증 환자의 경우와 동일한 것이다.

06 분산 분포로서의 신경 통신망

    지난 10년 동안 셀 수 없이 많은 과학적 연구가 분포된 신경계의 통신망의 특성들을 밝히는데 초점을 맞춰 왔다. 연구의 결과들은 분산 신경 네트워크들이 서로 다른 특수화된 두뇌 장치들을 구성하는 기초 계산적 구조에 있어 가장 타당한 모델이라 인정하였다. 회로들 내부에 연결되어진 통신망으로 특수화된 두뇌의 각 부분들 사이를 유지하는 관계는 트랜지스터들과 전기적 장치 사이를 유지하는 모습과 매우 유사하다. 많은 트랜지스터들로 구성되는 통합된 회로들은 라디오나 디지털 컴퓨터를 만들기 위해 서로 다른 방법들로 연결되어질 수 있다. 마찬가지로 분산 신경 네트워크들도 극도로 빠른 연속적 프로세서들이나 메모리 장치처럼 기능하기 위해서 서로 다른 구성들로 조립되어질 수 있다. 비록 분산 신경 네트워크들이 원래 생물학적인 사고 체계로부터 유래된 것이기는 하지만, 종종 디지털 컴퓨터 상에서 모의 실험되기도 한다.

    어떤 형태의 디지털 컴퓨터도 일반화되기 이전인 1949년에, Donald Hebb는 두뇌는 내부를 구성하는 신경 세포들 사이의 전기적인 연결 부분인 시냅스들을 일부 변경하여, 기억을 저장하는 분산 신경 네트워크 핵심 구조라고 주장하였다.

    모든 동물들의 신경 조직을 구성하는 데 가장 기본이 되는 단위는 신경세포들이다. 각각의 신경 세포는 축색돌기라고 불리는 경로를 통해 외부로 향하여, 양과 음이 교차되는 전기 신호를 발생시킬 수 있다. 또한 신경세포는 정보를 받아들일 수 있는 수지상 돌기를 이용하여 다른 신경 세포로부터 신호를 받기도 한다. Hebb은 특정한 자극에 반응하는 두 신경 세포들이 동시에 활성화 될 때, 두 신경 조직 사이를 연결하는 시냅스가 강화되면서, 정보의 교환이 이루어지는 학습 과정이 비로소 시작된다고 주장하였다.

두뇌를 이루는 분포된 신경 통신망들은 수백만 개의 서로 연결된 신경세포들로 구성되어 있다. 그들의 기능에 대한 해답은 바로 연결성이지만, 아주 소수의 단순한 분산 시스템만을 연구해서는 신경망의 방대한 기능을 설명하는 것이 거의 불가능하다. 또한 모든 기계 장치들은 정보를 보통 별개의 특정한 위치에 저장하도록 고안되어 있다. 즉 가전제품 중 하나인 난방 시스템은 설정 온도를 자동 온도 조절기에 저장하며, 전자레인지는 요리할 시간을 전자시계 장치에 기억시키도록 되어 있다.

그러나 좀 더 복잡한 체계가 요구되는 전력 보급 체계는 위에 제시된 간단한 가전제품의 구조로 도저히 운영될 수 없다. 따라서 이들 전력 공급 체계는 분산 시스템에 의지하여 작업을 수행해야 한다. 분산 시스템을 반영하는 전력 배전망은 발전기와 전선의 연결망에 토대를 두고 있다.

과거에는 전력 거래처에 속하는 일반 가정과 공장들의 발전기에 연결되었던 경로는 단순 경로만을 취하고 있었기 때문에, 만약 발전기가 고장 나면 모든 이를 위한 전기 공급이 중단되기 일쑤였다. 전력 회사들은 이러한 문제들을 피하기 위해 그들의 분산 시스템으로 전력 공급 양식을 수정하였다. 이에 따라서 더 많은 전기 시스템이 건설되었고, 발전기들을 서로 연결시키는 전력망 설치가 가능해졌다. 전력회사는 서비스의 지속적인 유지를 위하여 비록 지역 발전기가 고장 났더라도 원격 발전기로부터 전력을 끌어올 수 있게 되었다. 이와는 별도로 "여분의" 전송 선로들이 특정 선로의 고장에 대비해서 점차적으로 추가되었고, 많은 발전기들과 고객들을 수천 킬로미터에 걸쳐 통신망들로 연결하는 것이 가능해졌다. 따라서 하나의 발전기가 고장 나더라도 여분의 연결망을 통하여 끊임없이 전기를 공급할 수 있게 되었다. 결과적으로 신경 분산 시스템을 이용하는 기억장치도 다양한 연결망을 바탕으로 학습 내용을 쉽게 잊히지 않게 두뇌 내부에 일정 기간 존재할 수 있게 되었다.

지금까지 연구되어진 분산 신경 통신망들은 두뇌 속 미세한 구조를 극도로 간소하여 제시된 컴퓨터 모형들이다. 그렇지만 그것들은 실제 두뇌들과 공통적인 특색을 지니고 있다.

무엇보다도 분산 신경 통신망은 지역적 분열에 쉽게 혼들리지 않는다. 신경 통신망의 부분 파괴는 속도를 더디게 하거나 결정 자체를 불완전하게 할 수는 있지만, 모든 조직을 완전히 멈추게 하진 않는다. 예를 들어서 Karl Leshley(1950)는 고양이의 시각형상 판별력을 심하게 손상시키지 않으면서 시각피질의 90퍼센트를 제거하였다. 실어증을 대표하였던 브로카영역 또는 베르니케 영역에 국한된 작은 손상들이 영구적인 언어 결함이 되진 않으며, 피해자는 보통 몇 달 후에 회복되기도 한다.

IV 두뇌와 언어의 관계

언어의 진화와 관련한 어떠한 이론일지라도, 인간 언어 능력의 기초가 되는, 두뇌 장치들의 발달 과정에 대하여 반드시 설명해야만 한다. 여기서 제안된 이론은 두 단계로 분류된다. 즉 우리의 오랜 선조인 고대 유원인의 두뇌가 측면화 구조로 구성된 두뇌 장치로 진화했다는 사실과 인지 측면들뿐만 아니라 빠르게 코드화 된 인간의 언어와 통사론을 가능하게 해 주는 두뇌 장치의 진화가 여기에 포함된다고 볼 수 있다.

이 이론은 앞 장에서 논의한 두뇌 회로 모형을 따르고 있다. 인간 두뇌는 다양한 활동을 완수하기 위해, 서로 다른 회로들에서 협동하는 많은 특수 목적 장치들로 구성된다. 하나의 특정 장치가 두뇌의 서로 다른 부분들에 대한 복잡한 연결들을 통해 연결된 다양한 회로를 이용하여, 논리적으로는 관련되지 않은 것처럼 보이는 서로 다른 행동에 참여할 수 있다. 예를 들어, Norman Geschwind는 1965년에 특정한 "운동 조절" 영역이 감정적인 반응들 중 특히, 두려움이나 분노들에 연관된 것들도 조절한다는 것을 보여주었다. 여러 가지의 행위적 역할들은 두뇌가 진화되어 온 역사를 반영하는데, 하나의 특정 기능에만 알맞게 진화되었던 장치들은 다른 목적들에도 적합할 수 있다.

01 두뇌 측면화

인간 언어의 신경 시스템 진화의 초기 단계는 손 운동을 조절하기 위하여 뇌 내부에 측면화(lateralization)된 장치들과 연관된 듯하다. 대략 인구의 90퍼센트를 차지하는 오른손잡이들은 정확한 조작들을 수행하는 것에 그들의 오른손을 일관성 있게 사용한다. 오른손을 조절하는 이들의 좌반구는 말의 산출도 조절한다. 상황은 왼손잡이들에겐 종종 반대인데 그들의 경우 우반구가 말을 조절한다.

손의 사용과 언어 사이의 연관성은, 말 생성을 연구하는 신경학자 Doreen Kimura가 말의 산출을 조절하는 측면화된 두뇌 장치들이 초기에는 손 운동을 촉진하는 장치들로부터 진화되었다는 주장을 제기하기 전까지는, 수년간 많은 과학자들을 곤혹스럽게 하였다.

그의 주장에 의하면, 도구들을 사용하고 만드는 데 필요한 능숙한 손 운동은 두 팔의 비대칭적인 사용을 요구하며, 현대인에게 이 비대칭성은 체계적이다. 한 손, 대개 왼손은 안정된 균형을 잡는 기능을 하며, 다른 한 손인 대개 오른손은 장작 패기처럼, 움직이는 손의 역할을 한다. 한 손만이 필요할 때는 대개 오른손이 사용된다. 두뇌기능의 비대칭성이 도구를 사용하는 동안, 두 팔의 비대칭적 행위와 함께 발달했으며, 어떤 불확실한 이유에서인지 좌반구가 정확한 손 위치에 전문화되었다고 가정하는 것이 그렇게 억지 주장은 아닌 것 같다. 따라서 언어를 대신하여 제스처 체계가 사용될 때, 이것은 아마도 주로 좌반구의 통제를 받을 것이다. 만일 언어가 실제로 최근의 발달된 것이라면, 이미 정확한 운동 조절을 수행하기 위해 발달된 대뇌반구, 즉 좌반구의 지배 아래 말의 발달이 이루어졌을 것이라는 가정하는 것은 타당할 것이다.

Kimura의 주장은 20세기 초에 이루어진 관찰에 근거를 두고 있다. 최근의 이론에 의하면, 좌반구 뇌손상을 겪는 피험자들은 한 손의 손가락들과 엄지손가락의 공동 작용할 수 있는 새로운 동작들을 포함한 과제를 수행하기에 어려움이 있었다. 이와는 대조적으로 단순하거나 일상적인 손 운동 과제에는 전자의 과제에서와는 달리, 손가락을 움직이는 기능이 전혀 감소하지 않았다.

02 언어와 통사 구조 그리고 사고

인간의 통사적 능력은 단순한 동물의 운동 조절과 궁극적으로 관련이 있는데, 왜냐하면 운동 조절을 위한 신경 장치들의 진화에 연속성이 있기 때문이다. 그러나 인간의 능력은 침팬지처럼 인간과 아주 가까운 영리한 동물의 능력보다 훨씬 우수하다. 그러나 다른 동물들과는 매우 다른 현대 인간의 진화에는 도대체 어떤 요인 또는 요인들의 역할이 있었는가를 알아야 한다. 분명히 직립 자세, 도구 제작, 그리고 사회 조직 등이 유원인 진화의 특별한 과정을 형성하였다. 그러나 직립자세로 걷고, 도구를 만들고, 아주 복잡한 사회 구조를 가지고 있었을 오스트랄로피테쿠스와 같은 초기 유인원과 현대인 사이에 해부학적으로 그리고 문화적으로 차이가 있다면, 현대 인간의 언어와 사고의 기저를 이루는 두뇌 장치의 진화와 관련된 어떤 다른 요인들이 더 있었음에 틀림없다.

더 빠르고 더 신뢰할만한 의사소통을 촉진시키기 위한, 자연 선택이 이 장치들의 현대 인간 두뇌로 진화의 두 번째 단계를 설명한다고 주장한다. 의사소통은 전기 장치들과 두뇌 양쪽 모두를 위한 "회로"에 가장 무거운 기능적 비중을 둔다. 디지털 컴퓨터를 유용한 도구로 만든 트랜지스터와 반도체 장치들은 처음에는 의사소통 체제를 위해 개발되었다. 사실 의사소통의 필요 사항들은, 그 사용 수단이 말을 타고 달리는 하인이든 레이저 및 광섬유 다발이든지, 그 문화가 갖는 최고 수준의 기술과 기구를 점유한다고 논할 수 있을 것이다. 간단히 말해, 효율적이고 신속한 의사소통을 하기 위한 진화 과정을 통해, 우리의 두뇌는 인간의 통사론 사용 능력을 촉진하는 매우 효율적인 정보처리 장치들을 갖게 되었다. 이 두뇌 장치들은 인간 인지 능력의 열쇠일 수도 있다. 많은 학자들이 언급했듯이 인간 언어는 창조적이다. 그것의 언어의 규칙인 통사론과 형태론은 새로운 상황을 기술하거나 새로운 사고를 전달하는 "새로운" 문장들을 표현할 수 있도록 해준다.

2.1 통사적 부호화와 언어 수행 속도

인간 언어들은 의미 차이들을 전달하기 위해 거의 언제나 한 문장에서 단어들의 순서를 정하는 통사적 규칙들을 사용한다. 단어의 의미도 형태소들, 즉 의미를 전달하는 소리들에 의해 체계적으로 수정될 수 있다. 예를 들어 표준 영어 동사의 과거 시제는 "walked, laughed" 등처럼, 철자 -ed로 표기되는 형태소로 표현된다. 단어들을 수정하여 의미를 전달하게 해주는 우리가 따르는 규칙들이 형태론을 구성한다. 그러나 통사론과 형태론 사이의 경계가 엄격한 것은 아니다. 예를 들어 영어 화자는 The boy is here와 The boys are here처럼, 동사와 명사의 단/복수를 나타내는 형태소들을 문장 전체에 작용하는 통사 규칙을 통해 조정해야만 한다. 이 통사 규칙은 언어마다 다르다. 영어에서는 the blue house처럼 형용사가 명사 앞에 오고, 프랑스어에서는 la maison bleu처럼 형용사가 명사 뒤에 온다. 그렇지만 사실 모든 인간 언어는 통사론으로써 의미의 차이를 나타낸다. 새로운 문장을 써서 새로운 생각을 의사소통하는 능력은 인간 언어의 가장 강력한 측면들 중의 하나이다. 통사론은 명백히 인간 특유의 것이다. 언어 훈련을 받은 원숭이를 포함하여, 그 어떤 살아있는 동물도 가장 간단한 통사 규칙조차도 완전히 습득하지 못했다. 가장 능숙하게 미국수화(ASL)를 사용하는 침팬지의 통사 능력보다 세 살 난 인간의 통사 능력이 더 우수하다. 네 살 또는 다섯 살 무렵이면 인간은 무한수의 새로운 문장들을 만들어낼 수 있다. 또한 통사론은 한 가지 단순한 생각만을 전송할 수 있는 시간의 틀 속에 여러 가지 생각을 "코드화"함으로써 음성 의사소통의 속도를 증가시켜준다. 우리는 아래 예에서처럼 여러 문장을 사용하여 의사소통할 수도 있다.

The boy is small.
The boy has a hat.
The hat is red.

그러나 우리는 그렇게 하지 않는다. 왜냐하면 우리들은 동일한 생각들을 The small boy has a red hat이라는 문장으로 부호화할 수 있기 때문이다. 말과 마찬가지로, 통사론도 주어진 시간에 더 많은 정보를 전달하게 해줄 뿐만 아니라, 단기 기억의 한계도 벗어나게 해 준다. 세 개의 단문에서 공통으로 지시하는 대상을 단기 기억에 저장하며 계속 확인할 필요가 없다. 한 소년이 작고, 모자를 가졌으며, 그 모자가 빨간색이라는 사실을 전달하려는 의도라면, The small boy has a red hat라는 문장을 사용할 때 오히려 혼란이 덜할 것이다.

따라서 포유류 청각 체계의 시간 해상도(우리가 1초당 식별할 수 있는 소리의 수)를 극복하게 하는, 인간 말의 주파수 코드화와 기억의 한계를 극복하게 하는, 통사론의 코드화를 대조하여 비교할 수 있다. 두 가지 부호화 장치는 영장류에게 유전되는 생물학적 제약에도 불구하고, 인간이 복잡한 사고를 신속하게 전달할 수 있도록 해준다. 간단히 말하자면 신속하고 정확한 음성 의사소통이 바로 현대 인간 두뇌를 만들어낸 촉매라고 할 수 있다.

2.2 발화 운동 조절

인간의 통사 능력의 기저가 되는 두뇌 장치가 진화된 것도 신속한 음성 의사소통 때문인 것으로 여겨진다. 말 생성을 위해 극도로 정확하고 복잡한 근육 조작의 산출을 가능하게 하는, 두뇌 장치가 규칙 지배를 받는 통사론에 적응할 수 있도록 도와주는 기초를 제공했던 것 같다. 운동 조절은 항상 어려운 과제이다. 예를 들어 산업 로봇을 조종하는 데 요구되는 회로와 컴퓨터 프로그램은 매우 복잡하다. 로봇에게 명령하는 데 필요한 명시적 지시는 인간 언어의 문법 규칙과 그 형식이 유사한 복잡한 규칙으로 표현되어야 한다. 만일 범퍼를 차에 부착시키는 "똑똑한" 로봇을 디자인하려면, 각기 다른 범퍼가 달린 여러 차의 유형들을 우선 인식하게 하는, 지시 사항을 로봇에게 제공해야 한다. 그리고 나면 로봇은 적합한 범퍼를 선택하여 적합한 위치에 부착하게 해야 한다. 로봇이 지켜야 하는 규칙은, 우리가 The boys are playing이라는 문장에서 복수 주어와 '일치'하는 복수 동사 are를 사용할 때 쓰는 통사 규칙과 개념상 다르지 않다. 이런 규칙 유형을 맥락 의존적 규칙이라고 하는데, 맥락 의존적 규칙은 인간 삶의 대부분을 규제한다. 예를 들어 여러분들이 보통은 자정부터 오전 7시 사이에는 이웃에게 전화를 하진 않지만, 만일 이웃집에 화재가 발생한 상황이라면 전화를 하는 것처럼 말이다.

언어의 생성은 인간이 수행하는 운동 조절 과제 중 가장 어려운 과제인 것 같다. 두뇌가 혀와 그 외 다른 발성 기관의 근육에 전송해야 하는 지시사항은 인간 언어 통사 규칙의 복잡성과 규칙 지배적인 논리의 측면을 갖는다. two와 같은 단어의 산출에서 자동적으로 입술을 둥글게 하는 효과를 고려해보자. 당신이 two라고 말할 때 당신은 입술을 앞으로 내미는 동시에 two의 원순화된 모음 [u]를 발화하기 0.1초 전에 입술을 오므린다. 대조적으로 tea의 모음 [i]는 원순음이 아니며 당신은 입술을 전혀 둥글게 하지 않는다. 결국 맥락 의존적인 규칙을 자동적으로 실행하는 것이다.

03 통사론과 사고의 진화 단계

우리는 인간 언어, 통사론, 사고의 진화 연대기와 진화 과정에 대해서 단계적인 발달 과정을 언급할 수 있다.

3.1 1단계: 초기 유원인들의 두뇌 측면화

도구 사용이 인간의 독특한 속성은 아니다. 침팬지는 한 손 용도의 도구를 통상 사용한다. 정확한 한 손 도구 사용을 강화한 두뇌속의 변화는 유원인의 선조인 영장류가 적용하는 데에 기여했을 것이다. 비록 어떤 인류학자들은 오스트랄로피테쿠스가 석기를 만들지 않았다고 주장하지만, 심지어 오늘날의 침팬지조차도 호두를 까기 위해 나무 모루와 돌망치를 사용한다는 사실을 고려해보면, 아마도 유인원들은 석기와 목기를 사용했을 것이다. 호모 에렉투스와 그 이후의 모든 원인들의 화석은 석기 제작의 증거와 관련이 있다. 손 행위를 위한 인간의 측면화 경향은 호모 에렉투스 시기에서 성립되었을 것이다. 일단 그런 경향이 성립된 후, 도구 제작 그 자체가 좀 더 정확한 손 기술을 생산하게 하는 두뇌 장치의 생물학적 적응을 촉진시켰을 것이다.

두뇌 측면화(Lateralization)는 인간의 말 지각과도 관련성이 있다. 인간의 좌반구는, 어떤 소리가 다른 소리 앞에 발생하는가 뒤에 발생하는가를 판단하는 시간 순서 결정을 포함하는, 언어 및 비언어적 소리 연속들의 처리에 관련되어 있다. 일부 비인간 영장류들도 종에 따라서 목소리를 지각하는데 두뇌 측면화 효과를 보인다. 여기에 "오른쪽 귀"의 이점이 존재한다. 즉 인간의 말소리와 비인간 영장류의 목소리 중 일부는 좌반구에 더 직접 연결된 오른쪽 귀에 제시될 때 보다 쉽고 정확하게 지각된다. 비인간 영장류는 인간 언어에서 의미를 전달하는 소리의 일부를 지각할 수 있지만, 인간의 모든 말소리를 식별하고 구별할 수 있는지는 분명하지 않다. 우리는 인간의 모든 말소리를 다른 동물들이 어떻게 해석하는지 보여주는 자료가 필요하다. 이러한 자료가 부재하는 한 언어 지각을 위한 측면화된 두뇌 장치의 진화는 결국 추측에 지나지 않는다.

3.2 2단계: 언어의 단계로의 진입

3.2.1 발화에서의 자발적 통제

생물학적 적응에 끼친, 음성 의사소통의 초기 공헌은 그것이 손을 해방시켰다는 사실에서 비롯될 것이다. 최초 원인들은 직립하여 걸을 수 있었으므로 손은 자유로이 도구를 사용하고 짐을 나를 수 있었다. 수화는 효과적인 의사소통 수단이긴 하지만, 반드시 손을 사용해야만 한다. 도구를 사용하는 원인들이 음성 의사소통을 사용할 수 있었다면 대부분의 상황에서 이점을 누렸을 것이다. 음성 의사소통은 보는 사람이 가까이 있지 않고 채광 조건이 열악할 때 더욱 효과적이다. 수신호가 특별한 유용성을 갖는 유일한 상황은 침묵이 이득인 때이다. 그러므로 수신호가 원인 진화의 초기 단계에서 중요한 역할을 했었다는 Gorden Hewes(1973) 같은 학자들의 주장이 옳을지도 모르지만, 수화가 인간 언어를 위한 유일한 채널은 절대 아니었다.

음성화의 자발적 통제를 허락한 두뇌 조직의 변화가 음성 의사소통의 최소 조건이 된다. 브로카 영역과 그 연결 회로들이 인간의 말 산출을 통제하는 자동화된 운동 서브루틴의 사용을 가능하게 했다. 비영장류에서 브로카 영역에 해당하는 부분은 얼굴 근육조직을 위한 주요 운동 영역인, 하위 중추 전방(precentral) 대뇌피질의 일부이다. Dwight Sutton, Uwe Jurgens(1988)은 다람쥐원숭이를 자세히 연구해 본 결과 이 영역의 전기 자극은 원숭이의 입술과 혀의 독립된 움직임과 일부 후두 운동을 산출시키지만, 완전한 음성화를 산출시키지는 못한다고 한다. 다람쥐원숭이와 붉은털짧은꼬리원숭이는 이 부분의 두뇌가 파괴되어도, 외침 소리나 심지어 음성화를 포함하는 과제 수행에 아무런 영향을 받지 않는다. 대조적으로, 전방 대상엽의 자극은 붉은털짧은꼬리원숭이에게 입술 움직임, 발성, 여러 외침 소리를 유도한다. 마찬가지로 상응하는 대상엽에 있어서의 장애들은 외침 소리를 방해한다. 전방 색대가 먼저 자극을 받았다면, 원숭이의 대뇌 신피질에서 보완 운동 영역(Supplementary Motor Area: SMA)의 자극은, 발성을 유도한다. 그러나 이 원숭이들에게서 브로카 영역 해당 부분과 연결된 부분들은 음성화에 영향을 끼치지만, 브로카 영역에 해당하는 부분은 음성화와 관련이 없다.

인간의 경우 대뇌피질의 말 조절은 새로운 부분들의 첨가와 옛 회로의 재배선, 둘 다를 포함하였음이 분명하다. 전두엽 전방부 대뇌피질의 증가는 말 산출에서의 그 역할을 일부 반영하고 있으며, 옛 회로의 재배선은 기저핵과 관련이 있는 것으로 보인다. 최근 비교 연구들은 기저핵 회로들이 인간의 말과 통사론을 가능하게 하는, 독특한 두뇌 기초의 열쇠임을 암시한다. 인간 피험자에 대한 전기 자극 연구에서 협조하는 환자의 두뇌가 외과수술 준비로 노출되면 실험자는 낮은 진폭 전기 신호를 노출된 대뇌피질에 적용한다. George Ojemann(1983)은 브로카 영역과 그 근처에 원호를 따라 자극을 주면 말과 언어의 다양한 측면이 억제됨을 발견했다. Terrence Deacon(1988a)는 추적체 기술을 사용하여 붉은털짧은꼬리원숭이의 대뇌피질 상응 부위에서 유사한 경로를 발견했다. 이 자료들은 추론적이긴 하지만, 인간과 비인간 영장류 대뇌피질의 배선에 실질적인 차이가 없음을 암시한다. 그러나 신경생리학적 자료와 행동 자료들은 말의 자발적 통제라는 측면에서 인간과 비인간 영장류의 두뇌 회로 설계에 틀림없이 차이가 있음을 보여준다. 피질하 손상 및 질병 그리고 언어 및 말 결함에 관련된 '자연 실험'은 인간과 비인간 영장류 간의 그 잃어버린 고리로서 '기저핵'을 지목한다. 새로운 피질하 재배선은 전두엽 전방부 대뇌피질을 대상엽과 같은 더 오래된 두뇌 영역들뿐만 아니라 다른 대뇌 신피질 구조와도 연결시킨다. 이런 더 오래된 두뇌 장치들이 계속적으로 인간의 말에 작용하고 있다. 원숭이도 기저핵의 진화가 중단되지 않은 것 같지만, 말과 언어에 관여하는 기저핵 회로들이 바로 인간 두뇌를 다른 영장류 두뇌와 구별시켜주는 것 같다. 즉 다른 전문화된 피질하 구조들도 언어 생성에 관여하게 되면서 말 산출을 촉진하는데 적응되어왔을 것이다. 이 과정에 적용된 규칙이 두뇌 회로들의 다중 중복이다. 중복은 두뇌이건 대형 항공기이건 작동해야 하는 기계 설계에 장점으로 작용한다. 그리고 그 과정은 새 장치가 첨가되고 낡은 장치가 최소비용으로 수정됨을 가리키는 진화의 근사 논리에 연관된 전형적인 예가 될 수도 있다.

3.2.2 통사론 구조의 태동

언어 생성에 필요한 복잡한 연속적 작동 처리에 적응화 과정을 겪은 두뇌 장치들은 비교적 단순한 통사론(구문적 특성)의 문제를 처리하는 데 전혀 어려움이 없을 것이다. 말에 관련된 운동 조절은 이전 또는 미래 사건을 조건으로 신속히 발동하는 근육 협동 활동 패턴을 포함한다. 인간 언어의 통사론을 기술하기 위해 언어학자들이 고안한 규칙들은 아무리 복잡하다고 해도 상징의 연속체에서 하나의 상징을 다른 상징들로 치환하는 것으로 단순화시킬 수 있는 단순한 상징적 조작들이다. 문장을 정의하는 상징들의 연속체는 한 상징이 다른 상징들로 치환될 수 있는 맥락을 결정한다. 이와 유사한 규칙들이 말하는 동안에도 충분한 산소 공급량 제공하기와 같은 단순한 과제들을 수행하기 위한 말 운동 조절 역할을 이행한다.

말을 실행하기 위해 폐에 공기를 채울 때 수행하는 근육 조작방법은 문장 전체 길이에 걸친 복잡한 계획을 포함한다. 인간 화자는 대개는 말하기 전에 숨을 들이마시면서 의도한 문장의 단어들을 모두 산출하는데 걸리는 시간의 길이를 측정한다. 들이 쉰 공기의 양은 의도한 문장의 길이에 비례한다. 그러기 위해 우선 각 단어의 길이가 계산되어야 한다. 그런 뒤 문장을 구성하는 모든 단어의 길이가 추가되어야 한다. 만일 전체 지속시간이 너무 길면, 문장은 통사 구조의 주요 휴지(breaks)에 일치하는 부분으로 쪼개어진다. 따라서 공기를 폐 속으로 집어넣는 규칙 또는 연산법은 둘로 나뉜다.

a. 문장 전체의 틀에 걸쳐 작동한다.
b. 통사 관계를 고려해야 한다.

문장의 멜로디나 억양을 결정하는 공기 흐름과 공기 압력을 규제하는 근육 조절에 필요한 '미리 프로그래밍하기'도 이와 마찬가지로 우리가 똑바로 서있든지 기대어 있든지 친구와 조깅을 하며 대화를 하든지 상관없이 언어적인 요소들을 고려하게 된다. 따라서 대화를 수행하면서 양면 답변을 유도하는 '예/아니오' 방식의 질문을 선택할 것인지 아니면, 경우에 따라서 의도하려는 문장의 일부를 강조할 것인지의 문제들에 대하여 고민할 것이다.

04 현대 인간의 두뇌 진화

언어의 자발적 통제를 가능하게 하는 두뇌 재조직은 현대 인간 두뇌를 정의하는 특징 중 하나이다. 이는, 분명히 100,000년 전 현대 인간의 성도(vocal tract)를 지닌 Jebel Qafzeh와 Skhul V 등의 해부학적 현대 화석 원인에게 발생하였다. 이 재조직은 125,000년 전에 살았고 이들 화석에 선조가 되며 거의 완전히 현대인과 같은 성도를 가지고 있는 Broken Hill과 같은 화석 원인에게도 이미 발생했었을 것이다. 그리고 해부학적으로 현대인 호모 사피엔스의 초기 표본에 선조가 되는 아프리카 화석 원인에게 발생했을지도 모른다. 통사론과 추상적 인지 과정의 적응 시기를 결정하는 일은 좀 더 어렵다. Jebel Qafzeh와 Skhul V에 관련된 고고학적 증거는 이들이 완전한 현대인의 두뇌(복잡한 통사론과 논리에 적응된 두뇌)를 소유했었다는 사실과 일치하지만, 그 이전부터의 기원을 배제할 수는 없다. 비록 전두엽 전방부 대뇌피질의 상당한 증가 현상이 생물학적 적응을 위한 말과 언어의 독특한 기여에서 이루어졌는지 모르지만, 이 부분의 두뇌는 사실상 모든 측면의 행위에 참여한다. 그러므로 생물학적 적응을 촉진한 그 어떤 인지적 활동도 이 영역의 발달에 기여해 왔을 것이다.

비록 현대 인간의 성도의 존재가 그것을 작동하는데 필요한 두뇌 장치들이 함께 존재했다는 표시이긴 하지만, 약 35,000년 전까지 살았던 전형적인 네안데르탈인(Neanderthal)의 화석에서 현대 인간의 성도가 존재하지 않는다는 사실이 네안데르탈인에게 그런 두뇌 장치들이 없었음을 증명하는 것은 아니다. 언어 생성의 기저가 되는 두뇌 장치들이 손 운동 조절에 적응되었던 두뇌 장치들로부터 진화된 듯 보이기 때문에 해부학적으로 현대인 호모 사피엔스보다 앞선 고대 유원인들에게 일정 수준의 말 생산 능력이 아마 존재했을 것이다. 사실 우리는 말 의사소통이 이미 자리 잡지 않았다면 인간 성도의 진화에 선택적 이점이 전혀 없었을 것이기 때문에 일정 수준의 말 산출 능력이 그들에게 틀림없이 있었다고 할 수 있다. 그렇지만 해부학적 현대인이 출현한 후 적어도 7,000년 동안 네안데르탈인이 기능적으로 비인간 성도를 보유했다는 점은 여러 선택적 압력이 있었음을 증명한다. 그러므로 네안데르탈인의 두뇌는 말의 주요 요소인 통사론과 "추상적 태도"의 다른 측면들에 잘 적응되어 있지 않았을 것이다. 네안데르탈인의 두뇌가 우리의 두뇌와 동일하다고 많은 학자들(예를 들어 Terrence Deacon, 1990)이 주장했지만, 그들의 주장은 항상 인간의 범위에 속하는 네안데르탈인의 두뇌 전체의 크기에 대한 주장에 지나지 않는다. 그러나 두뇌의 크기 그 자체가 중요한 것은 아니다. 현재로서는 두개골 관찰만으로는 두뇌 화석의 구조나 연결회로들을 측정하는 것은 불가능하며, 따라서 네안데르탈인의 두뇌가 우리의 두뇌와 동등한 수준의 말과 언어 회로들을 가지고 있었는지 알 수 없다.

05 영역 중심의 전문화 그리고 인간 언어

인간 두뇌의 두 체계가 지금까지 이 장에서 논의되었다.

a. 브로카 영역과 연결 회로
b. 전두엽 전방부 대뇌피질

기능적 브로카 영역은 연결 회로를 반드시 포함하여 인간에게만 특별한 것이다. 이것은 말 산출과 통사론을 위해 필수적인 것이다. 비록 진화상의 선조들이 있지만, 오로지 현대 인간만이 말 산출을 위해 저장된 운동 조절 프로그램에 자발적으로 접근할 수 있다. 오로지 현대 인간만이 복잡한 통사구조를 갖는 문장을 만들어 내고 해석하는 능력을 가지고 있는 것처럼 보인다. 또한 인간은 복잡한 논리적 명제를 처리할 수 있는 유일한 동물인 것 같기도 하다. 그러나 브로카 영역은 분명히 언어 이론이 가정하는 '언어 기관' 모듈은 아니다. 그 기능 회로는 계통 발생적으로 '오래된' 두뇌 장치를 포함하며, 정확한 한손 사용 기술과 함께 '더 오래된' 운동 조절 능력을 갖는다.

더욱이 전두엽 전방부 대뇌피질은 인간 언어와 사고 모두에게 관련되어 있다. 이 영역을 영역과 연결하는 회로들이 언어를 가능하게 한다. 사실 전통적으로 영역에 속하는 많은 활동에는 전두엽 전방부 대뇌피질과 여기에 연결된 피질하 회로들의 활동들이 많이 포함된다. 인간의 전두엽 전방부 대뇌피질의 증가와 복잡성이 부분적으로 생물학적 적응에 대한 언어의 독특한 공헌에서 비롯됨은 분명하다. 그러나 전두엽 전방부 대뇌피질은 새롭고 창조적인 모든 활동에도 관련되어 있다. 이곳은 정보와 적절한 운동 반응을 통합하고, 새로운 반응을 학습하고, 일반적 추상 원리를 이끌어낸다. 이곳은 두뇌의 '사고의 저장고(think tank)'이다. 우리는 만사가 원활하고 관례적으로 돌아갈 때는 그것을 필요로 하지 않지만, 문제를 해결하고 새로운 반응을 학습하기 위한 활동에서는 필요로 한다.

따라서 인간의 말, 통사론, 그리고 사고의 두뇌 기초는 두뇌의 많은 옛 부분과 새 부분을 연결하는 회로들의 집합으로 구성된다. 이 연결회로와 장치들의 진화는 다른 동물들의 복잡한 해부학과 두뇌에 대한 일반적인 설명을 제공하는 진화론적 원리에서 나오는 것 같다.

V 인간 두뇌와 언어 사전

01 사람 두뇌 그리고 동물의 머리

1960년대까지 언어학자들과 철학자들은 단어들을 사용하는 능력이 인간 언어의 열쇠라고 믿었다. 예를 들어, 1964년 Norman Geschwind는 다른 동물들에게는 단어들의 의미들을 학습하기 위해 필요하다고 가정되는, 대뇌 신피질 회로가 없다고 주장했다. 그는 20세기의 선두적 신경학자로서 다른 동물들에게는 인간의 언어가 결핍해 있기 때문에 언어 능력과 관련된 신경 구조 또한 결여되어 있을 것이라고 설명하였다.

그 이후 다양한 실험과 관찰이 다른 동물들도 단어를 습득하고 사용할 수 있음을 증명하였다. 1960년대 후반 침팬지를 대상으로 한 실험들이 원숭이들에 대해서 처음으로 이를 증명하였다. 정식 테스트에서 캘리포니아 바다사자와 다른 해양 포유류들이 제한된 수의 단어들을 습득할 수 있음이 밝혀졌다. 앵무새도 제한된 수의 단어들에 반응하고 산출하도록 가르쳐질 수 있으며, 일반적으로 개와 같은 많은 다른 동물들은 소수의 단어들에 반응하며, 훈련을 받은 개는 상당한 수의 어휘를 소유하고 있음이 발견되었다. 그러나 많은 동물들이 어휘적 능력을 가지고 있다고 해도 어휘는 언어의 본질적인 특징이기 때문에 언어에 대한 진화 이론은 단어를 습득하고 해석하는 두뇌 장치와 관련되어 설명되어야만 한다. 따라서 어휘 몇 개를 아는 것이 인간의 두뇌와 동물의 두뇌가 동일한 능력을 소유하고 있다는 단순 결론이 되기는 어려울 것이다. 어휘 부분에서 인간과 다른 동물들 사이의 주된 구별은 알고 있는 어휘 수를 바탕으로 한, 양적인 측면에서인 것 같다. 침팬지와 고릴라는 동물 가운데 가장 많은 어휘를 이해한다. 그들이 미국 수화를 사용하는 교육을 받을 때 침팬지의 경우에는 최대 약 200개의 단어를 습득한다(Gardner and Gardner, 1969). 그렇지만 침팬지와 대조적으로 두 살 반 이후의 아동은 '이름짓기 폭발(naming explosion)' 시기를 거치며 학습하게 되는 어휘의 수가 확인하는 것 자체가 불가능할 정도로 많다. 이러 사실은 그 자체적으로 인간과 동물을 구분 짓는 중요한 차이라고 할 수 있다. 사람이 습득하는 엄청난 수의 단어는 그에 상당하는 수만큼 사고하고 의사소통할 수 있는 능력을 부여해준다. 인간이 알고 있는 엄청난 수의 단어가 인간 언어와 사고의 독특한 측면을 구성하기도 한다.

02 지능과 언어 사전

세상 지식과 일반 지능은 기본적인 생물학적 수준에서 연관이 있는 것 같다. 심리학자들은 20세기 초 이래로 일반 지능이 존재하는지 만일 존재한다면 보다 전문화된 지능의 측면과 어떻게 관련되는지에 대하여 논쟁을 벌여왔다. 예를 들어, Edward L. Thorndike (1913)는 다양한 형태의 정신 작용 테스트를 고안하고 개인의 테스트 성적과 테스트 수행 속도를 일반 지능과 관련지었다. David Wechsler(1944)는 이 절차를 좀 더 개발하였으며, 그의 지능 측정 테스트는 지금도 일상적으로 사용된다. 인간 지능의 본질과 발달에 대한 대부분의 이론은 비록 개인마다 서로 다른 능력과 기술을 보이기는 하지만, 어느 특정 능력의 결과에 영향을 주는 일반 지능 요인이 분명히 존재한다고 한다. Carl Spearman(1904)은 지능의 일반적(general) 즉, 'g 요인'이 과제와 특정하게 연관된 능력과 결합하여 작용하며, 이 요인은 특정 능력을 테스트하는 도구로부터 계산해낼 수 있고, 따라서 개인의 일반지능을 구체적으로 나타낼 수 있다고 처음으로 명시적으로 제안하였다. 이 이론은 인간 지능의 본질을 설명하고자 하는 최근의 이론에서만이 아니라 성인 지능 Wechsler 테스트 및 다양한 아동용 수정판 테스트들에서도 명백히 나타난다. 일반 지능, Spearman의 g는 특정 두뇌 장치, 다른 두뇌 장치들 또는 사람 두뇌의 일반적 특성과 분명히 관련 있다. 사람은 적어도 두 가지 과정인 연상과 연역을 통해 새로운 단어의 의미들을 학습한다. 어린 아동은 모르는 단어에 부딪칠 때마다 달려가 사전을 찾아보지는 않는데 한 가지 이유에서 우선 그들은 읽을 줄 모르며, 모르는 단어의 그들의 보호자들에게 계속해서 물어보지도 않는다. 아동은 우선 듣고 관찰한다. 아동은 실제 세계에서의 맥락과 이전에 습득했던 단어와 통사 규칙을 사용하여, 모르는 단어의 의미를 학습한다. 그러나 어떤 아동들이 다른 아동들 보다 더 많은 단어를 학습한다는 것은 분명하다. Robert Sternberg(1985)의 연구는 이에 대한 통찰력을 제공한다. 그는 학생들의 표준화된 지능 검사 점수를 학생들의 단어수와 비교했으며, 아는 단어의 수가 검사 점수와 상관관계를 갖는다는 결과를 얻었다. 더 똑똑한 사람들이 더 많은 단어들을 학습한다. 만일 신경 네트워크들이 두뇌의 계산 장치에 대한 적절한 모형이라면, 아마도 그들은 더욱 우수하고 더욱 큰 분산 신경 네트워크들을 가지고 있을 것이다.

03 단어에 대한 정확한 이해

단어들이 개별 사물들이나 행동들 보다는 개념들을 전달하는 것은 분명하다. 단어는 인간들에게만이 아니라 수화로 훈련받은 침팬지들의 경우에 있어서도 마찬가지이다. 비록 침팬지들의 어휘가 매우 제한적이긴 하지만, 그들의 단어가 개별 사물들을 지시하는 상징들인 것은 분명히 아니다. 지식이 있는 인간에게, 미국 수화의 단어 tree는 특정 나무를 지시하지 않는다. ASL을 사용하는 침팬지에게 처음 보는 사물의 칼라 슬라이드를 보여주는 정식 테스트는 그 침팬지에게 tree가 특정한 나무를 지시하는 것이 아니라 한 부류의 나무나 그와 유사한 식물을 지시한다는 것을 보여준다.

단어의 이러한 측면은 모든 인간 언어에 해당된다. 걸리버 여행기(1726)에서 Jonathan Swift는 '모든 단어를 그 무엇이건 간에 다 없애버리려는' Academy of Laputa의 '계획'에 대응하는 대목에서 단어의 부정확함에 대한 철학적 논쟁을 풍자하고 있다.

"모든 단어는 단지 물건의 이름에 불과하므로 모든 인간이 전달하고픈 특정 용건을 표현하는데 필요한 물건들을 아예 다 가지고 다니는 것이 더 편리하며, 그렇게 하면 자신의 용건에 신경 쓰는 불편함만 감수하면 될 것이다. 만일 어떤 사람의 용건이 아주 대단하고 종류가 다양한 경우에는 대단하고 다양한 만큼 물건의 꾸러미를 잔뜩 직접 등에 지고 다녀야 한다. 건장한 하인이 없다면 말이다."

04 분신 신경 네트워크에서의 단어 습득

아동이 단어 의미를 학습하는 데 갖게 되는 문제들 중의 하나는 단어 하나가 삶의 어떤 측면과 관련되어 있는가에 달려 있다. doggy라는 단어는 여러분을 혀로 핥아대는 털이 많은 동물을 지시하는가 아니면 그렇게 움직이는 모든 동물을 지시하는가? 그렇다면 kitty는 무엇인가? 아동은 각 단어의 모호한 경계들을 알아내야만 한다. 그들은 어떻게든 다소 다양한 수많은 경험으로부터 음의 연속체 즉, 음성적 단어로 코드화 되는 개념을 이끌어내어야만 한다. 인간과 그 이외의 다른 동물들이 어떻게 경험으로부터 학습하는가를 설명하기 위해 다양한 장치가 제안되어왔지만, 최근에는 생물학적으로 타당한 장치, 즉 분산 신경 네트워크가 제안되었다.

분산 신경 네트워크는 두뇌가 서로 다른 사건들이나 정보에 노출됨에 따라 신경망의 결합 패턴을 설정하는 두뇌 내부의 가정된 구조 모형을 컴퓨터 시스템으로 재구성한 구조를 가리킨다. 단어의 '의미'를 구성하는 실제 경험에 노출될 때 적절한 분산 신경 네트워크가 주어진 의미 집합과 그 단어의 음성적 '이름'을 상호 결합시킨다. 그러면 그 단어는 네트워크로부터 의미적 속성이나 음성적 속성을 통해 접근될 수 있다. 다시 말해 신경 네트워크는 단어의 음성 방식이나 단어와 관련된 의미 및 사건을 통해서 단어를 '회상'한다. doggy는 알고 있던 개의 종류들인 poodles, sheep, Scotland를 연상하고, 기억 장치에서 'd'를 찾도록 명령함으로써 의미를 생각할 수 있다.

또한 이 네트워크는 영어 규칙 동사의 'ed' 과거시제를 형성하는 언어규칙을 쉽게 끌어낼 수 있다(Rumelhart, McClelland, PDP Research Group, 1986). 이 실험에서 재미있는 점 하나는 컴퓨터 모형의 '행위'가 영어를 학습하는 아동의 행위와 유사하다는 것이다. 영어는 see나 eat와 같은 '불규칙' 동사들뿐만이 아니라 ed 과거시제형을 취하는 '규칙' 동사들의 집합도 지니고 있다. 아이들이 규칙적인 영어 복수형을 학습할 때면 그들은 거의 대부분 일반화를 과도하게 적용하여 eat, see의 과거형을 eated, seed처럼 전혀 들어본 적이 없는 단어들을 생성한다. 언어학자들은 이 현상을 근거로 하여 어린아이들이 언어 원리나 규칙을 습득하였다고 주장한다.

05 두뇌 사전 관찰 방법

인위적으로 조작하지 않은 자료를 바탕으로 실험을 수행하여 얻은 많은 결과물들은 두뇌 사전과 인간 언어 및 사고의 구성요소들 사이에 존재하는 관계들을 상당 부분 설명해줄 수 있다.

5.1 정신 지체 상태와 두뇌 사전

모든 인간은 지능에 상관없이 언어를 습득한다는 주장은 사실이 아니다. 제한된 조건이 부가되면 성인일지라도 언어를 배우는 것이 매우 어렵게 된다. 보호시설에 수용된 정신 지체(Mental Retardation)인 성인들에게 언어가 존재하지 않다는 사실은 이미 실험을 통하여 증명되었다(Willis, 1973). 언어가 결여되어 있는 개인은 기본 운동 능력도 결여되어 있다. 지능이 떨어지는 사람들 중에서 그나마 지능이 조금 나은 사람이 다른 사람의 신발 끈을 매주고 옷을 입히는 것이 많이 발견된다. 다운증후군도 운동 근육 조절, 통사적 능력, 그리고 인지적 능력에 심한 결함을 가져온다. 정신 지체자들의 운동 능력과 언어 능력 간의 연관성에 대한 앞으로의 연구는 신경 및 진화적 연관성이라는 측면에서 반드시 우선적으로 고려되어야만 한다.

5.2 알츠하이머 현상과 두뇌 사전

알츠하이머병(Alzheimer's Disease)의 신경학적 근거는 아직 분명하지 않지만, 두뇌에 대한 진행적, 확산적, 양측면적(bilateral) 손상들을 포함하는 것으로 보인다. 정식 테스트는 심지어는 경미한 알츠하이머를 가지는 사람조차도 단어 목록을 산출하거나 단어를 이해하고 의미를 전달하는 형태소를 이해하는 데 장애를 겪는다는 사실을 보여준다. 이들의 자발적 발화는 의미론적으로 무의미하다. 문제는 단어들의 '의미'에 접근하는 능력에 있는 것 같다. Daniel Kempler(1988)는 다양한 정도의 치매를 보이는 8명의 알츠하이머 피실험자들에게 20개의 물체를 '사용하는 법'이나 '용도'를 몸짓으로 표현하게 하였다. 명명하는 능력과 몸짓으로 표현하는 능력 양쪽 모두 치매의 정도에 따라 손상되어 있었던 알츠하이머 피실험자들은 언어 영역에서나 다른 영역에서도 의미를 단어나 특정 물체와 관련지을 수 없었다.

5.3 윌리엄 증후군과 두뇌 사전

윌리엄 증후군(Willian's Syndrome) 환자는 두뇌 사전에 제한된 언어 결함을 갖는 듯하다. 이 증후군은 병을 앓는 아이의 어머니가 촘스키 교수에게 자기 아들은 거의 '완벽한' 언어를 가지고 있지만 심한 지체 상태를 보인다고 편지를 써 보내면서 언어학자들에게 알려지게 되었다. 만일 인간 언어가 단지 말과 통사론으로만 구성되어 있다면, 이 병의 희생자는 '완벽한 언어'를 가지고 있다고 하는 것이 당연할 것이다.

윌리엄 증후군을 갖는 아동들은 독특한 '작은 요정 같은' 얼굴과 많은 신체적 기형들을 지니고 있다. 그들의 말의 산출은 유창하고, 통사적 능력들은 다소 조숙하다. 그들은 전형적으로 낯선 이들에게 지나치게 친절하며 쉽게 대화를 나누지만, 말의 내용은 무의미하다.

부모와 교사는 그들의 말을 특정 짓는데 "유창하고 발음이 정확하며... 피상적인 수준에서이지만... 어른들에게서 주워들은 고정된 구절과 억양을 사용하며... 단어, 구절, 이야기, 노랫가락을 잘 암기함"이라고 한다.

윌리엄 증후군 아동은 분명히 정신적인 장애를 가지고 있으며, 이 증상을 보이는 아동들은 표준 테스트 점수대에서 평균 IQ가 약 50 정도였다. 또한 이들의 언어 이해력은 매우 형편없었고, 언어와는 별도로 공간 지향성 및 운동 조절력도 낮았다.

윌리엄 증후군 아동들의 특징인 양호한 말 운동 조절과 통사론의 상관관계는 인간의 통사 능력이 진화 초기에 일반 운동 조절보다 말 촉진을 담당했던 두뇌 장치와 관련이 있다는 사실과 일치한다.

이 환자들의 말의 내용이 무의미하다는 것은 이들이 두뇌 사전의 단어들을 통해 반영되는 인지 개념들을 형성하지 못하거나 이 개념들에 접근하지 못함을 암시해준다.

5.4 베르니케 실어증과 두뇌 사전

베르니케 실어증 연구에서 유래한 자료들도 인간 언어가 여러 부문으로 되어있다는 전제와 일치한다. Carl Wernicke(1874)는 두 명의 환자에 대한 초기의 관찰에서 그들의 발화 산출이 명료했으며, 통사론은 정확하지만 부적절한 단어들과 신조어들을 사용한다는 것을 발견했다. Wernicke의 환자들은 음성적 주소 즉, 단어들을 나타내는 소리에 약간의 문제가 있으며 또한 의미론적으로 관련된 단어들을 혼동하였다. 문제는 이들이 말하려고 했던 단어들과 음성적 또는 의미론적으로 관련 있는 단어들의 사용에 있다. 예를 들어 베르니케 환자는 lock 대신에 light, 또는 key로 바꾸어 쓰거나 glip 같은 신조어를 산출한다. 이러한 결손은 대상자들이 뇌 속 사전에 적절하게 접근하지 못한다는 문제점에서 원인을 찾을 수 있다.

VI. 언어 습득의 이해

아동의 모국어 습득은 인간의 삶의 수수께끼들 중 하나이다. 비록 아동들이 수학, 기하학, 역사를 학습하는 데는 수년간의 학교 교육이 필요하지만, 의사소통 체계를 사용하는 능력은 그리 힘들이지 않고도 습득해버린다. 더욱이 아동들은 사실상 어떤 환경에서든지 모국어를 습득한다. 아동들이 어떻게 언어를 습득하는가는 두 가지 의문점을 일으킨다.

a. 인간이 문제를 해결하는데 주로 응용하는 일반적인 인지적 전략을 사용하는 것인가?
b. 언어 습득 과정 관해서 어떤 특별한 것이 있는가?

인간 언어의 진화가 인간 특유의 생물학적 장치들을 포함한다는 것은 분명하다. 인간은 분명 언어 습득을 용이하게 해주는 선천적 장치를 갖고 있긴 하지만, 아동들은 놀이나 모방과 같이 포유류와 더불어 진화된 인지적 전략들과 과정들을 사용할 뿐만 아니라 계통 발생학적으로 더 오래된 연상 학습 과정도 사용한다.

01 보편 문법의 정의

언어 습득에 수반되는 어려움에 대하여 설명할 때 언어학적인 측면에서 우선 예를 들고 보는 것은 바로 통사적인 구조의 생성이라고 할 수 있다. 그러나 인간의 초기 모국어 습득 과정을 보면 통사론에 관해서는 그다지 신비로운 것은 없는 듯하다. 몰리에르가 저술하였던 코미디 발레의 대본 *Le bourgeois gentilhomme*에 나오는 교사의 말 속에서도 인간은 이미 통사론에 관하여 모든 지식을 지니고 있다는 것을 알 수 있다.

대부분의 언어에서는 한 문장에서 단어들이 일정한 순서와 구체적인 속성을 가지고 나타나는 경향이 발견된다. 영어에는 주어, 동사, 목적어의 순서를 따르는 SVO 구조는 대표적인 통사적 제약이다. 언어학자들이 고안한 통사 규칙들은 영어 화자들이 이미 "무의식적으로 알고 있는" 문장 내부 관계를 공식화하여 보여준다. 따라서 많은 언어학자들은 아동이 실제로 통사론의 규칙을 학습하는 것이 아니며 규칙이 두뇌에 미리 내장되어 있다고 주장하였다.

Chomsky에 따르면 아동이 통사론을 습득할 수 있게 해주는 원리들은 "유전적으로 결정된 언어 능력의 특징"이라고 가정하였고, 이 능력이 "보편 문법(universal grammar: UG)의 형태로 아동의 두뇌 속에 내장되어 있다."고 보았다. 이러한 능력을 제공된 경험과의 상호작용을 통해 특정 언어를 만들어내는 '언어 습득 장치'라고 불렀고, 두뇌 속에서 이런 장치가 존재하는 부분을 정신의 선천적 영역으로 생각할 수 있다고 보았다. 또한 보편 문법은 언어 이외의 다른 인지적 능력의 영역들과는 별도로 독립적인 특성을 가지고 있다고 생각하였다. 이전에 부과되었던 여러 정보들은 언어 학습자에게 더 이상 쓸모없는 것으로 간주하였고, 사용되는 언어 행위의 결과들은 대부분 또는 완전히 일반 원리들로부터 연역해낼 수 있는 것이어야 한다고 믿었다.

아동의 모국어 통사론 습득 방식에 대한 최근의 많은 언어학적 분석은 보편적 문법을 기정사실로 인정한다. 보편적 문법 UG는 형식적이면서 수학 논리에 기초를 두고 있는 기호를 바탕으로 표시되었고, 이들 표시된 내용들은 언어 습득 과정을 적절하게 설명하기 위하여 논리적으로 상호 긴밀하게 맞물리게 되어 있다. Chomsky는 보편문법을 '원리와 매개변수'의 집합으로 특징으로 보며, '원리'에는 '구속 이론, θ-이론, 격 이론' 등이 포함되어 있다.

1.1 인간 모두의 공유 문법

보편적 문법의 속성을 기술하는 데 사용되는 복잡한 용어들에도 불구하고, 일상생활을 규정하는 많은 이론들은 원칙적으로 아주 다르지 않다. 가상적인 보편적 문법과 특정 언어 사이의 관계는 도로 설계 및 교통 규칙에 대한 사전 지식과 도시를 산보하는 특정 행위 간의 관계와 많은 면에서 유사하다.

당신이 서울특별시 종로 1가와 광화문로 교차로 근처에 서서 덕수궁을 찾아가려고 한다면 어떻게 해야 하는지 생각해 보자. 우선 광화문로를 따라 남북 중 하나를 선택할 수 있을 것이다. 만일 경복궁을을 먼저 보고 덕수궁으로 가고 싶다면 먼저 덕수궁의 반대 방향을 택하게 되겠지만, 시간이 없어서 서둘러 덕수궁으로 가야 한다면 시청 방향으로 방향을 잡아야만 한다. 자신이 선택 경로는 몇 가지 상황에 따라서 달라질 수 있다. 먼저 일반적인 원칙이 고려되어야만 하는데 도로 설계 및 교통 규칙의 제약에 대한 사전 지식이 바로 여기에 해당한다. 건물을 뚫고 가거나 오가는 차량을 신경 쓰지 않고 마구 달려갈 수는 없기 때문이다. 이렇게 보편적 원칙이 경로 선택에 우선적으로 고려되고 난 후 특수 상황들이 결정에 영향을 미치게 된다. 혹시 먼저 들르고 싶은 곳이 생각이 난다든지 아니면 길을 건너는데 생기는 가변적 현상들이 바로 특수 상황을 초래하는 요인들이라고 할 수 있다. 이처럼 보행을 제약하는 일반 원리들은 특정 경우와 상호 작용하여 특정 경로로의 보행을 가능하게 하는 것이다.

1.2 생물학에서 바라본 보편 문법

앞의 장에서 논의된 많은 자료들은 인간이 언어 습득을 촉진하고 구조화하는 선천적 두뇌 장치를 가지고 있다는 가정과 일치한다. 그러므로 선천적인 보편 문법이 통사론의 일부 측면들을 결정한다는 생각은 본질적으로 타당한 가설이며, 정확히 통사론의 어떤 측면이 선천적·유전적 근거를 갖는지를 결정하는 연구에 그 목표를 제공해준다. 그러나 어떤 선천적인 보편문법도 유전적으로 물려지는 모든 생물학적 기관들의 속성을 결정하는 일반 제약들을 어겨서는 안 된다.

현재의 보편문법은 명백히 이러한 기준을 충족시키지 않는다. 보편 문법은 모든 인간들은 주어진 언어가 어떤 것이든지 구성할 수 있도록 해주는 원리와 제약이 포함된 동일한 '계획'을 지니고 태어난다고 가정한다. 뿐만 아니라 보편문법은 '원리', '부문', '규약' 등이 서로 단단하게 맞물려 있는 집합으로 구성된다. UG가 작동하기 위해서는 이러한 모든 것이 개별 아동의 두뇌에 존재해야 한다. 완전한 체계가 갖추어지지 않고서는 아동이 특정 언어를 학습할 수 없다. 이러한 논리는 아동이 실제로 보편문법을 통해 모국어를 습득한다고 가정할 때 다소 특이한 결과를 낳게 된다. 비록 선천주의적 언어이론이 생물학이라는 옷을 입고 있긴 하지만, 다윈 시대 이후로부터 인정되어온 생물학의 기본 원리인 유전변이를 간과하고 있는 것이다.

선천주의적 이론이 옳았고 모든 아동이 어떤 언어든지 모국어를 습득하는데 필요한 세부에 걸친 유전적으로 코드화된 '언어 능력'을 지니고 있었다고 가정할 수는 있을 것이다. 그렇다면 어떤 아동에게는 유전적으로 코드화된 언어능력의 구성 요소들 중 하나 또는 그 이상이 부족할 수도 있다는 결론이 나오게 된다. 일부 '일반 원리'의 일부 구성 요소는 그것이 유전적으로 물려지는 것이기 때문에 유전변이를 통해 어떤 아동에게는 필연적으로 존재하지 않을 수 있는 것이다. 인간의 형태론이건 그 이외 다른 기관이건 유전적으로 코드화된 모든 측면들에 마찬가지로 유전변이가 존재한다. 예를 들어 색맹이나 색약들은 유전변이의 한 측면을 나타낸다. 사실 시각은 선천적이고, 유전적으로 물려진 색 수용구조(수용체계)들에 의해서 결정되기 때문에 시각의 유전변이의 결과로서 색맹이 발생한다. 적절한 유전적으로 물려진 색 수용체가 부족한 사람은 색맹이 된다. 만약 언어습득이 시각처럼 유전적 코드에 의해 엄격히 제약받는다면 우리는 이와 유사한 변이형을 발견할 수 있을 것이다.

Chomsky는 "영어의 수동화가 일반적으로 타동사에 국한되며 따라서 ask는 수동화가 되지만 wonder나 care는 되지 않는다."는 것을 언급했을 때 사실상 본의 아니게 그 자신 이론의 실험을 스스로 지적한 샘이다. 예를 들어 수동태 문장 John was wondered by Susan이 문법적으로 옳지 않은 반면에 John was hit by Susan은 문법적으로 옳다. 영어를 배우는 아동의 수동태 문장의 습득은 추측컨대 다양한 예의 수동태 문장들을 주목하여 듣고 문법 '규칙'을 연역해낸 결과 얻어지는 것이 아니다. Chomsky에 따르면 그들의, 영어 수동태의 정확한 형태 습득은 유전되어진 '격(case)' 원리가 영어에서 발동되어진 결과 얻어진다고 한다. 이것이 사실이라면, 이 특정 원리가 결손된 아동은 영어 환경에서 자란다 해도, 정확한 수동태 문장을 형성하는 것을 학습할 수 없을 것이다. 독일어의 수동태는 유전되어진 '격 이론'이 상실되어 이를 발동시키지 않기 때문에 이론상 쉽게 학습할 수 있을 것이다. 따라서 Chomsky의 보편문법을 지지하는 실험을 하려면 영어사용 환경에서 자랐지만 문법적인 수동태를 만들지 못하는 아동들을 우선 찾아야 할 것이다. 그리고 만약 그 아동들이 독일어에 접하고 올바른 독일어 수동태를 쉽게 습득한다면 우리는 유전적으로 전달된 격 원리에 대한 간접 증거를 얻게 될 것이다. 만일 격 원리가 강한 유전적 요소를 가지고 있다면, 아동의 부모들 중 일부도 이러한 효과들을 보여야만 할 것이다.

생물학적으로 타당한 보편 문법은 선천적인 지식인 원리나 매개변수들이 서로 너무나도 단단하게 맞물린 나머지 이 지식 중 약간만 부족해도 특정 언어의 습득을 불가능하게 만드는 그런 규칙들이나 매개변수들을 지녀서는 안 된다. 다시 말하자면, 우리는 언어가 존재하는 것과 관련되는 선천적 언어 습득 원리들을 다음과 같이 정리할 후 있다.

a. 습득 원리가 언어 습득을 위해서 절대적으로 필요하다.
b. 습득 원리는 모든 인간에게 있어서 동일하다

위에서 두 번째 주장인 유전적 획일성에 대해서 언어학자들은

"모든 인간은 하나의 뇌, 하나의 심장, 하나의 코, 두 팔, 두 다리, 두 눈 등등을 가진다."라는 식의 변론을 주장한다. 그러나 모든 코가 각기 다르고 모든 눈이 각기 다르다는 것은 너무도 분명한 사실이며, 심장, 폐, 눈의 경우도 마찬가지이다. 단순하게 공통의 원리만을 찾아 모든 것을 설명하려는 시도는 어쩌면 무리일 수도 있을 것이다.

02 아동들의 언어 습득 방법

자신의 복잡한 생각을 언어로 표현할 줄 아는 존재는 인간 이외에는 없다. 선천적 언어 장애와 같은 예외도 있긴 하지만 어떤 아기이건 태어나면 자기 나라말을 배우게 된다. 아기를 낳아 키워본 적이 있는 또는 키우고 있는 부모라면 말을 익히며 세상을 배워나가는 자기 아기를 보며 감탄해본 적이 있을 것이다. 어쩌면 이렇게 작은 우리 아기가 이토록 신기하게 말을 잘할까? 하면서 말이다. 그만큼 아기가 말을 배워나가는 과정은 신기하다 못해 놀라울 정도이다. 이렇게 언어를 습득하는 과정에 많은 학자들은 관심을 가지고 이론적으로 설명하려고 한다.

지금까지 제시된 이론들은 크게 세 가지로 분류해 볼 수 있는데, 이들 이론들은 언어 발달의 각각 다른 측면들을 설명한다. 행동주의 이론은 언어 발달의 일상적인 측면을, 생득주의 이론은 언어 발달의 논리적 문제와 관련된 복잡한 문법의 습득을, 그리고 상호작용주의 이론은 아이가 어떻게 형태와 의미를 관련시키고 대화를 나누며 어떻게 언어를 적절히 사용하게 되는가를 잘 설명한다. 인간의 언어와 언어 습득 과정이 참으로 복잡한 측면을 포함하는 것임이 분명하다.

언어와 언어습득에 대한 생득주의자들은 모든 인간에게 보편적인 선천적 언어지식을 가정한다. 이 선천성 가설은 행동주의자들이 가정하는 조건화 과정이 언어와 같은 복잡한 현상의 습득을 설명하기에는 너무 느리고, 비효율적이므로 언어가 조건화 과정에 의해 습득되어지는 습관의 집합이라는 행동주의자들의 견해의 문제점을 해결하기 위한 대안적 가설이다. 그러나 생득주의자들의 가설도 제한점이 있다. 이들이 가정하는 언어습득장치는 언어습득능력의 본질에 대한 근본적인 문제를 피하는 수단일 뿐이라는 것이다. 아직은 이 언어습득장치를 과학적으로 증명할 수 없다. 이 가설은 분명 이성주의 중심의 가설이긴 하지만 이러한 능력의 유전적(과학적) 증거가 현재 나오고 있다. 언젠가는 '언어 유전자'에 대한 확고한 증거를 찾을 수 있을 것이다. 그러나 계란을 한 바구니에 담지 말아야 한다는 조언처럼 모든 계란을 선천주의라는 바구니에 담아서는 안 된다. 즉 환경적 요인 부분을 무시하지 말고 오히려 전체를 이해하는 과정에 당연하게 포함시켜서 언어 습득에 관련된 내용을 이해하는 것이 필요하다고 본다.

2.1 모방 행동 그리고 언어 습득

전통적으로 행동주의자들(behaviorists)은 언어 학습을 모방과 연습 그리고 습관 형성의 문제로 보았다. 어린이들이 주변에서 듣는 소리와 패턴을 끊임없이 흉내 내고 연습하며 그 결과 언어를 정확하게 사용할 수 있는 '습관'을 기르게 된다는 것이다. 다시 말해 행동주의자의 견해에서는 언어 발달 과정에서 '모방'과 '연습'이 가장 중요한 개념인 셈이다. 모방은 남이 하는 말을 전부 또는 일부를 반복하는 것이고 연습은 어떤 형태를 여러 번 반복해서 말해보는 것이다.

일단 아기가 세상에 태어나면 주변의 소리에 귀를 기울이며 반응을 하고 자신에게 절실히 필요한 표현부터 익혀나가게 된다. 부모는 자기 아기의 말을 듣고 잘 이해하지만 남의 아기의 말을 잘못 알아듣는 경우도 종종 있다. 때로는 아기 엄마의 통역이 필요하기도 하다. 그런데 아기는 아직 스스로 정확하게 말로 표현할 수 없는 단계에서도 자신이 이해한 말에는 분명히 반응을 보이고 자기가 표현하고자 하는 말은 전달하려고 애쓴다.

아기의 말에 익숙하지 않은 사람이라면 이런 아기의 말을 잘 이해할 수 없을 것이다. 여기에서 아기는 '물'을 '무'라고 발음하면서도 어른이 '무'라고 하면 자신이 원하는 대상이 아님을 분명하게 표현하고 있다. 어린 아기는 아직 발음 기관이 완전히 발달하지는 못했기 때문에 어른처럼 정확하게 발음을 구사할 수는 없지만 그렇다고 해서 어른들이 말하는 소리를 잘못 이해하는 것은 아니다.

대부분 아기가 처음 하는 말은 주변의 어른들이 하는 말을 듣고 그대로 되풀이하는 것처럼 보인다. 여름철이면 으레 마루에 등장하는 선풍기를 아기가 만지려고 하면 대개 부모는 아기가 손가락이라도 다칠세라 "에비, 선풍기, 손, 아야"라고 말한다. 선풍기에 손가락이 다치는 흉내를 내면서 말이다. 선풍기에 아기가 가까이 갈 때마다 이런 말을 듣게 되면 아기는 선풍기를 볼 때마다 어느새 어른이 하는 말을 그대로 흉내 내며 "에비, 따뚜기, 손, 아야"라고 말하게 된다. 이런 예는 주변에서 많이 발견된다. 다음 예를 보면 어린이들이 모방과 연습을 통해 말을 배운다는 것을 쉽게 알 수 있겠다.

엄마: Would you like some bread and peanut butter?
아기: Some bread and peanut butter.

2.2 선천성 이론 그리고 언어 습득

Chomsky가 주장하기를 사람은 태어날 때부터 언어가 생물학적으로 미리 프로그램 되어 있기 때문에 언어는 가르쳐지는 것이 아니라 다른 기능이 발달하는 것과 마찬가지로 발달하게 된다고 한다. 마치 영양을 잘 섭취하고 때가 되어 어느 정도 운동 근육이 발달하게 되면 아이가 걷게 되는 것처럼 말이다.

인간의 언어 습득에 대한 바로 이러한 사실들을 잘 설명하기 위해 생득주의자들(innatists)은 언어습득장치(Language Acquisition Device: LAD)를 가정해 놓고 사람들이 바로 이 언어습득장치를 타고나기 때문에 이렇게 언어를 배울 수 있는 것이라고 주장한다. 따라서 사람은 태어나 어떤 언어를 접하게 되면 그 다음부터 이 장치가 가동을 하여 그 언어를 자연스럽게 습득한다는 것이다.

아이가 말을 배우는 과정에서 어른들의 말을 그대로 또 여러 번 되풀이하여 따라하는 모방과 연습만 하는 것이 아니라는 것은 분명하다. 다음 대화를 보자.

(아기가 토하고 난 뒤 엄마가 다 치우고 나서 한참 뒤에)
아기: 엄마. 내 토 어딨어요?
엄마: 뭐?
아기: 내 토 보여주세요.
엄마: 니 토?
아기: 아까 토했잖아요. 내 토 어딨어요?

이 아기는 어른들이 사용하는 청소하다, 공부하다, 일하다 등등 의 말에서 다음과 같은 규칙을 발견하고서는 나름대로의 규칙을 만 들어서 말해본 것이다. 우리가 때로 감탄해 마지않는 부분은 바로 아기들이 이렇게 언어를 창의적으로 만들어 사용하는 경우가 아닌 가 싶다.

청소하다-청소   공부하다-공부
일하다-일   토하다-토

이처럼 아기들은 주변에서 들은 말을 그대로 사용하기보다는, 듣 고 이해한 바를 토대로 나름대로의 규칙을 만들어 보고, 이 만든 규 칙을 다른 경우에 확대하여 사용해보면서 자신의 언어를 터득해 가 게 된다. 비록 어른 입장에서 보았을 때 위의 예들에서 아이가 정확 한 말을 구사한 것은 아니다. 하지만 멀쩡한 어른들이라면 절대로 일부러 말하지는 않을 이런 말들을 아이가 했다는 것은 아이가 어 른들이 하는 모방하고 반복하는 과정을 통해서만 말을 배우는 것이 아니라는 사실을 뒷받침해 준다. 그보다는 아이가 들리는 말 가운 데 어떤 패턴, 즉 규칙을 찾아낸 다음 그것을 새로운 상황에 적용해 보며 말을 배우는 것이라고 설명할 수 있겠다. 그래서 어른들처럼 말하는 방법을 터득할 수 있을 때까지 아이는 끊임없이 새로운 말 을 만들어 보기도 하고 새롭게 사용해보기도 한다. 그러면 인간의 언어 습득에 대한 다음 사실들을 한번 생각해보자.

a. 사람은 일정 시기가 되면 자기 모국어는 누구든지 다 잘 배운다.
b. 아이들은 언어 습득에 주의 깊게 신경을 쓰는 부모 밑에서 자라건 아니면 제
   대로 돌보지도 않는 부모 밑에서 자라 아이의 언어 발달에 지장이 있을 것이
   라고 생각되는 상황에서건 또 지능이 높건 낮건 자기 나라말의 기본 구조는

완전히 습득한다.

c. 자라나는 환경에 따라 어휘력이나 창의성 등에는 차이가 있을지언정 어떤 아이라도 자기 모국어의 구조를 확실히 배운다.

d. 옆에서 누가 계속 '네가 지금 한 그 말이 정확하다', '이 말은 문법적이지 않다' 해가며 일일이 지적해주지 않아도 척척 알아서 언어라는 복잡한 체계를 잘도 배운다.

e. 사람들에게서 집중 훈련을 받은 침팬지를 포함해서 동물들은 서너 살 된 아이의 말처럼 복잡한 상징체계를 배우지 못한다.

참고 내용 **생득적 능력의 한계점**

예전에 Victor라는 아이가 있었다. 이 아이는 1799년 프랑스 Aveyron 숲에서 벌거벗은 채로 배회하던 중 사람들에게 붙들렸는데, 놀라운 것은 그 이전까지 인간과의 접촉이라곤 전혀 없었던 듯 완전히 야생 동물과도 같은 상태였다. 발견 당시 12살쯤이었다고. Jean-Marc-Gaspard Itard라는 야심 찬 젊은 의사가 Victor를 문명화시키고 말을 가르치는 일을 맡아 5년을 바쳤지만 고생한 보람도 없이, 아이가 할 수 있었던 말이라고는 딱 두 단어, 자기가 제일 좋아하는 음식인 우유 'lait', 그리고 감탄사 'O Dieu'뿐이었다. 결국 의사는 포기하고 말았다고 한다. 그러면 이 Victor라는 아이의 언어습득장치는 어떻게 된 것인가? 고장이 나기라도 한 것인가? 그렇다면 그 이유는?

생물학자 Eric Lenneberg도 인간의 언어 그리고 언어 습득에 대한 Chomsky의 이론과 비슷한 생각을 가졌는데, 그는 어떤 이유에서(예를 들어 Victor의 경우처럼 오랫동안 사람들로부터 고립되어) 태어나서 어느 기간 동안 말을 배워본 적이 없는 아이는 그 기간이 너무 길어지게 되면 말을 배울 수 있는 상황에 다시 돌아온다고 해도 결코 정상적으로 말을 배우지 못한다는 사실을 관찰하였다. 그리고는 이 사실을 인간이 언어를 습득할 수 있는 능력이 무한히 지속되는 것은 아니며, 선천적으로 갖고 태어난다는 언어습득장치라는 것이 적절한 시기에 자극되지 않으면 그 시기 이후엔(대체로 12세 전후) 제대로 작동하지 않는다고 가정하여 이론적으로 설명했다. 이 시기를 언어 습득의 한계 시기(critical period)라고 하며 이 이론을 한계시기가설(critical period hypothesis)이라고 한다.

2.3 상호작용 그리고 언어 습득

이렇게 언어 습득 과정은 선천적 정신적 과정을 강조하는 생득론 자들의 견해나, 언어 습득이 모방과 연습을 기초로 한다는 행동주의자들의 견해는 언어 습득 과정을 바라보는 각자의 입장에서 볼 때 나름대로의 타당성을 갖는다. 그런데 두 가지 입장 모두 말을 배우려는 노력에 고군분투하는 아기 자신의 노력을 과소평가하는 것이 아닐까? 말을 배우는 아기를 너무 수동적인 존재로 간주하는 것은 아닐까? 그냥 단순히 따라 말하면서 배운다거나 머리 속에 기가 막힌 장치를 갖고 있기 때문에 언어 환경에 노출만 되면 줄줄 말을 할 수 있게 되는 것은 아닌 것 같다.

사실 아기가 처음 배우게 되는 말은 정말 자신의 생존에 절실하게 필요한 말이다. '엄마' '맘마' 등은 아이들에게 꼭 필요한 표현이 아닐 수 없다. 혼자 힘으로는 절대 살아갈 수 없는 무기력 존재로 태어나 주변의 어른에게 철저히 의존하며 자신에게 필요한 것을 얻게 된다. 바로 그런 성장 환경 및 과정 속에서 말을 배우는 것이다.

만물의 영장인 인간을 동물과 비교해서 안됐지만, 사람 가까이에서 사랑 받으며 사는 애완견의 경우도 마찬가지의 과정을 겪는다. 그 많고 많은 말들 중에 자기에게 필요한 말들은 쉽게 알아듣는다. 강아지가 처음 배우는 말들은 대체로 다음과 같은 순서이다. '자기 이름', '밥', '물', '맴매', 그리고 앉으면 과자를 주는 훈련을 받았다면, '앉아', '쿠키', 그리고 조금 더 자라면 '산책'이라는 말들을 배우게 된다.

물론 아기가 말을 배우는 과정은 애완견의 경우보다 훨씬 복잡하고 능동적이다. (주변 어른을 포함하여) 주변 환경과 줄기차게 주체적으로 협상과 상호작용을 해가며 필요한 것을 얻어내는 가운데 말을 배워 나간다. 이때 아기의 노력을 전폭적으로 지지하며 아기가 말을 배울 수 있도록 결정적인 역할을 하는 것이 아기 보는 사람이다. 정확히 말하면 그가 아기에게 맞게 조절하여 하는 말이다. 이런 식의 말을 아기 보는 '사람 말투(caretaker talk)' 또는 '엄마 말투(motherese)'라고 부르기도 한다. 이렇게 아이의 선천적인 언어 능력과 아이의 언어 환경 간의 복잡한 상호작용의 결과로 언어가 발달한다는 입장을 취하는 것이 상호작용주의자(interactionist)의 견해이다.

03 언어의 성장 단계

이 부분에서 논의할 것은 인간의 언어 능력에는, 궁극적으로 언어 발달에 전문화된 두뇌 장치만 있으면 모든 것이 해결되는지에 대하여 생각해보려고 한다. 언어 능력을 위하여 전문화된 두뇌 회로가 말의 생산과 통사론의 기초가 된다는 점은 분명하지만, 언어 생산과 통사 규칙이 자동화되는 데에는 인간의 일반적인 인지 장치들도 관여한다는 사실도 확인할 수 있다.

3.1 최초의 언어 입력

비록 어린 아동에게 건네어지는 말에 대한 연구는 1930년대까지 거슬러 올라가지만, 일부 아동들이 문법적으로 정확한 말을 많이 듣는다는 사실이 명백해진지는 겨우 최근 10여년 정도이다. 예를 들어 Elisa Newport, Lila Gleitman, Henry Gleitman(1977)은 대졸

학력의 중산층 미국 어머니가 어린 아이에게 하는 말을 연구했는데 그 말의 약 90%가 문법적이었다는 사실을 밝혀냈다. 부모는 아이들에게 말할 때 음향 도구 분석을 통해서만 알아차릴 수 있을 만큼의 미묘한 정도로 말을 조절한다. 예를 들어 Ann Ferald(1982)는 어머니가 갓난아기에게 말할 때 목소리의 높낮이를 변화시킨다는 사실을 밝혔다. 즉 발성의 기본 주파수가 더 높고 음역이 거의 두 옥타브에 이른다는 것이다. 과장된 억양은 아동에게 건네는 말을 강조하는 '지도하기' 신호의 역할을 한다. 많은 어머니들이 아이가 두세 살에 이를 때까지 계속 그렇게 한다.

그러나 우리는 여전히 다른 문화적 환경에서 자란 아동의 어머니 말씨와 아동의 언어 습득에 관한 그 이외 다른 모든 측면들에 대한 포괄적인 자료가 부족하다. 예를 들어 Micronesia에서 자란 아이의 부모는 생후 첫 몇 년 동안은 아이에게 거의 말을 하지 않는다. 심지어 중산층 미국 사회 내에서조차 부모-자식 사이의 상호작용의 차이가 존재한다. 예를 들어 Snow(1977)는 연구 대상 아동들이 부모로부터 매우 단순화된 문장들을 들었음을 알아냈으며, 이렇게 단순화된 입력이 그들의 통사론 기본 원리 학습하기를 촉진했을 것이라고 결론지었다. 다른 연구들은 더욱 다양한 문장들을 찾아내었고, 아동에게 건네는 말의 통사론적 복잡성은 아동의 언어 습득에 거의 영향을 끼치지 않는다고 결론지었다. 아동마다 다양한 다른 많은 변수요인들이 언어 습득에 영향을 끼치는 것 같다. 일부 연구들은 모자의 합동 주의(joint attention)를 포함하는 '대화'에 참여하는 것에 의존한다고 주장한다. 즉 아동과 부모 사이에 어떤 공통 대상이나 활동이 반드시 논의되어야 한다는 것이다. 예를 들어, 어머니가 "Look at the dog."라고 말할 때 둘 모두가 강아지를 보고 있어야 한다.

어머니가 아이에게 주의를 기울이는 정도에도 차이가 있음이 분명하며, 적어도 언어 습득의 초기 단계에서는 별도의 주의와 '더 나은' 언어 입력이 제공될 가능성이 있다. 예를 들어 어머니가 한두 살 난 쌍둥이들에겐 한 명의 아이에게 제공하는 만큼의 합동 주의를 제공할 수 없음을 보여 주었다. 아마도 그 결과로서 21개월 시기 정도에 쌍둥이들은 쌍둥이가 아닌 아이보다 언어발달의 모든 척도에서 더 낮은 것 같다.

3.2 개념 형성과 언어 표현 수준의 관계

아동이 듣는 모든 발화가 문법적으로 정확한 '완벽한' 입력으로 제공될 필요는 없다. 앞에서 논의된 분산 신경 네트워크들처럼 아동에게 입력으로 제공되는 대부분의 예들이 정확하면 된다. 아동은 이러한 예들로부터 일반화하여 규칙적인 패턴을 보이는 한 무리의 통사 규칙을 유도할 수 있고 때로는 오류를 수정할 수 있다. Jenny Singleton, Elisa Newport(1989)는 한 청각 장애 아동이 빈약한 입력으로부터 자신의 모국어 즉, 미국 수화(American Sign Language: ASL)를 습득하는 것을 연구했다. 청각 장애 아동들은 때때로 부모들에게 노출되는 것으로부터 언어를 습득한다. 연구 대상 아동의 부모는 청각장애였지만 ASL에 능숙하지 못했다. ASL은 영어와 매우 다른 통사론을 갖는다. ASL은 동사가 특히 복잡하며 영어의 동사로는 표현되지 않는 구분에 대해서 별도의 표식을 보완할 필요성을 내포한다. 즉 언어학적 측면에서 이른 상황을 가리켜서 유표적이라고 한다. 다양하고 복잡한 손짓이, 계속/중단 행위, 행위가 가해지는 대상의 모양 등등을 표시하는 형태소의 역할을 한다.

이 부모는 다양한 ASL 동사들을 형성할 때 약 40% 정도 오류를 범했다. 아동은 부모보다 훨씬 더 능숙했는데 그는 거의 오류를 범하지 않는 능숙한 성인 ASL 사용자로부터 ASL을 학습하는 청각장애 아동들과 동일한 수(20%)의 오류를 범했다. 그의 부모는 종종 부적절한 형태소를 사용했지만, 그는 동사를 수식하는 규칙 형태소를 대부분 정확하게 사용했다. 이와 동일한 예를 정상인 영어 화자의 경우에서 찾아본다면, 때로는 look에 ed를 첨가하여 정확하게 looked를 만들지만 때로는 looked를 말하고자 할 때 looking을 말하는 부모가 그 예에 해당될 것이다. 이러한 부모에게서 자란 아이는 일관성 있게 looked로 말하는 것을 학습할 것이라고 가정할 수 있다.

그 아동의 행위는 겉으로 보기엔, 발화 입력의 역할이 단지 선천적 보편 문법을 '활성화'시키는 것이라는 선천주의적 언어이론을 지지하는 것 같다. UG가 아동이 종종 듣는 정확하지 못한 입력보다 우선한다는 사실이다. 청각 장애 아동은 보편 문법에 저장된 원리들이 그를 정확한 문법 규칙으로 인도하기 때문에, 부모의 잘못된 형태의 ASL에 주의를 기울이지 않는다고 가정할 수 있다. 그러나 Singleton과 Newport는 보편 문법의 활성화와 유사한 그 어떤 것도 발견하지 못했다. 대신 그 아동은 부모의 ASL 동사를 모니터하면서 부모가 가장 빈번하게 사용한 형태소를 일관성 있게 채택한 것이라고 여겨진다. 부모가 대개 60% 정도의 정확률을 보였기 때문에 아동은 부모보다 더 정확한 언어를 습득하기 위해 부모가 가장 빈번하게 사용했던 형태소를 일반화했다. 부모가 정확한 형태소를 50% 이상 사용하지 못한 결과, 아동이 부정확한 형태소를 습득하거나 형태소를 아예 생략해버린 사례들이 그에 대한 결정적인 자료이다. 분명히 그 아동은 인지적 전략을 사용하여 언어가 논리적 구조를 갖는다는 기대 위에 '원형' 즉, 일반화를 형성하였다. 유아

의 모음 습득에 대한 최근의 자료도 일반 인지 책략들과의 관련성
을 지지한다. 6개월 된 유아는 그들이 소리를 올바른 형태의 원형
과 비교할 수 있게 될 때 모음 식별을 더 잘 하게 된다.

3.3 언어 습득의 결정적 시기

언어 습득에서 선천적 생물학적 근거가 분명한 것이 결정적 시기
(Critical Periods)이다. 결정적 시기란 주어진 시기를 지나면 모국어
수준의 능숙도에 도달하는 것이 거의 불가능하게 된다는 나이이다.
사실상 언어를 연구하는 모든 사람들이 결정적 시기가 존재한다는
것에 동의해왔지만, 대부분의 테스트가 결정적 시기가 지날 때까지
고의로 아동을 정상적인 언어 환경으로부터 고립시켜야하기 때문
에 그것은 비윤리적 행위에 해당하며, 따라서 최근까지 그 누구도
이를 과학적으로 증명할 수는 없었다. 그러나 Newport 부부와 Ted
Suppala(1987)는 언어 학습에 결정적 시기가 존재함을 증명했다.
Newport와 Suppala는 청각장애가 없는 부모에게서 태어나 각기 다
른 나이에 ASL을 접한 청각장애 아동을 대상으로 한 실험을 연구
했으며, 50세에서 70세의 청각 장애인들을 대상으로 언어의 여러
측면에 대한 이해능력을 테스트했는데, 오류의 비율은 그들이 ASL
을 처음 학습한 시기에 달려 있었다. 태어나서부터 ASL을 접했던
ASL '원어민' 사용자는 문법과 단어 구조의 다양한 측면에 대해 매
우 낮은 오류 비율(2~5%)을 보였다. 4세에서 7세 사이에 ASL을 습
득한 사람들의 경우 비율이 조금 더 증가하였다. 청소년 시기에
ASL을 습득한 사람들은 24% 더 높은 비율을 보였다.
　제2언어 습득에서도 유사한 효과가 관찰된다. Jacquelin Johnson,
Elisa Newport(1989)는 3세에서 30세 사이에 미국에 도착하여 테

스트 당시 3년에서 26년간 미국에서 살아온 46명의 한국어 또는 중국어 화자의 영어 능숙도를 비교했다. 피실험자들은 다양한 영어 문장이 문법적인지 아닌지 진술하도록 요구받았는데 매우 다양한 영어 문법 구조가 제시되었다. 미국에 7세 이전에 도착한 사람들이 가장 우수했다. 이들의 성과는 영어 원어민 화자의 성과와 동등했다. 7세에서 사춘기 사이에 도착한 피실험자들은 미국에 도착한 연령이 높아짐에 따라 테스트 수행이 점진적으로 떨어졌다. 17세 이후에 미국에 건너온 피실험자들은 7세 이전에 온 사람들보다 평균적으로 22% 더 많은 오류를 범했다.

3.4 지식 발달 그리고 연상 학습

결정적 시기는 언어습득에 제한지어지지는 않는다. 수백 가지의 신경생리학적 실험연구에서 결정적 시기가 고양이의 시각 형태 지각의 습득을 제한한다는 것이 밝혀졌다. 동물 훈련가들은 오랫동안 나이의 효과에 주목해왔다. "늙은 개에게 새 재주를 가르칠 수 없다"는 옛 속담은 결국 개에게만이 아니라 사람에게도 해당된다. 언어 학습 과정에는 개와 그 외 동물들이 세상 지식을 습득하는 방식에 기초가 되는 보상 없는 연상 학습(Associative Learning)이 포함된다.

연상 학습은 저명한 행동주의 심리학자 B. F. Skinner가 도입한 강화의 개념과 동일한 개념으로 잘못 인식되고 있다. 또한 Skinner의 행동주의 이론에 대한 Chomsky의 1959년 비판이 연상 학습이 아동이 통사론의 저변에 깔린 원리들을 습득하는 방식에 대해서 설명하지 못한다는 것을 증명했다는 잘못된 인식도 있다. Skinner(1953)에 따르면 동물은 긍정적 또는 부정적 강화를 통해 학습한다. 만일 개가 언어 명령을 듣고 앉으면 상을 주는 것은 긍정적 강화를 사용하는 것이다. 대신 개에게 전기 충격 장치를 연결한 뒤 앉으라고 했을 때 앉지 않는 경우 충격을 가한다면, 부정적 자극을 가하는 것이다. Skinner는 시도와 보상 사이에 특정 간격을 두는 특정 강화 스케줄이 다른 강화 스케줄보다 우수하다는 조작적 조건화 이론을 발달시켰다. Skinner는 동물과 인간 행위의 거의 모든 측면이, 해부학과 생리학이 정하는 한도 내에서 이러한 기술들에 의해 수정되어질 수 있다고 주장한다.

많은 교묘한 책략들이 이 기술들을 통해 단계적으로 동물들에게 적용되었다. 각 단계에서 과제를 수행했을 때 동물에게 먹이를 주어 보상을 한다. 훈련받은 쥐의 용맹성 수행은 쥐의 입구 통과, 나선형 계단 오르기, 도개교 밀어내리기, 다리 건너기, 사다리 오르기, 선로 위로 모형 기차 페달 밟아가기, 터널 통과하기, 승강기(elevator)에 올라타기, 사슬을 당겨 출발점까지 승강기 내리기 등으로 구성된다. 그곳에서 쥐가 마지막으로 지렛대를 밀어 보상(먹이 알약)을 받는다.

다시 말해 단순한 연상 과정이 아동이 언어를 습득하는 방식의 많은 측면뿐만 아니라 쥐가 특별한 과제 수행을 학습하는 방식을 설명할 것이라는 것이다. 연상 학습은 즉각적 행위에만 제한되는 것이 아니다. 연상 학습은 분산 신경 네트워크들에 의해 실행되건 동물의 두뇌에 의해 실행되건 간에 기저 원리를 습득하는 데에도 사용될 수 있다. 우리는 보통 Skinner의 이론에 대한 Chomsky의 비판(1959)이 연상 학습으로는 아동이 행동의 기초가 되는 개념을 학습하는 방식을 설명할 수 없다는 것을 증명한다고 여긴다. 그러나 사실은 그렇지 않다. 연상 학습은 원리들 즉 행동의 많은 구체적 예들의 기저를 이루는 '규칙들'을 밝혀낼 수 있다.

3.5 놀이하기와 모방 행동에 대하여

Skinner 이론의 영향 덕분에 언어 습득에 대한 학습의 영향을 연구하는 언어학자들과 심리학자들은 종종 긍정적 보상과 부정적 벌의 존재 또는 비존재에 초점을 둔다. 부정적 정보란 당신이 잘못했을 때, 당신에게 말해주는 것이다. 예를 들어 어떤 사람이 당신에게 "I seed John."이라는 문장이 틀렸다고 알려주었다면, 그것은 당신의 동사 see의 정확한 과거 시제형 학습을 촉진할 것이다. 아동은 말을 배우기 시작할 때 잘못된 언어 수행을 명시적으로 수정받지 않는다. 이러한 사실로부터 일부 언어학자들은 일반 인지 책략이 언어 습득과 무관하다고 결론짓는다. 그러나 아동은 언어 놀이를 하는 동안 자신의 행위를 모니터하는 다른 방법들을 지니고 있다.

포유류가 파충류와 다른 점 중의 하나가 '놀이'를 한다는 것이다 (MacLean, 1967, 1973, 1985, 1986). 또 다른 하나는 포유류가 적응력이 더 높고 더 많이 학습한다는 것이다. 놀이는 학습을 촉진하는 중요한 기제로 여겨진다(Baldwin과 Baldwin, 1977; Lieberman, 1984). 아동이 놀이를 한다는 것은 과연 무엇을 하는 것인가? 아동은 관찰한 것을 모방한다. 모방은 포유류가 적응하는데 필요한 일반적 행위 중 하나로서, 함축적인 부정적 정보를 제공한다. 즉 관찰을 통해 '다른 사람'의 행위와 자신의 행위를 비교하고 다른 사람이 한 행위를 자신이 해볼 수 있다.

모방(Imitation)은 오랫동안 인간이 복잡한 문화의 세부사항들을 습득하기 위한 적응적 가치를 지니는 것으로 인식되어 왔다. 모방은 인간과 가장 밀접한 관계가 있는 동물들이 생물학적으로 적응하는데 공헌한다. 인간과 가장 유사하게 도구를 사용하는 침팬지는 다른 침팬지를 모방함으로써 학습한다. 탄자니아의 Gombe 강 보호구역(현재 Gombe 국립공원)의 Jane Goodall은 어린 침팬지 암컷이 막대기를 이용해서 흰개미를 잡는 법을 어미의 행위를 관찰함으로써 학습하는 것을 관찰하고 촬영했다. 생포한 침팬지를 대상으로 한 통제 실험을 통해 관찰과 모방이 도구 사용의 새로운 패턴들을 습득하는 데에도 중요한 역할을 한다는 것을 알 수 있다. Georgia에 있는 Yerkes Center의 침팬지들의 경우 어른 침팬지가 간단한 T자 막대기를 사용하여 우리 속으로 먹이를 끌어당기는 것을 보고 막대 사용법을 학습하였다.

아마도 모방은 가장 중요한 인간 문화 전승 기제일 것이다. 아동의 포크 사용 학습 방식을 설명하기 위해 특별 목적의 선천적 포크 사용 두뇌 장치를 가정하거나 사람들이 최신 유행의 의복이나 자동차로 자신을 모양내는 방식을 설명하기 위해 보편적 의복 및 자동차 문법을 가정할 필요는 없다. 모방과 '다른 사람들과 닮고 싶은' 욕구는 분명히 인간 문화 대부분의 단기적 변화와 많은 주요 성취 결과물들 설명하는 요인이 된다.

VII 동물의 언어

01 동물들 의사소통

동물들 사이의 의사소통 체계를 연구하는 이유는 여러 가지가 있을 수 있겠지만 대체적으로 다음과 같이 두 가지 측면으로 생각해 볼 수 있다.

i. 동물들의 의사소통 체계(communication system)를 인간 언어와 비교하여 인간 언어의 특징을 찾아보는 것이다.
ii. 인간 언어의 시작과 현재처럼 발전한 과정을 알아보는 것이다.

인간을 제외한 동물들의 의사소통 체계를 보면 진화의 정도에 따라서 동물 종류별로 다양한 표현방법을 사용하고 있음을 발견할 수 있다. 우선 어류들은 같은 무리 내에서 상호간의 의사소통 수단으로서 몇 가지의 단어를 사용하고 있다고 알려져 있는데, 그 수는 대략 10~15개 정도가 확인되고 있다. 그러나 어류보다 생태학적으로 좀 더 진화한 상태에 있다고 알려져 있는 영장류는 40개에 가까운 단어를 의사소통을 위한 수단으로서 사용하고 있는 것으로 확인되고 있다.

그러나 동물이 위에서처럼 적은 수의 단어만을 사용하는데 그치지 않고 인간과 동일하게 언어 능력을 소유하고 있다고 생각하는 믿음은 독일에 있었던 '영특한 Hans의 증후군(cleaver Hans syndrome)'이라는 재미있는 일화에 잘 반영되어 있다. Hans는 독일에 있던 어떤 말의 이름이었는데 당시 이 말은 사람처럼 숫자도 세고 언어도 이해할 수 있다고 알려져 있었다. Hans의 주인이 Hans에게 숫자를 말하고 그 수를 보여주면 말은 숫자에 맞게 말굽으로 의사표시를 하였다. 주인은 많은 군중들 앞에서 직접 말의 능력을 보여주고 자신의 말이 가지고 있던 능력을 자랑하였다.

그러나 나중에 별도의 실험을 통하여 Hans가 사람들 사이에 알려진 것처럼 인간의 말을 이해하고 숫자까지 셀 수 있었던 것이 아님이 확인되었다. 실험으로 사용된 방법은 Hans를 별도의 장소에서 숫자를 세도록 한 것이었는데, 이 실험에서는 말 주인이 아무리 숫자를 주어도 Hans는 수에 대한 용어에 전혀 반응을 보이지 않던 것이다. 이와 같은 실험 결과는 Hans가 숫자를 보고 그 수를 세기 위하여 말굽을 두드리는 것이 아니라 Hans가 단순히 주인의 명령이 있을 때만 말굽으로 반응하는 것임을 확인시켜 주었다. 또한 주인이 특정한 수를 보여주면서 말굽으로 표시하도록 하면 Hans는 말굽 소리를 내기 시작하면서 동시에 주변에 모여 있었던 구경꾼들의 표정을 관찰한다는 사실도 알아내었다. Hans는 자신의 말굽 소리가 해당 숫자에 서서히 다가가면서 사람들의 표정이 달라지는 것을 확인해 가면서 자신의 말굽 소리의 정지 시점을 결정하였다. 따라서 아무리 구경꾼에 둘러싸여 있더라도 Hans가 사람들의 표정을 못 보도록 차단하면 말굽소리는 제시된 숫자와 일치하지 않았다.

02 춤추는 벌과 동물 언어

동물의 언어 사용 형태는 최근의 연구에서 좀 더 구체적인 예들에서 제시되고 있다. 그 중에서 벌들의 의사소통을 위한 언어 행위 관련 연구는 인간 이외의 다른 생명체도 언어로서 유사한 체계를 가지고 있음을 보여 주는 좋은 예인데 많은 언어학자들에 의하여 인용되고 있다.

벌의 의사소통은 춤 동작처럼 일정한 움직임의 양식이 있으며, 거기에는 'DDQ'로 정리될 수 있는 세 요인이 함축되어 있다. 즉 먹이까지의 방향(Direction), 거리(Distance), 먹이의 상태(Quality)의 세 가지의 정보 등이 반영되어 있다고 보면 된다. 벌의 춤 형태는 8자를 옆으로 누인 모양으로 나타나는데, 동작선이 반드시 8의 모양만으로 되어있기 보다는 8에 유사한 모습을 하고 있음을 알아야 한다. 즉 8자의 가운데 부분과 같이 선이 만나는 점으로 되어 있는 것이 아니라 마치 '∞'처럼 중간 부분에 실선이 포함된 모습으로 춤 동작이 형성된다는 사실이다. 이 중심선이 바로 먹이의 방향을 가리키는 방법의 핵심인데 벌들은 중심선이 가리키는 방향이 현재 태양의 위치에서 벗어난 각도를 이용하여 먹이가 있는 방향을 가리킨다. 또한 방향 표시에는 지구의 자전과 중력도 포함되어 있다고 알려져 있다. 벌집에서 먹이까지의 거리는 춤의 동작에서 8자를 완성하는데 걸리는 시간으로 표현한다. '∞'의 한 궤도를 마치는데 걸리는 시간의 정도가 다른 벌들로 하여금 먹이가 있는 장소까지의 거리를 계산하도록 해준다는 것이다. 먹이의 상태는 먹이를 발견한 특정 벌이 몸에 묻혀온 꿀이나 꽃가루를 다른 벌들로 하여금 맛보게 함으로써 판단하도록 해준다.

그러나 벌의 의사소통 방식인 벌 춤 혹은 'Bee Dancing'이 인간의 언어와 동일한 것으로 인식될 수 없는 이유는 벌 춤이 인간의 언어의 핵심인 임의성이나 창의성이란 두 측면을 보여주지 못하고 있기 때문이라고 할 수 있다.

첫째로 벌들이 이용하고 있는 춤 동작은 항상 세 가지의 정보만을 가리킬 뿐이다. 경우에 따라 동일한 행동에 다른 의미를 개개의 임의적 의지에 따라서 부여하는 것은 불가능하다. 둘째로 일정 지역의 벌들은 모두 동일한 춤 양식을 사용하고 있으며 어떤 변형도 허용되지 않는다. 모든 벌들이 의사소통 방식으로 사용하고 있는 춤의 형태는 항상 동일한 형태이어야만 한다. 만일 벌 자신이 나름대로 독특한 형태를 고안하여 창의적으로 정보를 전달한다면 상호 간에 원활한 의사소통이 이루어지지 못 한다.

03 침팬지와 고릴라

인간을 현재 시점에서 이해하기 위해서는 비록 인간처럼 언어와 인지능력을 갖추고 있지 못해도 나름대로 꽤 정교한 문화를 소유하고 전수하는 침팬지를 관찰함으로써 이러한 가능성을 측정할 수 있다. 침팬지들이 최초 원인은 아니지만 최초 원인에 가까울 뿐만 아니라 최초 원인들의 뇌 크기에 근접하는 크기의 뇌를 가지고 있기 때문에 침팬지가 다른 동물들만큼 유전적으로는 인간에 가깝다고 볼 수 있다. 코끼리, 호랑이, 토끼 등이 인간과 같이 포유류에 속하기는 하지만, 어떤 종과의 관계보다 침팬지와 우리 인간과의 관계가 더 가깝다.

침팬지나 고릴라처럼 인간과 함께 영장류에 속하는 동물을 이용하여 그들의 언어 능력에 대한 사실 여부를 규명하려고 노력했던 이유는 학문적인 것보다는 좀 더 실용적인 면에 있다고 할 수 있었다. 당시에 우주 과학의 발전이 영장류에 대한 연구에 더욱 박차를 가하는 중요한 요인이 되었다. 과거에 어느 누구도 가본 적이 없는 우주 공간에 우주 탐사선을 보낼 때 인간을 먼저 태워 보내는 것보다 대신 동물을 이용하면 인간의 생명을 담보로 하는 위험을 감수하지 않아도 된다고 생각하였다. 다만 우주 탐사선에 탑승한 동물들이 인간들이 보내는 명령 신호를 제대로 이해시키기 위해서는 이들을 훈련시켜야만 하였다. 우주선 내부의 동물들과 지구의 인간들이 상호 의사소통의 효율성을 극대화시키기 위해서라도 동물도 인간들처럼 언어를 이해할 수 있는 능력이 있는지 검토해 보아야만 하였다. 따라서 인간 이외에 영장류를 대표한다고 여겨졌던 침팬지나 고릴라를 중심으로 인간 언어 습득 능력에 대한 확인 실험이 수차례 실시되었으며, 지금이 이와 유사한 연구들이 진행되고 있다.

3.1 침팬지에 대하여

Jane Goodall(1986)과 같은 침팬지 관찰자들의 헌신적인 노력 덕분에 침팬지 문화가 꽤 알려지게 되었다. 인간 언어를 사용하지 않고 침팬지가 할 수 있는 것들에 대한 생생하고 자세한 기술은 인간의 선조인 초기 원인들이 갖고 있었을 문화에 대한 고고학적 증거를 평가하는 기준을 준다.

3.1.1 활용 도구와 도구 제작

침팬지는 도구를 사용하고 제작한다. Goodall(1986)은 탄자니아 의 Gombe 강 보호구역에서 침팬지가 잎사귀를 사용하여 물을 빨 아들이고, 막대를 사용하여 그들의 중요한 먹이 자원인 흰개미를 잡는 것을 촬영했다. 침팬지들은 작은 나뭇가지에서 잎사귀들을 벗 겨내어 이 막대를 만든다. 어린 침팬지들은 이런 도구를 제작(tools and toolmaking)을 알고 이것을 사용하는 법을 아는 어미를 관찰함 으로써 학습한다. 여러 침팬지 집단들 내에서 서로 다른 도구를 사 용하는 방법들이 나타난다. 탄자니아의 Gombe와 세네갈의 여러 지역에서 흰개미 잡기에 여러 유형의 도구들이 사용된다. Goodall 은 Gombe에는 침팬지들이 돌을 망치로 사용하는 것을 본 적이 없 지만, 아프리카의 다른 지역(Ivory 해안에 있는 Tai 국립공원)에 서 식하는 침팬지들이 호두를 까기 위해 돌 도구를 사용하는 것을 관 찰하였다. 호두가 열매를 맺는 시기 내내 그들은 매일 평균 2시간 을 그들의 풍부한 먹이인 호두를 조직적으로 모으고 까먹으며 보낸 다. 성인 암컷은 하루 약 4,000칼로리, 새끼는 하루 1,000칼로리까 지를 호두를 먹는다. 호두까기 기술은 성년이 되어서야 비로소 완 전히 배우며 어떤 기술을 익혀 필요한 것을 얻는 데는 적어도 4년 간의 연습이 필요하다. 부드러운 껍질의 호두를 열기 위해 이들은 나무 모루와 함께 굵은 막대를 망치로 사용한다. 단단한 껍질의 호 두는 돌망치와 나무 모루로 깐다. 이 호두는 세 부분으로 되어있으 며, 침팬지들은 속을 통째로 꺼내기 위해 망치로 내려치는 사이사 이에 모루 위에서 호두를 계속 돌려야 한다. 어미는 새끼가 호두 쩔기를 처음 시도한 이후 약 3살쯤부터 새끼에게 분명하게 가르치면서 고쳐준다.

Tai 침팬지들은 적합한 돌을 구하기 어려운 울창한 숲에서 산다. 모든 돌은 침팬지들이 지속적으로 돌아오는 특정 장소에 저장되며 돌이 마모되는 패턴은 그것들이 수세대에 걸쳐 사용되었음을 나타낸다. 침팬지들이 좀 더 훌륭한 망치나 모루를 만들기 위해 돌을 깎아서 도구를 '제작'한다는 결정적인 증거는 아직까지 없지만, 침팬지들이 흰개미 잡이용 도구나 호두를 먹는 방법을 생각해본다면, 도구를 제작하는 현장을 발견한다고 해도 놀라운 일은 아닐 것이다.

3.1.2 사회 조직 구성

Goodall의 설명에 의하면, 침팬지들은 '융합-분열' 사회구조를 갖추고 있다. 이들은 집단으로 살며 누가 집단의 구성원인지를 안다. 이는 매우 중요한데 그 이유는 경쟁 집단의 침팬지들이 공격을 해오며 때로는 심지어 서로 죽이는 일도 있기 때문이다. 집단은 여러 부분으로 나뉘어 사냥하고, 짝짓고, 영역의 경계를 '순찰'하거나 다른 집단의 침팬지들과 영역 다툼을 한다. 이러한 사회조직에 관한 몇 가지 흥미로운 특징이 있다.

3.1.2.1 전쟁 수행

전쟁은 지금까지 인간의 독특한 것으로 간주되어왔던 사건들이었지만, 침팬지 무리 내에서도 여러 형태의 전쟁 상황들이 발생된다는 것이 Goodall에 의하여 상세하게 기록되었다.

Goodall에 의하면 Gombe에 서식하는? 침팬지들은 두 집단으로 나뉘어 한 동안 각기 다른 두 영역을 차지했다. 집단이 분리된 후 2년 동안 하나의 강이 경계로 인식되어온 듯 했다. 그러나 2년 후 각 집단이 서로 상대의 영토를 습격했다. 만일 한두 마리 정도 수컷이 더 많은 강한 무리들이 약한 '적' 무리들과 마주쳤을 때는 그 무리는 종종 죽이기 위한 의도로 공격했으며, 종종 돌들이나 다른 물체들을 무기로 상대방에게 던지기까지 하였다.

3.1.2.2 공유 생활

침팬지 어미들은 새끼들이 두세 살이 될 때까지 그들과 먹이를 나누어 먹으며, 그 이후에는 이 행위를 점점 줄여간다. 성인 침팬지들 간에는 식물 먹이를 공유하지 않지만 고기는 공유한다. 집단의 구성원들은 사냥에서 성공을 한 침팬지에게 먹이를 달라고 조른다.

3.1.3 이타주의와 윤리적 의식

침팬지들은 종종 다른 침팬지들 대개 가까운 친척들을 도와준다. 그러나 Christopher Boehm(1981)은 이러한 이타주의(altruism)의 예들을 혈족 선택 이론(kin selection)으로 설명할 수 있음을 밝혀냈다. 이타주의적 행동을 보이는 동물 개체의 가까운 친족의 목숨을 보전하기 위한 행동은 그 개체 내부에 유사한 유전자들을 더 많이 보전할 수 있게 하는 결과를 낳는다. 예를 들어 세 자매의 생명을 구하고 죽는 사람은 만일 자신이 살고 자매들이 죽는 것보다 더 많이 자신의 유전자들을 후대에 전하게 될 것이다. 그러므로 다윈의 자연 도태는 이런 종류의 이타주의를 설명할 수 있다.

또한 침팬지들은 인간 사회의 특징인 힘없는 개인들에 대한 동정

심을 보여주지 않는다. 어미가 죽으면 손위 형제가 어린 침팬지를 돌보려고 하긴 하지만, 혈연이 아닌 암컷들에 의해서 받아들여지는 경우는 거의 없다. 나이가 들거나 병에 걸린 침팬지는 혈연이 아닌 다른 침팬지들에게서 보통 외면당한다.

인간과 침팬지 사이의 도덕적 의식 차이는 사냥에서 가장 명백하게 나타난다. 침팬지들은 많은 인간들처럼 고기를 얻기 위해 다른 동물들을 사냥한다. 침팬지의 사냥 형태는 여러 가지로 인간의 사냥과 아주 유사하다. 그들은 협동하여 사냥감이 되는 약한 동물들(비비, 원숭이, 새끼 돼지, 새끼 영양 사슴)에게 돌과 같은 물건들을 투척하기도 한다. 그러나 인간 사냥꾼들이 사냥감을 먹기 전에 완전하게 대상을 죽이지만 침팬지는 잡힌 동물이 죽었는지 살았는지 신경 쓰지 않는 것 같다. 늘 사냥의 희생이 되는 갓 난 비비와 어린 비비는 금방 죽었다. 종종 서너 마리의 성년 수컷 침팬지들이 달려들어 사냥감의 몸을 찢는다. 전형적으로 두개골을 물어뜯어 죽이며 먹기 시작한다. 잡힌 동물은 비명을 지르며 몸부림치겠지만 침팬지의 주된 관심은 그 동물이 죽었든 살아 있든 상관없이 식사가 순서대로 진행되는 것이다. 어떤 경우 성년 수컷 단 한 마리가 새끼 비비를 먹어치우는 과정에서 잡힌 후 40분 동안이나 여전히 살아서 가냘프게 부르짖는 경우가 발견되기도 하였다.

3.1.4 상호 의사 교환

많은 침팬지 관찰자들은 몸짓, 얼굴 표정, 음성의 결합이 침팬지의 의사소통 체계 역할을 수행한다고 믿는다. 또한 지리적으로 고립된 침팬지 무리들 사이에 방언들이 존재하는데, 이것은 다른 단순한 동물들의 고정된 소리 체계보다도 더 인간의 언어에 가까운 의사소통체계임을 말해주는 것이다. 또한 침팬지들 중에는 동일한 집단에 속해 있다고 하더라도 침팬지 집단의 전체 의사소통 신호 목록에 나름대로 고안한 새로운 신호들을 포함시키기도 했다. 예를 들어 Gombe 침팬지 Shadow는 새로운 구애 표시를 발명해 성공적으로 사용하였다. 침팬지들은 친구들과 적들을 구분할 수 있다. 이들은 도움을 청하거나 먹이가 있음을 알리기 위해 큰 소리로 부를 수 있다. 그들은 음식의 특징과 위치를 전달할 수 있는 것처럼 보이지만, 어떤 수단이 사용되는지는 현재 알려져 있지 않다.

그러나 다른 비인간 영장류들처럼 침팬지들은 음성화를 자발적으로 제어하는 능력이 없다. 침팬지들의 음성화는 감정 표시 속에 그냥 섞어서 나타나는 경향이 있었다. 막 젖을 주려고하는 침팬지가 내는 외침의 소리는 다른 행동을 하는 경우에도 유사한 외침소리를 만들어 내었다. 비록 침팬지 의사소통 체계의 그 대략적 범위가 알려져 있긴 하지만, 그들이 어떻게 그리고 무엇을 의사소통하는가 하는 것은 현재까지는 분명하지 않다.

3.1.5 인지 능력

침팬지는 뛰어난 지능을 소유하고 있다. 침팬지에게 지도 읽는 법을 가르칠 수는 없지만 특정 계절에 음식을 어디에서 얻을 수 있는지 일 년이라는 시간이 지나도 그 장소를 기억해낼 수 있다. 침팬지는 또한 고의성을 보여준다. David Premack과 Guy Woodruff (1978)는 흔들거리는 박스 더미 꼭대기에 웅크리고 앉아 바나나를 따려고 하는 사람을 보여주었다. 침팬지는 바나나들을 손에 쥐고 있는 사람이 있는 사진이나 박스 더미와 사람이 어지럽게 바닥에 널려 있는 사진을 선택할 수 있었다. 침팬지가 좋아하는 실험실 조교가 비디오에 나올 때는 바나나 축제 사진이 선택되었다. 침팬지가 덜 좋아하는 실험실 조교는 박스 더미와 사람이 어지럽게 널려져 있는 사진과 짝지어졌다.

3.2 영장류 실험 결과 재검토

3.2.1 실험 내용

1930년대 Gua에 대한 실험은 동물에 대한 언어 습득 가능성에 대한 확인 작업 중 가장 첫 번째 시도였다. Gua는 16개월 안에 100여 개의 단어를 이해한 결과를 보여주었다. 두 번째 실험 대상이었던 Viki는 처음으로 인간 언어를 말소리로 교육받았는데, Viki는 기본적인 단어들만 습득해내는 결과만을 보여주었다. Viki가 주로 습득했던 단어들은 주로 'mama, papa, cup'과 같은 초보적인 것들뿐이었다. 1960년대 실험 대상이 되었던 Washoe는 고릴라 종류로서 인간의 언어를 있는 그대로 습득하기보다는 다른 방법을 통하여 의사소통 방법을 배웠는데, 당시의 실험자들이 주로 사용했던 것은 바로 ASL(American Sign Language)이라는 미국 수화 방식이었다. 이처럼 수화 방식이 실제의 언어 대신에 사용되었던 이유는 이 실험을 주도했던 책임 연구원인 Gardener가 이전 실험 대상인 Viki의 실험 결과를 보고 영장류에 속하는 다른 동물들은 인간과 달리 언어를 소리로서 구사할 수 있는 발음기관을 가지고 있지 못하다는 사실을 발견한 데서 시작된 것이다. 따라서 그는 동물들에게 인간 언어를 소리 중심으로 소리로 교육시키는 대신 언어장애인들이 사용하던 ASL를 사용하기로 결정하였다.

Washoe는 22개월에 걸쳐 22개의 기호를 습득하였는데, 그 때는

Washoe의 나이가 3살이 되던 시기였다. 10년 후인 1970년에는 13개의 기호를 더 습득하였으며, 35개의 기호를 습득할 때까지 소요된 시간은 모두 51개월이었다. 1979년 1월까지 240개의 기호를 습득하였고 더 나아가 두 단어로 구성된 구(two-word phrase)를 구사할 수 있게 되었다. 1980년대의 실험 대상이었던 Sarah는 수화 방식 대신 플라스틱으로 만들어진 특수한 모양들을 의사소통 수단으로서 습득하게 하였다. 실험 결과 Sarah는 130여 가지의 모양을 의미에 따라 습득하였으며, 이 모양들을 사용하는 확실성은 약 75~80%의 신뢰도를 보여주게 되었다. 1980년대 시행된 또 다른 실험에서는 Koko가 시험 대상이었으며, Koko는 3년 이내에 184개의 모양의 표식 기능을 습득하였으며, 6년이 되어서는 375개의 표식 기능을 습득하는 쾌거를 보여 주었다.

	실험을 주도한 사람	실험 동물 이름
1930년대	Kelloggs	Gua
1940년대	Hays	Viki
1960년대	Gardener	Washoe
1970년대	Premaks	Sarah
1970년대	Pattenson	Koko

3.2.2 실험 수행 및 결과에 대한 신뢰도

침팬지와 같은 영장류 동물들이 인간의 언어를 습득할 수 있다고는 하지만, 이들이 언어를 습득하는 데 어려움을 겪는 부분을 자세히 살펴보면 미국수화의 복잡한 통사론 체계였다. 미국수화와 분류 사진이나 플라스틱 상징—플라스틱으로 된 각종 모양(네모, 세모, 동그라미 등)을 만들어 각 모양에 적절하게 '주세요, 아니에요' 등과 같은 명령을 연결하여 학습을 수행하는 과정—을 사용하는 침팬지 언어를 주의 깊게 관찰한 결과 대개 통사적으로 의미 있는 어순이 지켜지지 않는다는 사실을 알게 되었다. 침팬지들 중 'tickle me'를 신호하고자 의도하는 침팬지가 'me tickle'이라고 신호를 보내기도 하였다. 최근 자료에 따르면 5살 정도이고 피그미침팬지(Pan paniscus)에 속하는 Kanzi가 어순 관계를 대부분 유지한다고 보고되기도 하였다. 그렇지만 이 결과는 보통침팬지(Pan troglodytes) 종과 피그미침팬지 종 사이의 차이일수도 있고, 침팬지들 간의 단순한 개인차일 수도 있음을 간과해서는 안 된다. 게다가 현재까지의 모든 언어 훈련에 참여한 침팬지들의 수가 채 20이 안되기 때문에 Kenzi가 다른 침팬지보다 똑똑하기 때문에 이러한 결과가 생기는 것인지 아닌지 결정하기는 어려운 일이다.

또 다른 영장류 동물인 Sarah의 실험을 다음에 제시된 예를 통하여 잠시 살펴보면 인간과 유사한 모습을 보여주는 듯이 보이기도 한다.

SARAH INSERT APPLE DISH BANANA PAIL

Sarah가 위 문장을 표현했을 때는, 사과는 접시에 있고 바나나는 양동이에 있음을 의미하는 것이었다. 인간의 언어에서도 유사한 문장 형태를 얼마든지 발견할 수 있다. 다음 문장에서는 마지막 단어가 꼭 표기될 필요가 없는데, 그 이유는 화자(話者)와 청자(聽者)가 서로 해당 빈칸에 들어가는 내용이 무엇인지를 충분히 예상할 수 있기 때문이다. Sarah를 실험하던 사람들은 이와 같은 문장 구조를 Sarah의 의사 표현 방식에서 발견하였다.

Mary went to Chicago, but John didn't _____.

그러나 Sarah의 의사 표현 방식이 인간들의 언어에서처럼 일관성 있게 발견될 수 있는가에 대해서는 다시금 생각해보아야만 한다. 많은 학자들이 발견에 대해서는 찬사를 보냈지만, 이것이 바로 동물과 인간이 동일한 언어 능력을 소지하고 있다는 사실을 증명할 수 있다는 사실에 대해서는 많은 비판이 있었다. 위에 제시한 실험들에서 발견할 수 있는 문제점은 크게 세 가지 측면으로 압축될 수 있다.

a. 실험의 신뢰성
   (reliability)
b. 실험 결과가 단순 모방인지 아니면 동물 스스로가 만들어낸 창조인지
   (imitation or spontaneous creation)
c. 동물들이 실험에서 보여주는 실수의 형태는 과연 어떤지?
   (pattern of the repetitive errors)

위에 제시된 것들 중에서 세 번째 것은 인간과 동물을 언어 능력의 측면에서 비교하는데 매우 중요한 기준이 된다. 그렇지만 어떤 실험에서도 침팬지나 고릴라가 저지르는 실수에 대해서는 전혀 언급하고 있지 않다. 이것은 침팬지나 고릴라가 언어를 습득하거나 실행하는데 실수가 결코 발생하지 않는다는 사실을 가리키는데, 인간의 언어 행위를 보더라도 그것은 아주 불가능한 것이다. 그 이유는 인간이 언어를 습득하는 과정에서 행할 수 있는 실수의 형태는 인간을 언어 습득 측면에서 이해하게 하는 중요한 기준이 될 수 있기 때문이다. 따라서 동물들이 전혀 실수를 하지 않는 듯이 제시된 시험 결과들의 객관적 사실로서 자신들이 추구하는 실험결과에 다가가는데 적지 않은 부담이 될 수 있다는 사실이다.

3.2.3 최근 동물 실험 경향

최근 수행된 영장류의 언어 습득 능력 확인에 대한 실험은 영장류의 하나인 침팬지들을 중심으로 하고 있다. 침팬지들이 자연적 의사소통에서보다는 인간의 언어에 노출되었을 때 무엇을 할 수 있는가를 더 알아나가는 호기심이 매우 강하였다. Allen, Beatrix Gardner (1969, 1984)는 영아 침팬지를 인간의 경우와 유사한 환경인 미국수화(ASL)의 의사소통 수단이 이루어지는 환경에 두고 보았다. 그것은 침팬지들이 인간 언어의 소리를 산출하는데 갖는 어려움과는 대조적으로 그들은 미국수화 단어를 표시하는 손동작을 만들어낼수 있기 때문이었다. 이들의 ASL 단어는 ASL을 첫 모국어로 배운 능숙한 성인 인간만큼은 분명하지는 않지만, 이들의 신호를 이해할 수는 있었다. 더욱이 그들의 ASL 단어는 개별 항목이나 사건보다는 개념을 지시한다는 점에서 인간 언어 단어의 특성을 보여주었다. ASL 훈련을 받은 침팬지의 언어 능력은 대략 2살 반 정도의 아이와 비슷했지만, 인간의 개입 없이도 단어들을 한 세대에서 다음 세대로 전수하였다. 영아 침팬지 Louise는 5마리의 청소년 침팬지와 성인 침팬지 동료들에게서 약 50개의 ASL 신호를 배웠다. 다른 연구에서도 침팬지의 단어 사용과 생성을 보여 주었다. 침팬지들은 또한 지각적 현저함이나 기능성에 기초하여 새 단어를 만들기도 하였다. 간지럼을 태우는데 사용된 솔을 영어 단어인 'toothbrush'로 유추하였고, ASL 복합어 'tickle-feather'라고 정의하기도 하였다. 그리고 오리는 증기선(steamboat)에 빗대어 유추하여 'water-bird'로 정의하였다.

비록 침팬지 단어 사용의 이러한 측면들은 그동안 논쟁의 대상이었지만, 침팬지가 이러한 능력을 가지며, 문화 전달을 위한 잠재적인 능력들을 가진다는 점이 분명한 것 같다.

원숭이 소리에 대한 몇 가지 연구와 Goodall(1986)의 침팬지 사회 조직 관찰은 비영장류 동물들이 몇 가지 종류의 기본적인 단어들을 사용하고 있을 가능성을 시사해 주었다. 그러나 야생 침팬지 생활에 대한 현재까지의 자료는 이들이 단어를 사용한다는 것을 분명히 보여주는 그 어떤 증거도 확실하게 제시하지 못하였다.

VIII 현대 언어학 내용 알기

01 노암 촘스키 관점

1.1 언어학 이론 시작

우선 노암 촘스키(Noam Chomsky)의 이론이 나오기 이전의 언어학 이론의 역사를 간단히 살펴보고자 한다. 구문론에서 구조분석 방법이 문장의 의미를 분석하는 데 아직도 적지 않은 문제를 안고 있어서, 촘스키는 자신의 이론이라고 할 수 있는 생성변형이론을 내세우게 되었다. 생성변형이론이 나오기 이전까지 언어학의 이론이 어떤 과정으로 발전하였는지를 생각해볼 필요가 있을 것이다.

1.1.1 구조주의 언어학

존스 경(Sir William Jones)은 영국의 귀족으로서 인도에서 오랜 기간을 공무로 근무하게 되었다. 그는 근무기간 중에 인도의 고어인 산스크리트어와 서구의 고어인 라틴어 사이에 상당한 유사성이 있음을 알게 되었다. 이와 같은 사실을 바탕으로 '인구어'라고 불리는 어족을 설정하였는데, 이것은 언어학적으로 상당한 업적이었다. 언어 사이에 유사성은 연관성이 있다고 생각되는 어휘를 묶음으로써 증명한다. 그러나 유사성에는 두 가지 종류가 있다.

첫째는 우연한 유사성인데 역사적 그리고 지역적 기준에서 보더라도 언어 사이에 관련성이 전혀 없음에도 불구하고 비슷한 예들이 발견되는 기준에만 초점을 맞추어서 언어들을 하나의 그룹에 속한다고 보는 성향으로 발전하기도 한다. 영어, 한국어 등이 본래 전혀 관련성이 없음에도 불구하고 몇몇 단어에서 관련성이 있음직한 예들과 특성들이 우연히 발견됨으로써 이들 예들에만 의존하여 영어와 한국어가 마치 동일한 언어 분류에 속하는 것처럼 볼 수 있다. 즉 영어에 모음을 볼 때 [a, e, i, o, u]처럼 소리 현상이 분포 등이 한국어에서 동일하게 모음들이 사용되고 있는 상황에만 기초하여 두 언어의 시작이 하나의 조상으로부터 시작된 것인 양 주장한다면 언어를 분류하는 데 중대한 오류를 범한다고 보아야 할 것이다.

둘째는 체계적인 유사성인데 이것이 바로 진정한 유사성으로서 만일 두 언어 사이에 이와 같은 유사성이 존재한다면, 이 언어들이야말로 동일한 어족을 형성할 수 있는 언어들이다. 영어와 독일어 등이 바로 이와 같은 관련성을 보여주고 있다. 영어의 단어 끝에 위치한 자음이 독일어에서 's'처럼 마찰음으로 일류적인 패턴으로 대치되는 것을 발견할 수 있다. 이것은 영어와 독일어가 단어 끝에서 폐쇄음과 마찰음으로서 체계적인 차이를 갖고 있음을 확실하게 보여주는 것으로서 이를 토대로 영어와 독일어 사이에서 발생하는 체계적 변화 설명이 가능하다.

eg)　　English　　German
　　　　eat　　　　essen
　　　　book　　　　Buch
　　　　make　　　　machen

1.1.2 미국 민족 언어학 이론

미국에서의 언어학 이론은 유럽의 이론이 자신들의 연구에 적절하지 않다는 생각에서 시작되었다. 유럽의 이론들은 인구어를 중심으로 발전해온 반면, 미국 대륙에서 독자적으로 존재했던 아메리칸 인디언 언어는 그 동안 전혀 연구 대상이 되지 못하였기 때문이다. 미국의 언어학자들은 이들 언어 자료들을 제대로 분석하려는 의도에서 독자적인 방법을 강구하게 되었는데, 이 방법이 바로 미국식 구조주의 언어학 이론의 시작이었다.

Zellig S. Harris는 자신의 저서 *Methods in Structural Linguistics*에서 미국 구조주의 방법론에 대하여 자세하게 설명하였다. 우선 구조주의 언어학자들은 자신들이 관찰하고 있는 언어들을 관찰하고 자세하게 기술하였다. 자신들의 연구의 객관성 극대화를 위하여 언어 현상에 인간 정신 작용이 반영되는 것을 철저히 배제하고, 언어 현상을 행동주의 심리학에서처럼 작용과 반작용의 결과로만 국한시켰다. Charles C. Fries는 자료에만 국한하여 언어를 관찰하고 분석하려고 노력하였고, 스스로도 인간의 정신 작용이 가장 적게 반영되었다고 생각되는 언어 자료인 전화 통화에서의 대화들만을 선택하여 분석 자료로 활용하였다.

1.1.3 변형생성문법의 출현

1.1.3.1 중의적 문장과 구조 중심 분석

언어학에서의 촘스키의 공로는 위에서 언급한 구조주의 언어학의 방법론적인 맹점을 철저히 파헤쳤다. 자신이 연구를 행하기 시작할 때까지 분석적 문제가 있었던 중의성 문장들을 구조주의에서 단순하게 문장 내부의 구조에만 의존하여 의미를 분석하였지만, 촘스키는 이 방법을 비판하고, 문제가 되었던 문장들을 좀 더 주의 깊게 분석하려고 노력하였다.

다음은 동일한 구조가 두 가지의 의미를 동시에 보여주는 예이다.

예) Visiting professors can be boring.
a. 현재 나를 방문하고 있는 교수에 대한 이야기로 이해할 수 있다. 여기서 'visiting'은 현재분사의 형용사적 용법이다.
b. 교수를 방문하는 행위가 주어가 되는데, 여기서 'professor'는 'visiting'의 동명사의 목적어로서 역할을 소지하고 있다.

촘스키는 동일한 구조가 다른 의미를 보이는 경우뿐만 아니라, 다른 구조가 동일한 의미를 나타내는 방법을 제시하기 위하여 외형적으로 동일한 모습이라도 출발점에서 다른 형태로 존재할 수 있는 방법을 제안하였다. 이 방식에는 심층구조 그리고 표층구조와 같은 두 개의 별도 계층이 포함된다. 심층구조는 '기저형'으로 불리며, 표층구조는 '표층형'으로 명명하여 두 계층을 설정하여 두 단계 사이의 변화 과정을 규칙이라는 수단을 활용해서 체계적으로 상호 변화 과정을 수립해가는 과정을 바탕으로 동일한 구조에 나타나는 중의성 부분을 어떻게 해결하는지를 논리적으로 잘 보여주었다. 이와 같은 주장에 의하면 언어 화자는 실제로는 표층형을 음성적으로 사용하지만, 실제로 소리로 나오기 이전 머리 안에서 출발 선상에 최초 기저의 형태로서 별도의 구조들이 존재할 수 있다는 상황을 제시하면서 자신이 제안하였던 기저형에서 중의의 수에 따라 별개의 구조들 제시하고 이들 구조들이 동일한 외형적 모습을 갖춘 표층형으로 변형시키는 방법을 구축하여 해당 문제점을 해결하는 방식을 보여주었다. 이런 방식은 이론적으로 생성 및 변형을 거친 과정으로 정리하였고, 이 방법을 통칭하여 '생성변형문법'이라고 명명하였다.

이 이론에서 변형이 발생하는 과정을 설명하기 위한 예로서 촘스키는 문장 구조 변형에 두 가지 종류를 제시하였다. ①에 예시된 경우는 동사와 주어와의 관계를 보인 것으로서 표층형에서의 명사는 기저형에서는 문장의 주어 역할을 담당하는 것을 확인할 수 있다. ②의 예는 동사와 동사 목적어의 관계를 보이는 구조들로서 최종적으로 나타나는 표층형에서의 명사들이 정작 기저형에서는 동사를 보완하는 목적어 역할을 수행하는 것을 확인할 수 있다.

예) ① a dog is barking]$_s$ ⇒ a barking dog]$_{NP}$
    a child is sleeping]$_s$ ⇒ a sleeping child]$_{NP}$
    a man is dreaming]$_s$ ⇒ a dreaming man]$_{NP}$

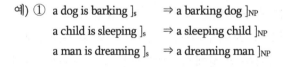

② We   wash   cars]$_s$ ⇒ our washing cars]$_{NP}$
   They   read   books]$_s$ ⇒ reading books]$_{NP}$
   He   kills   people]$_s$ ⇒ killing people]$_{NP}$

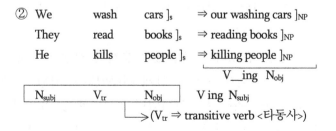

$$V\_ing \ N_{obj}$$

N$_{subj}$ V$_{tr}$ N$_{obj}$ V ing N$_{subj}$
    ⟶ (V$_{tr}$ ⇒ transitive verb <타동사>)

이미 보았듯이 기저형과 표층형의 변형을 이용하면 동일한 외형을 보이고 있지만 이중적 의미를 가리키는 중의성 문장들을 어렵지 않게 설명할 수 있다. 즉 별도의 의미에 따라서 별개의 다른 기저형들을 설정하고, 이들이 동일한 표층형으로 유도하는 과정을 설명하면 원하는 설명이 가능해진다. 앞서 제기된 기저형과 표층형 사이의 과정을 유도하는 모습을 다시 한 번 정리하면 다음과 같이 예시할 수 있다.

$$\left\{ \begin{array}{l} \text{planes fly} \Rightarrow \text{flying plane} \quad \text{V\_\_ing N}_{subj} \\ \quad \text{'fly'가 명사를 수식하는 형용사 기능을 보여주는 외형 구조의 기저형 구조} \\ \text{fly planes} \Rightarrow \text{flying plane} \quad \text{V\_\_ing N}_{obj} \\ \quad \text{'fly'가 목적어를 수반하는 동사 역할을 갖는 기저형 구조(표층에서 동명사} \\ \quad \text{형으로 귀결)} \end{array} \right.$$

1.1.3.2 계층 구조 설정의 한계점

앞서 보인 방법에서 중시한 점이 있다면 구조적 차이를 보이기 위하여 심층단계, 표층단계를 별개로 설정하고 변형규칙의 양쪽의 관련성을 설명한다는 부분이다. 그러나 이런 방법이 초기 촘스키 모델로 성공적인 결실을 보여주기는 하였지만, 이후 여러 예들에 동일한 모델을 적용시키는 과정에서 의미 부분에서 구조의 차이를 두는 방식에만 의존한다면 설명의 시도 자체가 무색한 결과들이 많이 발견되기에 이르렀다.

이와 같은 사실은 촘스키가 제안했던 통사적 접근 방식이 모든 상태를 총망라하지 못한다는 점을 알게 해주었다고 말할 수 있다. 따라서 통사적 설명을 위하여 제안되었던 심층단계 및 표층단계 이외에도 문장 전체의 의미적 특성을 제대로 분석하기 위한 별도의 방법이 재고되어야 한다는 당위성이 부각되었고, 최근까지 이론의 주축을 형성하였던 모델에 수정이 첨가되면서 문제점으로 나타났던 부분까지도 설명 범주에 포함시키기 위한 모델 수정이 진행되었고, 이 과정에서 더욱 설명 능력을 강화시킨 수정 증강을 거친 모델이 제시되면서 문장의 의미적 특성까지 통괄할 수 있는 '생성변형문법 증강' 방식이 제시되기에 이르렀다.

여기서는 이와 같은 변화의 주요한 동기 부여 요인이었던 대표적인 두 가지 경우들을 제안하고 어떤 이유로 기존의 구조 중심 모델로만 설명을 진행하는 데 무리수가 발생하는가를 살펴보려고 한다.

1.1.3.2.1 부사의 중의적 역할

초기 문법 모델에서 촘스키가 제안하여 시작된 변형생성문법은 우선 다음 문장의 분석에 적절하게 대처하기가 어렵다.

John almost killed Mary.

이 문장의 의미는 크게 셋으로 다시 해석될 수 있다. 각각의 의미를 제시하면 다음과 같다.

i. John took a shot at Mary. Mary is in critical condition in a hospital.
    (John이 Mary를 총으로 쐈다. Mary는 지금 중상으로 병원에 있다.)
ii. John had a plan to kill Mary, but didn't go through with it in the last minute.
    (John이 Mary를 죽이려 했지만 마지막 순간에 계획을 포기하였다.)
iii. John devised a process which would put Mary to death but didn't trigger that process.
    (John이 Mary를 죽이려 절차를 세웠지만 시작도 하지 않았다.)

주어진 문장의 핵심 의미를 결정하는 심층구조에서 동사 'KILL' 과 더불어 부사 'ALMOST'의 해석 방식에 따라 나타나는 세 가지의 다른 의미가 구조적 접근만으로 설명할 수가 없다. 이처럼 의미가 다양한 모습을 보여주는 또 다른 예로서 한국어에서는 조사의 분포로 반영되는 영어 부사 'even'에 관하여 생각해보기로 하겠다. 이 부사를 한국어로 해석하는 경우 '가' 그리고 '도'를 생각해 볼 수 있다. 한국어에서는 조사의 사용에 따라 문장의 의미가 상당히 달라지는 것을 여러 곳에서 찾을 수 있다.

영어에서 문장의 시작을 'even'으로 시작한 예들은 여러 의미를 가리키기도 한다. 그러나 이와 같은 의미의 다양화 현상은 통사론에서 제시한 심층구조인 기저형과 표층구조인 표층형의 설정과 함께 변형규칙의 적용 방식만으로는 설명하기가 어렵다. 왜냐하면 'even'을 사용한 문장이든 동일한 부가를 포함하지 않는 문장이든 해당 부사의 유무를 떠나서 구조적으로 어떤 차이를 표시하기가 쉽지 않기 때문이다.

다음의 예문들은 적절하게 설명하기 위해서는 문장 의미 이해를 도울 수 있는 '전제(presupposition)'를 설정해야 한다. 첫 번째 경우의 'even'에서는 '방정식이 아주 쉽다' 또는 'Sue가 방정식을 풀지 못한다'는 상황에 관련된 전제 부분을 반드시 이해하고 있어야 한다. 두 번째의 'even'에서는 시험문제의 난이도에 연관된 내용이 전제되어야 한다. 즉 'John이 시험에 대하여 문제점이 있다' 또는 '시험이 쉽다, 시험이 어렵다'라는 내용을 미연에 인지하고 있어야 문장 전체 의미를 이해하는 것이 가능하게 된다.

Sue could have solved that equation.
(Sue가 그 방정식을 풀 수 있었을 것이다.)

Even Sue could have solved that equation.

(Sue(도) 그 방정식을 풀 수 있었을 것이다.)

John passed that exam.

Even John $\left\{\begin{array}{l} \text{passed the exam.} \\ \text{failed the exam.} \end{array}\right.$

(John(도) 그 시험에 통과(실패)하였다.)

따라서 위 문장들의 의미를 확인하는데 두 측면에서의 전제 조건 등이 제시되어야 하지만, 개인의 능력 또는 문제 자체의 특성 등에 관련된 사전적 정보를 알지 못한다면 구조적인 차이만을 규명하려는 시도만으로 문장의 다양한 의미를 설명하는데 난관에 부딪치게 될 것이다. 따라서 이전의 촘스키의 모형에서는 지금까지 언급한 전제 상황들을 성공적으로 반영하는데 무리가 있었다. 그 이유는 전제에 연관된 내용 등이 문장 구조 범위 밖에 해당하기 때문이다.

1.1.3.2.2 다른 주어 그리고 동일 의미

영어 문장 중에는 앞서 보였던 예들과 마찬가지로 구조적 차이로만으로 설명이 가능하지 못한 또 다른 예를 발견할 수 있다. 다음의 예를 살펴보면 각 문장들 내부에 주어와 목적어의 위치가 바뀌었을지라도 모든 문장의 의미가 동일함을 발견할 수 있다. 촘스키의 기존 모델에만 의존해서는 이와 같은 현상은 확실하게 설명할 수 없다. 주어와 목적어의 어순이 심층구조에서 다르게 표시되면 의미도 더불어 달라져야 하지만, 주어 위치의 단어들 달라진다고 하여도 이들 예문들은 '문이 열렸다'는 핵심적 의미에서 동일하다는 사실에 주목해야 한다.

John   opened the door   with the key.

<u>Agent</u>   <u>Object</u>   <u>Instrument</u>

(주어)   (목적어)   (도구)

The key opened the door.

<u>Instrument</u>

('도구'의 주어 역할 담당)

The door opened

<u>Object</u>

('목적어'의 주어 역할 담당)

1.2　촘스키 이론 중심의 언어학 이해

　지금까지 보였던 설명들은 촘스키가 제안하였던 변형생성문법 이론의 태동 및 이론의 적절성을 제시하는 데 할애된 내용이라고 정리해볼 수 있다. 이미 말했듯 이 이론의 중심은 별도의 계층들을 설정하고 여기서 제안하였던 기저형 및 표층형을 중심으로 이들 두 단층들 사이를 연결시키는 과정을 '변형'으로 보았던 두 방법을 주축으로 하고 있다. 여기서 변형이라는 용어는 촘스키가 제시하는 생성변형문법의 핵심적인 개념이며, 별도의 계층들은 촘스키 이론의 모델을 설계하는 데 절대적인 요인이 된다. 이들 전체를 아우르는 이론의 주축으로서 언어의 현상들을 설명하기 위한 모델을 '생성변형문법' 방식이라고 명명하였다. 촘스키를 위시하여 이 이론을 따르는 수많은 학자들은 이와 같은 방식을 토대로 통사적 설명은 물론 언어학에 포함된 음성학 및 음운론, 형태론, 의미론 등을 총망라하여 설명을 진행하는 데 많은 노력을 경주하였고, 이 과정 속에서 많은 논문들이 출현하기에 이르렀다. 이후 장에서는 언어학에 포함된 분야들 설명이 무엇이 존재하며, 앞서 언급한 이론을 중심으로 해당 분야들을 어떤 방식으로 설명하는지를 하나씩 짚어 가보려고 한다.

생성변형문법 모델

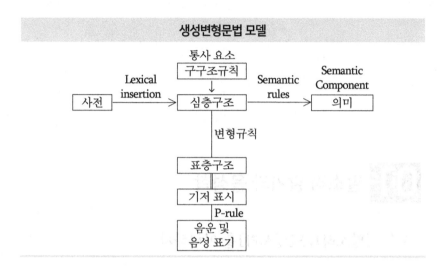

IX 음성학의 이해

01 말소리 알기와 음성학

1.1 [말소리]와 [말쏘리]를 이해하자

얼마 전 TV를 보면서 재미있는 장면을 발견하게 되었다. 아이들에 대한 교육 프로그램이었는데 진행자는 동물들이 내는 소리를 들려주고는 어떤 동물인지를 택하도록 하는 것이었다. 물론 아이들은 어렵지 않게 동물 그림을 소리에 따라서 잘 선택하였다. 가족들과 그 장면을 보면서 진행자의 발음에 무심코 귀를 기울이게 되었는데, 동물의 이름과 '소리'라는 단어를 연결하면서 만들어지는 발음에 특이한 현상이 있음을 알게 되었다. 동물과 '소리'를 합치게 되면 '소리' 부분이 글자 그대로 '[소리]'로 발음되지만, 동물이 아닌 다른 단어와 연결되면 '소리'가 '[쏘리]'로 바뀌는 것이었다. 동물들 중에서 '개', '참새', '부엉이'를 '개소리, 참새소리, 부엉이소리'로 만들면 '소리'는 모두 '[소리]'로 들리지만, '차', '기차', '비행기'를 '차 소리, 기차소리, 비행기 소리'로 바꾸면 '소리'가 '[쏘리]'로 바뀌어 발음된다.

이런 현상은 동물 중에서 인간과 가장 가까운 '말(horse)'과 사람들이 대화로 사용하는 '말(language)'에 적용해 보아도 같은 결과가 나온다. 달리는 말을 '말소리(neigh, whinny)'로 바꾸면 '[말소리]'가 되지만, 사람의 말을 '말소리(human voice)'로 바꾸면 '[말쏘리]'가 된다. 진행자는 동물들의 울음소리('[울음쏘리]')를 들려주면서 계속 '[소리]'로 발음을 내다가, 사람이 내는 소리에서는 갑자기 '[쏘리]'로 발음을 바꾸어 버렸다. 물론 이런 현상은 나에게만 특별하게 들린 것일지 모른다. 가족들에게 설명해보았지만 의아한 얼굴로 내 말소리('[말쏘리]')를 듣고 있었기 때문이었다.

음성학이라고 명명되는 학문 분야는 당연히 인간이 서로의 의사소통을 위하여 사용하는 '[말쏘리]'를 연구하는 분야이기에, '소리'를 발음하는 중에 나타나는 차이점은 매우 중요하다고 생각한다. 우리가 단순히 '[말소리]'를 연구한다면, 음성학이 아니라 동물학의 한 분야를 관찰하고 설명하려고 하는 것이지만, 이미 밝혔듯이 달리는 말의 '[소리]' 따위는 우리에게는 그리 중요한 문제가 되지 못한다.

아침 일찍 출근을 서두르면서 흔히 듣게 되는 자동차 시동소리('[시동쏘리]')와 쌀쌀한 가을 아침의 바람소리('[바람쏘리]') 등이 우리 주변을 가득 채우고 있지만, 소리라고 다 같은 소리란 말인가? 음성 연구는 바로 이런 부분을 포함하여 인간이 만들어 내는 소리의 성격과 함께 연관된 여러 현상들을 설명하는 분야라고 말할 수 있다. 따라서 언어학의 측면에서 주의해서 관찰해야 하는 쓸데 있는 소리란 바로 인간의 말소리이며, '말소리'는 언어음(speech sound)으로 이해하면 될 것이다. 쓸데 있는 소리는 쓸데가 많으므로 연구할 가치도 충분히 있을 것이고, 이처럼 쓸데 있는 소리인 말소리를 '언어음'으로서 연구하는 분야를 바로 음성학(phonetics)이라고 한다.

세계적인 음성학자 Peter Ladefoged는 음성학이란 세계 언어에서 나타나는 언어음을 기술함과 동시에 언어음들의 성질과 패턴을 규명하고, 이들 언어음들이 어울리는 여러 환경에서 어떻게 변화하는가를 설명하는 분야라고 하였다. 보다 중요한 것은 음성학자들은 입 밖으로 나온 소리들이 의미를 갖는다는 특성이며, 이들 소리들의 어떤 측면이 의미를 가리키면서 언어 행위에 필요한가를 확인해야 하기 때문에, 인간들이 '[말소리]'를 들을 때 상호 어떤 반응을 보이는지에 대한 이해에 관해서도 아울러 언급하였다

> **참고 내용** [말소리]에 대하여 좀 더 설명하면, 동물의 명칭 이후에 나오는 단어의 첫 자음을 강하게 발음하는 것은 '소리'에만 제한된 것은 아니다. 동물의 명칭을 다른 의미의 단어로 바꾸면 동일한 현상을 보이는 예들은 한국어에서 얼마든지 있다.
>
> 쥐구멍 [쥐구멍] ↔ 귀구멍 [귀꾸멍]
> 양다리 [양다리] ↔ 상다리 [상따리]

1.2 소리 생성은 날숨으로부러

사람들이 언어를 이행하는 과정을 가장 쉽게 알 수 있는 방법은 바로 말소리를 듣는 것이다. 그러나 말소리는 태어나자마자 저절로 형성되는 것은 아니다. 말소리를 확실하게 하는데 상당한 시간이 소요된다는 사실을 설명하고자 얼마 전 광고에 나온 것을 이야기

하려고 한다. 한 장면에서 아기가 전화기를 통하여 아빠 목소리를 듣자마자 '아빠빠빠'라고 별로 분명하지 못한 소리를 내자, 아기 아버지가 '아빠'를 말한 것으로 생각하고 너무 기뻐하는 장면이 방송된 적이 있었다. 그렇지만 다른 사람이 들을 때 아기가 과연 '아빠'를 정확하게 발음할 줄 알아서 그렇게 말한 것인지 확신하기 어려울 것이다. 그 이유는 아이들은 어릴 적에 외부 상황에 대하여 자신도 알 수 없는 소리를 이용하여 반응하는 경우가 얼마든지 있기 때문이다. 다만 아기 아빠는 자신을 부르는 소리를 듣고 싶은 나머지 아기가 유사한 소리만 내어도 마냥 기뻐할 수밖에 없을 것이다.

이처럼 우리가 일상적으로 사용하는 말소리는 결코 우연히 이루어진 것이 아니다. 말 되는 소리, 즉 쓸데 있는 소리를 올바로 발음하기 위해서 사람의 입은 잠시도 쉬지 않고 많은 노력을 수행해야만 한다. 하지만 엄청난 노력 후에 개별 소리만을 발음할 수 있다고 해서 모든 사람들이 정상적인 말소리를 내는 것은 아니다. 각 소리들의 발음을 산출하는 것 이외에 이들 소리들을 결합시킬 수 있는 능력도 가지고 있어야 한다. 이런 분야를 연구하는 것을 일컬어 음성학에서는 조음음성학(articulatory phonetics)이라고 부른다.

조음음성학을 간략하게 소개하면, 이 분야는 인간의 여러 음성기관(organs of speech)에 의해 언어음이 어떻게 조음되는가 하는 즉, 그 언어음의 산출을 연구한다.

a. 날숨을 이용하여 소리를 만든다.
b. 턱이 위아래로 움직이면서 소리를 생성한다. 입안에서 (구강)아래쪽에 위치하고 있는 조음 기관들이 위쪽으로 움직인다.
c. 아래 쪽 조음기관들은 움직이는 거리를 최소로 하고자 한다.
d. 제한된 위치만이 소리를 생성하는데 이용된다.

비록 인간이 소리를 만들어낼 때마다 정확하게 같은 장소로만 움직이지는 않고 약간씩의 차이가 있을 수 있다. 그러나 그 정도의 차이는 소리를 만드는데 결정적인 역할을 하지 못한다. 이처럼 사람이 소리를 만들 때마다 조음소를 정확하게 똑같이 움직일 수는 없는 것을 극복하기 위하여 기계를 이용하면, 모든 소리에 약간의 차이가 있음을 찾아내어 동일하게 만들 수 있다

아기가 발음하는 '아빠'라는 소리가 입을 떠나 상대방에게 전달될 때, 그 소리가 입 밖으로 나왔다고 해서 무조건 상대방이 알아들을 수 있는 것은 아니다. 왜냐하면 말소리가 전달되기 위해서는 '공기'라는 전달체가 있어야 하기 때문이다. 우리의 눈에는 보이지 않지만 소리의 전달 매개체는 공기이고, 공기의 진동을 통해 소리가 전달된다. 그러므로 진공 상태에서는 아무리 소리를 쳐도 들리지 않는다. 요즈음은 과학의 발달로 눈에 보이지 않는 공기 중의 음파와 모양을 눈으로 볼 수 있게 하였다. 음향음성학(acoustic phonetics) 분야에서는 이처럼 소리의 물리적인 성질을 활발히 연구하고 있다. 즉 공기 중의 음파가 어떻게 전하여지는가 하는 언어음의 전달 과정을 가리키는 소리 연쇄(The Speech Chain) 과정을 체계적으로 다룬다.

입 밖으로 나온 '아빠'라는 소리는 공기를 타고 상대방 귀에 전달이 된다. 상대방은 이를 지각하고 반응을 나타낸다. 만일 이 소리를 듣고 반응을 보이지 않는 사람이 있다면 오늘 당장 이비인후과나 전문적으로 상담할 수 있는 사람을 만나야 한다. 이비인후과 문제가 아니고 단지 귀로 전달된 소리가 어떻게 이루어지는지 즉, 언어음의 청취(speech reception)에 관심이 있다면 청음음성학(auditory phonetics)을 연구하면 될 것이다.

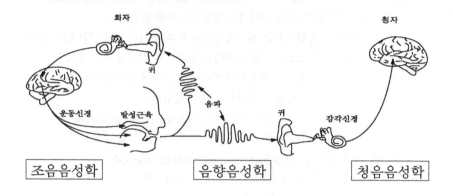

〈음성학 연구를 구성하는 분야〉

화자

청자

귀

운동신경　발성근육

음파

귀

감각신경

| 조음음성학 | 음향음성학 | 청음음성학 |

위의 세 가지 음성학 분야 중 가장 오래되고, 가장 확립되어 있으면서 관찰이 용이한 분야는 조음음성학이다. 그 이유는 자기 자신이나 상대방이 어느 정도 실험대상이 쉽게 될 수 있기 때문이다. 음향음성학은 1940년대 스펙토그래프(spectrograph)의 발명 이후로 급속히 발전하였고, 보다 최근에는 컴퓨터의 하드웨어 및 소프트웨어 등의 발전과 더불어 많은 연구가 진행 중에 있다. 한편, 청음음성학은 소리를 사람들이 어떻게 느끼는지 등이 중시된 분야라고 볼 수 있기 때문에 과거 세종대왕 시대 훈민정음에서 소리 차이를 설명하면서 된소리를 가리키는 '경음' 혹은 격한 소리를 가리키는 '격음' 등의 용어들을 통하여 내용을 짐작해 볼 수 있다. 따라서 과학적 접근 방식에 기준을 두고 있는 최근의 음성학 경향을 볼 때 이 방향에서의 발전이 두드러지지 못한 이유를 분명하게 이해할 수 있다.

소리 분류 방식

i. 조음적인 방법(생리학적 방법): articulatory(physiological) method
  · 소리들이 어떻게 어디에서 생성되는가를 관찰한다.
  · 19세기 유럽에서는 세계음성기호협회(IPA)가 설립되었으며, 협회에서 음성 기호를 통일한 방법은 조음적인 방법을 따른 것이다.
  · 자신들의 연구를 조음적인 방법에만 초점을 맞추었으며, 다른 부분에 대한 개념에 대하여 관심을 두지 않았다.
ii. 음향학적인 방법(물리적인 기준): acoustic(physical) method
  · 스펙토그래프와 같은 기계적인 장치가 주로 사용됨
iii. 청각 위주 방식(auditory or impressionistic) method
  감각에 의존하여 소리를 분류하는 방법으로서 몇 가지 언어에서는 소리를 들리는 느낌에 따라 분류한다.

eg) muddy   clear   dark   light
    탁하다   맑다   어둡다   가볍다

1.3 말소리 종류

음성학을 전공하거나 혹은 음성학을 공부하는 사람들은 다른 전공자들과는 달리 이비인후와 관련된 최소한의 기본 의학 지식을 알고 있어야 한다. 음성이 인간 몸에서 생산되어 밖으로 나올 때 입과 목 그리고 폐는 상호 협조하여 작동하는 것을 관찰할 수 있다. 폐는 근육의 수축 운동을 통하여 공기의 흐름을 에너지로서 제공한다. 목에서는 목청이 공기의 흐름에 저항을 일으킴으로써 일반인의 귀로 인지할 수 있도록 물리적인 소리로 전환시키는데, 이때 저항의 정도는 목청 근육의 열림과 닫힘의 정도를 바탕으로 울림도가 상하로 변하는 것을 관찰할 수 있다. 입에 위치한 각 부위들은 공기의 마찰을 통하여 생기는 단순한 물리적 소리들을 대화의 수단으로 이용될 수 있는 음성으로 조정하는 역할을 수행한다.

1.3.1 모음과 자음

1.3.1.1 모음에 대하여

우리의 말소리는 너무도 공평하게 딸과 아들을 두었다. 즉 모음
들과 자음들이다. 사람의 경우 딸과 아들을 결정짓는 요인이 X 염
색체와 Y 염색체의 유전자 결합에 의해서라면, 말소리가 둘로 분리
되는 것은 폐에서 나오는 공기의 흐름이 장애를 받느냐 받지 않느
냐에 따른다. 비교적 공기가 자유롭게 흘러나와 만들어지면 모음이
되고, 조금이라도 장애를 받으면서 만들어지면 자음이 된다.

모음들은 몇 가지 기준에 의하여 다시 분류될 수 있다. 입안에서
가장 높은 위치를 차지하고 있는 [i, ɪ, u, ʊ]이다. 이들은 혀의 가장
높은 위치에서 만들어지며 고모음(high vowel)이라고 일컬어진다.
중간 모음들은 중간 위치를 차지하고 있는 [e, ɛ, ə, ʌ, o, ɔ]이다.
이들은 혀의 중간 위치에서 만들어지며 중모음(mid vowel) 소리들
이 된다. 막내들은 가장 낮은 위치에서 나며 [æ, a, ɑ]가 여기에 해
당한다. 이들은 혀의 가장 낮은 위치에서 만들어지므로 저모음(low
vowel)이라고 하며 막내들이 된다. 고모음, 중모음, 저모음에 해당
하는 모음들은 혀의 앞-뒤 위치에 따라 전설모음(front vowel)인
[i, ɪ, e, ɛ, æ], 중설모음(central vowel) [ə, ʌ] 후설모음(back vowel)
[u, ʊ, o, a, ɑ]으로 나뉜다. 조음기관의 긴장도에 따라서 모음들은
또다시 분류가 된다. 혀가 긴장되어 나는 긴장모음(tense vowel)
[i, e, a, o, u]과 혀가 이완되어 나는 이완모음(lax vowel) [ɪ, ɛ, ə,
ɔ, ʊ, ʌ]이 있다.

혀의 높이		혀의 전후	
고모음	[i, ɪ, u, ʊ]	전설모음	[i, ɪ, e, ɛ, æ]
중모음	[e, ɛ, ə, ʌ, o, ɔ]	중설모음	[ə, ʌ]
저모음	[æ, a, ɑ]	후설모음	[u, ʊ, o, a, ɑ]

조음기관의 긴장도		입술 둥글게 하기	
긴장모음 (tense)	[i, e, a, o, u]	원순음	[u, ʊ, o, ɔ]
이완모음 (lax)	[ɪ, ɛ, ə, ɔ, ʊ, ʌ]	비원순음	[i, ɪ, e, ɛ, a, ə, ʌ]

	front	central	back
high	i (beat) ɪ (bit)		u moon) ʊ (pull)
mid	e (say) ɛ (set)	ə (up) ʌ (but)	o (over) ɔ (fall)
low	æ (sat)	a (buy)	ɑ (hot)

1.3.1.2 자음에 대하여

자음은 어디에서 공기의 흐름이 방해를 받는가를 보는 소리 생성 장소(place of articulation)와 방해를 받는 현상이 어떠한가를 보는 소리 생성 방법(manner of articulation) 두 기준으로 만들어진다. 영어에 있지 않는 것 모두를 포함하면 11개 정도로 자음을 분류할 수 있다. 그렇지만 모든 언어들이 11개 음 모두를 사용할 필요는 없다. 몇몇 언어들은 11개 보다 적게 또는 많이 사용할 수도 있다. 다만 모든 언어에는 최소한의 공통된 소리들이 있는데 [p, t, k]가 그들이다. 그러나 하와이 지역의 언어에는 'k' 대신에 'ʔ'이 최소의 소리로 사용되는데 이것은 역사적으로 'ʔ'가 'k'에서 유래된 것임을 밝힘으로써 'k'가 여전히 최소 음성 그룹에 속한다는 사실을 알 수 있다.

앞서 자음을 분류하기 위하여 연관된 조음 기준들을 토대로 자음 분류도표를 만들 수 있으며, 도표 형식은 다음과 같다.

조음위치 / 조음방법	양순음 Bilabial	순치음 Labiodental	치음 Dental	치경음 Alveolar	경구개 치경음 Palato-alveolar	경구개음 Palatal	연구개음 Velar	성문음 Glottal
폐쇄음 Stops	p b			t d			k g	
마찰음 Fricatives		f v	θ ð	s z	ʃ(=š) ʒ(=ž)			h
파찰음 Affricatives					ʧ(=č) ʤ(=ǰ)			
비음 Nasals	m			n			ŋ	
설측음 Lateral				l				
접근음 Approximant	(w)			r		y	w	

1.3.1.2.1 조음 장소에 따른 자음 분류

자음을 분류하는 한 가지 방법은 음이 입안 어디에서 생성되는가를 보는 것이다. 앞에서 폐에서 올라온 공기가 조음 장소들인 입술, 치아, 치경, 경구개, 연구개, 성문 등에서 장애를 받아 음이 생성되며, 그 장애를 받아 생성된 음은 그 부위에 따라 명칭이 붙여진다고 하였다. 이제 장애를 받는 그 장소에 따라 구체적으로 어떤 음들이 있는 살펴보도록 한다.

① 양순음(bilabial)
pie, bye, man, what 같은 단어의 어두에서 보듯이 이 자음들은 모두 아랫입술이 윗입술에 맞닿아 입을 완전 폐쇄한 다음 입이나 코로 공기를 터트려 내는 음이며 [p], [b], [m], [w]가 있다.

② 순치음(labiodental)
five, video 같은 단어의 어두에 오는 자음으로, 윗니를 아랫입술에 살짝 닿게 하여 내는 음이며, [f], [v]가 있다.

③ 치음(dental)
this, they 같은 단어의 어두에 오는 자음으로, 설첨(혀끝)을 윗니와 아랫니 사이에 내밀어내는 음이다. 이 때문에 치음을 치간음(interdental)이라고도 하며 해당하는 자음으로는 [θ], [ð]가 여기에 속한다.

④ 치경음(alveolar)
ten, deep, sky, zero, night, lay, right 같은 단어의 어두에 오는 자음으로, 설첨 또는 설단을 치경에 닿거나 접근시켜 내는 음이며, 해당 자음으로는 [t], [d], [s], [z], [n], [l], [r] 등이 있다. 다만 [r]에 대해서는 학자에 따라서 분류 방법에 다소 차이가 있기도 한다.

⑤ 경구개 치경음(palato-alveolar)

she, judge, chair 같은 단어의 어두에 오거나 vision에서 밑줄 친 부분에 나타나는 자음으로, 설단을 치경과 경구개의 경계부분에 가까이 접근시키는 동시에 전설 부분을 경구개에 가까이 접근하여 내는 음이며, 해당 자음으로는 [ʃ], [ʤ], [ʧ], [ʒ] 등이 있다.

⑥ 경구개음(palatal)

yes, yacht 같은 단어의 어두에 나타나는 자음으로, 전설 부분이 경구개에 가까이 접근하여 내는 음이며, 해당하는 자음으로 [j]가 있으며, 영어 사전에 따라서 동일한 발음을 표기할 때 [y] 표기를 사용하기도 한다.

⑦ 연구개음(velar)

king, good 같은 단어의 어두와 sing의 어말에 나타나는 자음으로, 후설을 연구개에 닿게 하여 공기를 완전 폐쇄한 다음 후설을 낮추어 입 또는 코로 공기를 방출하여 내는 음이다. 이에 해당하는 음으로는 [k], [g], [ŋ] 등이 있다.

⑧ 성문음(glottal)

high 단어의 'h' 어두음과 beaten의 밑줄 친 부분에서 나타나는 자음으로, 조개 또는 커튼의 형태를 연상시키는 양쪽 성대들이 벌어짐 그리고 오므라짐을 반복하는 운동 속에서 주위를 지나가는 공기기 마찰되어 만들어지는 소리와 함께 오므라짐 이후 양쪽 성대들을 완전히 밀착시켜서 성문을 완전하게 막아 버리는 상태를 잠시 지속되었다가 두 성대들을 순간에 열어버리는 폐쇄-파열 형태의 변화 과정에서 생산되는 소리를 가리킨다. 여기에 해당하는 자음은 [h], [ʔ]

등이 있다.

1.3.1.2.2 조음 방식에 의한 자음 분류

음성적으로 생산되는 소리들을 기술하고 분류하는 조음 수단의 하나로서 조음 장소에 관해 살펴보았다. 그러나 조음 장소에 의한 분류는 소리를 완전하게 규명하는데 충분하지는 못하다. 그 이유는 동일한 조음 장소에서라도 어떤 방식으로 장애가 발생하는가에 따라서 소리의 형태가 달라질 수 있다. 즉 마찰이나 폐쇄 등의 방식에 따라 아주 다른 음성이 만들어질 수 있다. 이제부터는 이러한 측면에서 소리 성격을 살펴보려고 한다. 조음 방식으로 음을 분류하는 아주 기본적인 두 단계가 있다. 첫 단계는 성대가 진동하는지 그렇지 않는지를 보는 것이다. 두 성대 근육이 있어서 서로 가까이 인접하면 진동이 되어 유성음이 되고 그렇지 않으면 무성음이 된다. 두 번째 단계는 만들어진 음이 어떤 통로를 통해 나가는가를 보는 것이다. 즉, 조음된 음이 입으로 나가면 구강음이 되고, 코로 나가면 비강음이 된다. 이제 좀 더 구체적으로 어떤 방식에 의해 자음이 어떻게 분류되는지 살펴보려고 한다.

① 폐쇄음(stop)(혹은 파열음(plosive))
pen, bat, take, dead, king, gas 같은 단어의 어두에 나타나는 음으로서, 폐에서 올라온 공기를 입안에서 어느 지점에서 완전히 막아(폐쇄) 압축된 공기를 갑자기 터트려(파열) 생성하는 음을 말한다. 이러한 이유로 폐쇄음이라고도 하고 파열음이라고도 한다. 이에 해당하는 음으로는 [p], [b], [t], [d], [k], [g] 등이 있다.

② 마찰음(fricative)

five, vice, think, this, see, zoo, ship 등의 어두와 pleasure 중간 's' 등에서 나타나는 음으로서, 입안의 조음기관을 조음점에 아주 가까이 접근시킴으로 생긴 좁은 통로를 통해, 폐에서 올라온 공기가 지나가면서 마찰이 이루어져 나는 음을 말한다. 이에 해당하는 음으로는 [f], [v], [θ], [ð], [s], [z], [ʃ], [ʒ] 등이 있다.

③ 파찰음(affricate)

church, judge 같은 단어의 어두와 어말에서 나타나는 음으로서, 폐쇄음으로 시작하여 마찰음으로 끝나는 음이다. 폐에서 올라온 공기가 일단 입안에서 일차적으로 폐쇄가 된 다음 곧바로 마찰이 동시적으로 이루어져, 자연 입 밖으로 음이 폐쇄음보다 지연되어 방출되는 음을 말한다. 이에 해당하는 음으로는 [ʧ], [ʤ]가 있다.

a. 파찰음은 두 개의 소리가 연속된 것이 아니며, 하나의 분절음이다.
b. 영어에서는 폐쇄음과 치찰음이 연속된 것을 찾을 수 없으며, 단지 치찰음과 폐쇄음이 연속된 것만을 볼 수 있다.

(eg) Why choose [h w a y t ʃ u z]

white shoes [h w a y t ʃ u z]

만일 파찰음을 두 개의 연속된 분절음 구조로 본다면 위 예의 'ʧ'에서는 't'와 'ʃ'가 아래의 't'와 'ʃ'와 일치되어야 한다. 이와 같은 상황 하에서는 위와 아래 예들을 음성적 정보에만 의지한다면 두 내용을 구분지어 듣는 것이 불가능해질 것이다. 그러나 청자들의 경우 위 예들의 차이를 분명히 알고 있다는 점을 참작한다면 'ʧ' 내의 't'와 'ʃ'를 분리해서 보지 말아야 한다는 점을 확실하게 알 수 있을 것이다.

④ 비음(nasal)

mail, nice, song 같은 단어에서 어두나 어말에 나타나는 음이다. 폐에서 올라온 공기가 입안의 어떤 부위에서 폐쇄가 된 다음, 목젖을 포함한 연구개를 아래로 낮춤으로, 비강을 통해 공기가 나가면서 생성된다. [m], [n], [ŋ] 등이 속한다.

⑤ 설측음(lateral)

lake, like 같은 단어의 어두에서 나타나는 음이다. 혀의 앞쪽 끝부분인 설첨을 치경에 닿게 하여 공기가 입안의 중앙에서 차단되게 한 후, 혀의 한쪽 또는 양쪽을 낮춤으로 공기가 어느 한 쪽으로 빠져나가게 하여 소리가 만들어진다. 이 설측음의 특징은 입안에서 장애는 받지만 마찰이 일어날 정도는 아니며, 계속해서 낼 수 있는 음이라는 점이다. 설측음은 [l] 뿐이다.

참고 내용

한국 사람이 영어를 배울 때 어려운 발음 중의 하나가 바로 [l] 발음이다. [l]을 발음할 때 혀끝을 치경에 붙이는 것은 필연적이나 혀 전체가 놓이는 모양은 비교적 자유롭기 때문에 혀의 앞부분, 가운데 부분 또는 뒷부분을 각각 경구개, 연구개에 접근시키는 것에 따라 소리가 조금씩 달라진다. 영어에서 /l/ 발음은 환경에 따라 대개 두 가지 소리로 발음된다. 하나는 leave[li:v]나 lady[leidi]처럼 혀끝을 치경에 붙인 채로 [i] 또는 [e]를 발음하듯 소리를 내는 경우인데, 이때 [l] 발음의 느낌이 맑다고 하여 'clear [l]'이라고 한다. 다른 하나는 feel[fi:l]이나 field[fi:ld]처럼 단어 끝이나 혹은 자음 바로 앞에 위치한 [l]은 혀끝을 치경에 붙인 채로 [u]를 발음하듯, 혀 뒤쪽을 올리고 소리를 내는데 이때 [l] 발음의 느낌이 어둡다고 하여 'dark [l]'이라고 한다. 따라서 milk의 [l]은 단어 뒷부분에서 자음 앞에 위치하고 있어서 'dark [l]'로 발음해야 한다. 영어 모국어 화자가 빠르게 말할 때 얼핏 들어보면 마치 한국어 단어 '미역'과 매우 유사한 인상을 받을 수도 있다.

⑥ 전이음(glide)(혹은 반모음(semivowel))

you, week 같은 단어의 어두에서 나타나는 음으로서, 한 모음에서 인접한 다른 모음으로 이동하면서 소리가 만들어진다. 전이음에 해당하는 음은 [j](=[y]), [w]가 있다. 전이음은 다른 용어로 반모음이라고도 한다. 그 이유는 전이음이 조음의 입장에서만 보면 모음에 속하는 경우들이 많이 나타나기 때문이다. 그러나 영어에서는 전모음은 실제로는 자음으로 보는 것이 맞다. 전이음은 어느 한 지점에서 조음이 시작되면 조음 기관이 그 자리에 머물러 있지 않고 다른 자리로 이동시키는 소리 미끄러짐을 보이는 특징이 있다.

⑦ 접근음(approximant)

접근음이란 두 조음 위치들에서 마찰을 통하여 만들어지지 않지만, 비교적 이들 조음 기관들이 가깝게 접근하여 생성되는 음을 가리킨다. 하지만 여기에 속하는 발음들로는 [r], [j], [w], [l] 등이 있으며, 이 음들은 조음 방식에 따라서 다시 두 부류로 구분된다. 즉 [r], [j], [w] 등은 공기가 입안의 중앙을 통과하여 나기 때문에 중앙접근음(central approximant)라고 하며, [l]은 공기가 중앙이 아닌 장애 요인이 없는 혀의 측면을 통과하여 나기 때문에 설측접근음(lateral approximant)이라고 한다.

⑧ 장애음(obstruent) 그리고 공명음(sonorant)

음향학적으로 분석할 때, 자음 중 폐쇄음, 마찰음, 파찰음 등이 장애음으로 분류한다. 그 이유는 성대의 진동유무에 따라 유성과 무성의 대립을 가지며, 폐에서 올라온 공기가 많은 장애를 받아 소음(noise) 형태로 나타나며, 조금은 시끄러운 음을 생각해볼 수 있다. 이에 반해 공명음은 공기가 그다지 장애를 받지 않으며, 언제나 성대가 진동하는 유성음인데, [m, n, ŋ, l, r, j, w], 그리고 모음 전체가 여기에 속한다.

⑨ 치찰음(sibilant)

치찰음은 다른 음보다 소리가 거칠고 강하며, 발음이 아래에서 위로 치켜 올라가는 경향이 있는 음을 가리킨다. 소위 쉿 소리가 나는 것을 말하는데, 치찰음에는 마찰음 가운데 [s, z, ʃ, ʒ]와 파찰음이 포함된다.

⑩ 유음(Liquid)

주로 [l, r]을 별도로 분류하여 칭한다. 다만 영어에서 뿐만 아니라 다른 언어에서도 이에 관련하여 다양한 소리를 발견할 수 있다. 특히 유럽을 중심으로 사용되는 언어들에서 여기에 관련된 소리들을 발견할 수 있으며 그 종류들은 다음과 같다.

clear	[l]	: 영어에서 단어의 시작에서 나타남.
		'live'[liv]
dark	[l]	: 영어에서 단어 끝 혹은 다른 자음 앞에서 나타남.
		'feel' [fiːɫ] (Velarized [ɫ] 로 명명하기도 함)
fricative	[l]	: ll => Lloyd (Welsh)
fricative	[r]	: Dvořak (Russian lg.)
trill	[r]	: 혀끝을 경구개 부위로 빠르게 움직이는 동작의 연속에서 발음됨.
		' señora'
tap	[ɾ]	: 혀가 입천장 중 한 장소에 닿자마자 즉각 위아래로 동작을 하면서 발음됨.
		' water' 'forty' 'pretty'
		(소리 변이) t → d → ɾ → (소리 소멸)
		'litttl' [litɫ] → [lidɫ] → [liɾɫ] → [liØl]

uvular trill   [ʀ]   'r' 발음 (French)
                       'rouge'(red)

02 음파를 넘어서

음향음성학(acoustic phonetics)은 공기 중의 음파를 기계로 잡아서 음파의 물리적인 특성에 의하여 말소리를 연구하는 음성학의 분야이다. 이 목적을 위해서 많이 사용되는 기계가 음향분석기(sound spectrograph)이며, 음향분석기에 의해 기록된 결과를 가리키는 스펙트로그램(spectrogram)은 이른바 '소리의 사진'으로서 그 내부는 자음보다는 모음에 반응한 결과를 포함하고 있으며, 소리 특성을 분석하는데 널리 이용되고 있다.

다음은 스펙트로그램으로 표기되는 그래프를 가리킨다. 세로축은 소리의 주파수(frequency: F)를 나타내며 오른쪽 축은 말소리를 발화하는 데 걸린 시간(time: t)을 나타낸다. 검은 띠 모양으로 보이는 것을 포먼트(formant)라 하며 모음은 포먼트가 선명하게 구름층과 같은 양태로 나타난다. 발화시간이 비교적 긴 모음의 포먼트가 눈에 확연히 띄게 분명히 나타나 있다. 그러나 자음은 이러한 선명한 포먼트가 없이 모음 좌, 우의 약한 띠로 마치 흔적처럼 보이기도 한다. 모음은 주로 첫 번째 (F1)와 두 번째 (F2) 포먼트인 F1, F2 등의 해당 주파수에 의하여 구분되며, 자음 중에서도 공명음 자음들 경우에는 두 번째 F2와 세 번째의 포먼트 F3의 주파수로 구분하기도 한다. 다음의 스펙트로그램은 단어 'phonetician'을 발음한 결과를 표시한 것으로서 참고하기 바란다.

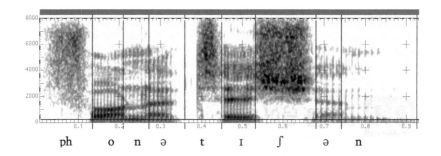

ph o n ə t ɪ ʃ ə n

　음향음성학은 1950년대 이후 기록 방식의 발달로 시작되었고, 일
반 대중의 지식을 넘는 전문적 지식을 요하며 또 연속적인 음성 표
기들을 어떤 방식으로 분리시키면서 불연속적인 소리 단위로 분석
해야만 하는 난점을 지니고 있다.

**참고
내용**

a. 음파(sound waves)의 주파수(frequency)와 진폭(amplitude)은 조음음
성학의 무엇과 관련이 있는가?
주파수(freqeuncy)는 진동이 1초 동안에 공기 압력 속에서 반복되는
수를 말한다. 이것은 조음음성학과 관련시켜 보면 주파수는 말소리
의 높고 낮음을 가리키는 고저(pitch)와 관련이 있다. 진폭(amplitude)
은 진동하는 공기분자가 움직이지 않는 정지점으로부터 진동의 움직
임에서 극점에 이르기까지 변위 정도를 말한다. 이런 점을 감안해 보
면 진폭은 말소리의 강하고 약함을 표시하는 강세(stress)에 관련된다.

b. 다음은 모음의 제1포먼트 F1 280Hz, 제2포먼트 F2 2250Hz, 제3포먼
트 F3 2980Hz를 그래프 형식으로 보여주고 있다. 다음에 해당하는 모
음은 어느 것인가? (가로는 시간, 세로는 주파수)

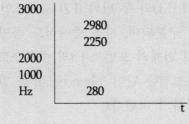

<정답> [i]

<설명> 대개 F1은 모음의 높낮이를, F2는 모음의 입 구조상 전후위치를
식별하게 하는 역할을 담당한다. 조음할 때의 혀의 위치가 높이 올라
가는 고모음(high vowel)일수록 F1의 주파수 수가 낮고, 전설모음
(front vowel)일수록 F2의 수치가 높아진다.

c. 다음은 모음의 제1포먼트 F1 280Hz, 제2포먼트 F2 870Hz, 제3포먼트
F3 2250Hz를 주파수의 수치로 나타낸 것이다. 다음에 해당하는 모음
은 어느 것인가? (가로는 시간, 세로는 주파수)

```
3000
              2250
2000
1000
              870
Hz            280
                        t
```

<정답> [u]

X 음운론의 이해

01 대립에서 대화로

한국말에서 두 단어 '개' 그리고 '게'를 구분할 수 있는 방법이 무엇일까? 바로 모음을 보면 두 단어가 다른 대상을 가리키는 근거가 된다는 면을 이해할 수 있다. 단순히 소리만을 들을 때는 마치 동일한 발음처럼 오해할 수도 있지만, 글자를 통해서 보면 '개'는 강아지를 가리키며, 영어로 dog라고 말할 수 있으며, '게'는 주로 바닷가에서 볼 수 있는 crab을 가리킨다. 나는 이 예를 말할 때는 종종 샌프란시스코가 생각난다. 몇 년 전 여러 동료 교수들과 미국을 방문하면서 공교롭게 당시 그곳에서 생일을 맞이하게 되었다. 생일파티를 위해 인근 오클랜드 수산시장에서 '게'를 한 마리에 5불씩 주고 여러 마리를 샀다. 몸통의 크기는 필자의 두 주먹을 합친 것보다 조금 더 커서, 아무리 대식가였던 나였지만 한 마리만 먹고도 속이 든든해졌던 기억을 지금도 간직하고 있다.

다시 '개/게' 이야기로 돌아가면, 이 둘을 글로 썼을 때는 전혀 혼동이 오지 않지만(문자의 힘은 여기에서 여실히 진가를 보여주고 있다) 소리로만 듣거나 발음할 때는 자칫 혼동될 우려가 있을 수 있다. 그렇지만 두 단어에 포함된 모음들 /ㅐ/와 /ㅔ/는 분명하게 다른 소리이고, 이들의 발음 특징에 의하여 두 단어가 가리키는 의미 차이를 이해할 수 있다 이처럼 의미의 차이를 불러일으키는 기준이 되는 최소 정보 단위를 소리의 최소단위라고 보아야 하고, 음운론 분야에서는 이와 같은 최소 소리 단위를 가리켜서 음소(phoneme)라 부른다. '개/게'처럼 두 개의 단어 의미가 동일한 위치를 차지하고 있는 음소로 말미암아 뜻의 차이가 갖게 되는 예들을 하나의 짝으로 묶어서 최소대립쌍(minimal pair)이라고 부른다. 또 다른 최소대립쌍의 예들을 다음과 같이 제시할 수 있다.

\<한국어\>	\<영어\>
달 / 탈 / 딸	pen / ten / hen
발 / 팔	think/sink
돈 / 돌	feet / feel
모래 / 모레	bit/bat

우리말 속담에 '아' 다르고 '어' 다르다는 말을 다시 한 번 새겨보면 마치 음소 대립 두고 하는 말이 아닐까 싶기도 하다. 어쩌면 속담 하나에서도 선조들의 뛰어난 음운 지식을 엿볼 수 있는 것은 아닐까? 이 점을 잘 유의해서 앞으로는 '학실하게'보다는 '확실하게'라는 발음으로 정확한 정보 전달 시대를 살아가야 한다고 생각한다.

02 음운론에서의 분자 개념

2.1 분자의 형태

대립의 시작은 곧 우리에게 소리 차이를 인지하는 근거가 되며 여러 소리들 사이에서 발견되는 대립은 곧 소리들 각자자 보여주는 특성의 비교에서 시작된다. 즉 특성들을 하나씩 분리하여 분석함으로써 마치 물질의 특성을 규명하는 과정처럼 소리의 특징을 하나씩 정할 수 있게 되는데, 이때 특성들은 소리 하나를 구성하는 독립적인 요소로서 마치 물질과 물질을 형성하는 분자와 같은 관계를 생각해볼 수 있을 것이다.

지금까지 우리의 발화는 하나씩 분화된 분절음들의 연속으로 이루어지는 것으로 알려져 있다. 여기서 분절음이란 더 이상의 음운론적인 분석을 허용하지 않는 소리의 가장 작은 단위를 가리킨다. 그러나 분절음에 대한 이와 같은 견해는 분절음들이 서로 차이가 있음을 알 수 있게 해줄 수는 있지만, 경우에 따라 분절음들 사이에 연관성이 있을 수 있음을 설명하지 못하는 문제점이 있다. 예를 들면, {p, t, k}라는 분절음 집합과 {p, r, n}으로 이루어진 집합을 비교해보면, 전자의 경우는 집합의 성립 가능성을 세 분절음이 공유하고 있는 무성폐쇄음(voiceless stop)에서 알 수 있지만, 후자의 집합은 전자의 경우보다 집합 형성에 근거가 충분하지 못하다. 단순히 자음이라는 이유만으로 {p, r, n}을 묶을 수는 있겠지만 이런 기준만으로 소리들을 분류한다면, 영어에서 관찰되는 여러 종류의 음운 변화과정도 체계적으로 설명할 수 없다. 영어에서 무성폐쇄음의 특질을 공유하는 {p, t, k}는 특정 위치에서의 기식음화(aspirated)를 공통적으로 보여 주지만, 이와 같은 공통성은 {p, r, n}에서는 기대하기가 쉽지 않다. 그 이유는 기식음화와 같은 음운 현상은 무성폐쇄음에서만 발생하기 때문이다. 따라서 {r, n}처럼 유성음이면서 폐쇄음에 속하지 않는 소리들은 기식음화와 같은 음운 현상의 대상이 될 수 없다.

근대 언어학에서 발화와 함께 발생하는 소리 현상을 설명하면서 분절음에 대한 이해를 음소에만 국한시키지 않고, 소리의 성격에 따라서 음소를 더 작은 하위단위로 분류하였다. 이와 같은 하위단위는 변별적 자질(distinctive feature)로 명명되었으며, 마치 물질의 특성을 효과적으로 설명하려는 취지에서 물리학에서 분자를 물질의 하위단위로 설정한 것과 유사하게 생각할 수 있다. 언어학적으로 볼 때 구조주의 언어학 이론에서의 변별적 자질은 발화에 쓰이는 음성의 음향특질 가운데서 의미전달에 기여하는 자질(Bloomfield, 1933)을 가리키며, 음소의 변별적 대립체계를 규정하는 음성적 특질(Trubetzkoy, 1939: Prague 학파)이었다. 즉 구조주의에서 변별적 자질은 음소의 음운론적 의의와 대립구조를 체계적으로 수립하기 위한 수단이었다. 따라서 음소가 더 이상 쪼갤 수 없는 최소 단위만을 아니었던 것 같다.

생성음운론에서의 변별적 자질은 Jacobson and Halle(1956)의 음향자질(acoustic features)과 Chomsky and Halle(1968)의 조음자질(articulatory features)를 중심으로 한 것이었다. 예들 들면, 'time'과 'dime'에서 단어 초두에 위치하고 있는 /t/와 /d/ 두 음소가 이 단어들의 의미를 결정하는 핵심적인 음소들인데, 이들 음소들이 과연 음성적으로 어떻게 다른지를 설명하는 것은 유성(voiced)과 무성(voiceless)의 변별적 자질들이다.

생성음운론에서 변별적 자질의 특성

a. 모든 언어는 언어 보편적인 변별자질의 집합이다.

　→ 모음들의 특성을 뽑아 공동의 pool을 만들어 보면, 그 모든 음들을 설명할 수 있는 일정한 제한된 수의 특성을 찾을 수 있다.

b. 변별적 자질은 한 음의 구성성분

　→ 한 음은 자질의 묶음(bundle of features)이고, 각 자질은 음운론 기술의 최소단위이다.

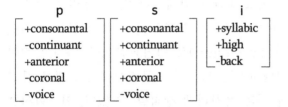

$$
\begin{array}{c}
\mathbf{p} \\
\begin{bmatrix}
+\text{consonantal} \\
-\text{continuant} \\
+\text{anterior} \\
-\text{coronal} \\
-\text{voice}
\end{bmatrix}
\end{array}
\begin{array}{c}
\mathbf{s} \\
\begin{bmatrix}
+\text{consonantal} \\
+\text{continuant} \\
+\text{anterior} \\
+\text{coronal} \\
-\text{voice}
\end{bmatrix}
\end{array}
\begin{array}{c}
\mathbf{i} \\
\begin{bmatrix}
+\text{syllabic} \\
+\text{high} \\
-\text{back}
\end{bmatrix}
\end{array}
$$

c. 변별적 자질은 이분적(binary)이다.

　→ 각 자질의 값을 + 혹은 -로 표기한다.

d. 변별적 자질은 자연군(natural class)의 설정을 가능하게 한다.

　→ 변별적 자질의 역할은 음운적 행동양식의 특질과 음운적 예측성을 제공하는 소리 집합들의 설정을 가능하게 한다.

　변별적 자질들 상황에 따라서 서로에 대한 상호 예측이 가능하게 해주는 경우가 있다. 이때 한 특정 자질에 의하여 자동적으로 예측될 수 있는 자질을 일컬어 잉여자질(redundant features)이라고 한다. 여기에 해당하는 예는 다음에 잘 나와 있다. 예를 설명하자면 왼쪽 편의 자질들만 알면 오른편의 자질들을 자동적으로 알 수 있음을 가리키는 것이다. 첫 번째 것은 자음으로 설정된 음소는 음절 구조에서 'peak'에 해당하는 위치에 있을 수 없음을 의미한다. 두 번째는 후설모음(back vowel)과 입술을 모으는 것(원순모음화)의 상호 관련성을 잉여자질 관계로 보인 것이다. 후설모음은 대개 입술을 둥그렇게 모으지 않으면 정확하게 소리가 나지 않기 때문에,

후설을 가리키는 [+back] 자질은 바로 입술을 모음을 나타내는 [+round]를 자연스럽게 수반한다. 세 번째는 고모음과 저모음의 관계를 잉여성으로 간주된다. 일단 혀가 고모음을 위하여 소리 형태를 취하게 되면, 저모음을 생성하기 위한 어떤 동작도 취할 수 없음을 의미한다. 따라서 왼쪽 편의 자질을 표시하게 되면 오른편의 자질은 별도로 표시할 필요가 없게 된다. 음운론에서는 이와 같은 소리 관계를 일컬어 잉여규칙(redundant rule)이라고 부르기도 한다.

[+consonantal]	→	[-syllabic]
[+back]	→	[+round]
[+high]	→	[-low]

2.2 분자의 모임 구성

변별적 자질의 구성은 여러 가지 방법으로 나눌 수 있다. 다음에 제시되는 내용은 분자에 해당하는 자질들을 어떤 방식으로 분류할 수 있는지를 보인 것이다.

ⅰ. 자질의 주요부류
C(onsonant)   V(owel)   G(lide)   N(asal)   L(iquid)   S(onorant)   O(bstruent)
자음   모음   전음   비음   유음   공명음   장애음

ⅱ. 자질과 조음방법
a. [+continuant] 공기가 구강내에서 계속하여 흐름: 모음, 전이음, 마찰음
   [-continuant] 공기가 구강내에서 완전히 막힘: 파열음, 비음, 파찰음
b. [+delayed release] 구강을 지속적으로 개방: 파찰음(파열음+마찰음)
   [-delayed release] 구강을 순간적으로 개방: 파찰음 이외 모든 자음.

c. [+strident] 마찰음과 파찰음에 해당하는 것으로 조음에 시끄러운 잡음이 발생: f, v, s, z 등의 치찰음

[-strident] 마찰 및 파찰의 기질이 없는 경우: θ, ð 등

d. [+lateral] l 음소처럼 구강측면 개방

[-lateral] (r을 포함한) 그 외 모든 자음

e. [+nasal] 비음

[-nasal] 그 이외 모든 자음

iii. 자질과 조음위치

a. [+anterior] 조음점이 치경부터 그 앞쪽: 치경음, 치음, 순치음, 양순음

[-anterior] 조음점이 치경부터 그 뒤쪽: 구개치경음, 경구개음, 연구개음

b. [+coronal] 혀의 앞부분(설단)이 중간의 위치에서 위로 올라가서 발음: 치경음, 구개치경음

[-coronal] 그 외의 음: 혀가 중간위치, 원래 위치에 있는 음, 모음에서는 중간 위치가 중모음임.

c. [+labial] 조음점과 조음자가 입술과 관련되는 자질: 자음(양순음, 순치음), 모음(원순모음, 반모음 중 w)

[-labial] 나머지 모든 발음

iv. 자질과 혀의 위치

a. [-back] 경구개를 포함하여 그 앞쪽에서 발음되는 자음, 전설모음

[+back] 연구개를 포함하여 그 뒤에서 발음되는 연구개음, 연구음화 된 음, 중설모음, 후설모음

b. [+round] / [+labial]: 원순모음, 양순자음

[-round] / [-labial]: 평순모음, 그 외 자음

c. [+high] 고모음, y, 구개음(치경구개음, 경구개음, 연구개음, 구개음화된 음)

[-high] 저모음, 중모음, 그 이외 자음

d. [+low] 저모음, 인두이하(인두음, 성문음)

[-low] 중모음, 고모음

ⅴ. **별도의 부차적 자질**

a. [+aspirated] 유기음(aspiration)을 가진 자음: p^h, t^h, k^h

[+spread glottis] 성대가 넓게 벌려 발음

[-aspirated] / [-spread glottis] 나머지 자음

b. [+glottalized]/ [+constricted glottis] 성문이 닫히거나 좁혀져서 나는 소리로서

p', t', k' 방식으로 표기

[-glottalized] / [-constricted glottis] 그 외의 소리

c. [+voice] / [+slack vocal fold] 유성음

[-voice] / [+stiff vocal fold] 무성음

d. [+tense] / [+ATR] 긴장모음

[-tense] / [-ATR] 이완모음

03 상보적 분포 역할

3.1 상보적 분포

상보적 분포(complementary distribution)란 두 음이 서로 배타적인 환경에 있을 때, 즉 단음들이 같은 음소를 이루기 위해서는 이들이 나타나는 환경이 같아서는 안 된다는 원칙이다. 다음 예에서 각각의 이음(allophone)들 즉, $[p^h]$, $[p^=]$, $[p^˺]$는 자기가 나타날 수 있는 환경에서만 나타나고 그 외의 환경에서는 나타나지 않는 상보적 분포 관계에 있다.

[p˺] - at the end of a word

단어 끝에 올 때 나타나는 소리

[p=] - after 's'

s 다음에 나타나는 소리

[pʰ]   - at the initial position of a word
　　　단어 앞에 올 때 나타나는 소리

3.2 이음의 이해

하나의 음소에 속하면서 상보적 분포 현상에 해당되는 '이음'들의 특성은 다음과 같다. 해당 소리들이 다음의 조건들을 갖출 때 이음으로 분류할 수 있으며, 위에서 언급한 상보적 분포 특성을 기대할 수 있다. 다음에서 '이음'에 관한 특성을 세 가지로 분류하여 생각해 볼 수 있다.

3.2.1 상호간 배타적인 성질

두 개의 음들 [X]와 [Y]가 주어졌다고 가정하고, 이들이 일어날 수 있는 환경을 밑줄 '___'로 나타내면, 상보적 분포에 해당하는 소리 X, Y 등이 전혀 겹치지 않는 상태로 나타난다(Bloch, 1953).

X _____
Y 　　　_____

3.2.2 음성적 유사성

다음에 제시된 [ŋ], [h] 등은 다음에 제시된 것처럼 단어 속의 분포에서 판단할 때 완벽하게 상보적 관계에 있는 것처럼 보이지만, 두 소리 사이에 음성적 유사성(phonetic similarity)의 부족 때문에 비록 두 음이 서로 동일한 위치에 출현하지는 않지만, 여전히 상보적 분포를 보인다고 보기 어렵다.

[ŋ] 영어에서 이 소리는 단어 맨 앞인 어두에 오지 않음.
    ring, song, lung, (영어에서 [ŋ] 표기는 'ng'로 나타남)
[h] 영어에서 이 소리는 단어 끝에 오지 않음.
    hill, ham, hight ('high'에서 두 번째 'h'는 발음하지 않음)

3.2.3 발생의 규칙성

이음의 발생은 규칙으로 설명할 수 있으며 모든 발성의 경우들은
반드시 외우고 있지 않아도 된다. 예를 들면 복수형의 '-s'가 어떻게
발음될 지에 관하여 일일이 기억하지 않아도 자동적으로 예측된다.

eg) desks [desks] 무성 음소 다음에서는 [s]
   legs [legz] 유성 음소 다음에서는 [z]
   piece [picɪz] 유사 음소 다음에서는 [ɪz]

04 초분절적 자질

이 주제에 대한 설명에 도움이 될까 해서 세월이 지난 이야기지만
여기에 덧붙이려고 한다. 당시 나는 미국 일리노이대학 언어학과 대
학원생이었는데, 저녁 시간에는 다음 날 교과 준비를 위하여 도서관
에서 시간을 보내고 있었다. 일리노이대학교 도서관 구조를 간단하
게 설명하면, 건물 자체가 대학생 전용 도서관과 대학원생 전용 도
서관으로 분리되어 있었고, 두 건물 사이에는 지하 통로가 있어서

학생들은 두 곳을 쉽게 오갈 수 있었다. 또한 지하 통로에는 여러 종류의 자판기들이 설치되어 있어서 많은 학생들이 누구나 할 것 없이 쉬는 시간이 되면 건물 사이 이곳에 모여 들었다. 여러 종류의 자판기 덕분에 이 장소는 너무도 귀중한 쉼터였다. 학생들은 잠시 휴식을 취하면서 서로 필요한 정보를 나누기도 하였다. 나도 이곳을 애용하는 사람들 중 한 명이었다. 어느 날 저녁 커피를 마시면서 휴식을 취하던 중 우연히 재미있는 일을 목격하게 되었다. 내가 아는 한국 대학원생이 미국인 학생이 자판기를 사용하려고 하자 갑자기 자리에서 일어나서 커피 자판기에 문제가 있다는 내용을 알려주려는 상황이었다. 한국 학생과 미국인 학생과의 대화 내용은 다음과 같았다. A는 한국 학생의 말이고, B는 미국 학생의 반응이었다.

A: Hey! There is no cup.
B: What?

나중에 그의 설명을 듣고 알게 되었는데, 자판기에 컵이 없어서 돈을 넣어도 소용이 없다는 것을 설명하려고 했다는 것이었다. 당시에 미국 학생들은 그 학생의 얼굴을 어리둥절한 표정으로 보면서 '무슨 소리야'라는 이야기를 내뱉고는 그 자리를 떠나 버렸다. 왜 그랬을까? 'cup'이 없다는 말인데, 영어 모국어 화자의 반응은 왜 그렇게도 이상했을까? 그 상황을 다시 한 번 되짚으면서 그 학생의 발음에 원인이 있었음을 알 수 있었다. 물론 단어 자체에 대한 발음에는 문제가 없었지만, 억양에서 상당한 실수를 했다는 사실을 알아 낼 수 있었다. 대부분의 모국어 화자들은 'There is no cup'이라는 표현을 그 상황에서 발음한다면, 당연히 'no'에 강조를 두면서 문장을 발음할 것이다. 반면에 그 학생은 'is'에 강조를 두었다는 것을 기억하고 있는 나로서는 문장 자체의 발음 구조가 매우 어색하게 된 것을 알 수 있었다.

다음 예는 모국어 화자와 내가 본 비모국어 화자의 발음을 비교하여 보인 것인데, 대문자 부분은 소리로서 강세를 가진 것을 표시한 것이다. 본인들이 각자 표시를 따라 발음을 해 보면 왜 이상한지를 알 수 있을 것이다.

A: There is NO cup.
B: There IS no cup.

그 학생이 친절을 베풀고자 노력한 바가 이처럼 어이없는 결과로 나타난 상황은 영어발음의 완성이 자음과 모음으로 구성된 철자들만의 발음만으로 완성되지 못함을 잘 보여준 경우라고 생각한다. 물론 미국 학생이 다시 한 번 더 물어 보았다면 고마운 의도를 잘 이해할 수 있었겠지만, 잘 모르는 사람과 마주친 상황에서 화자의 실수는 듣는 이를 당황하게 만들 여지가 충분히 있다.

이처럼 주어진 철자에 대한 발음만으로 음성으로써 의미를 전달하는 것이 완전하지 않음은 한국어에서도 발견된다. 예를 들어 "'눈'에 '눈'이 떨어졌는데 이것이 눈물인가 아니면 눈물인가 이것이 문제로다!"를 보자. 영국의 위대한 문호 셰익스피어 정도라야 했음직한 표현이 아닐까 싶다. 하여튼 이 표현을 듣는 우리는 어떤 대답을 해야 할지 망설이게 된다.

이와 같이 철자가 달리진 것도 아닌데 의미가 달라지는 것은 모든 언어에서 발견될 수 있는 현상들이다. 언어학에서는 철자 이외의 부수적인 차이점으로 발생하는 의미 차이에 상당한 관심을 보이고 있다. 철자 중에서 특히 모음에 수반되는 발음의 차이점들이 주로 의미 구분에 중요한 기준이 되고 있다. 이처럼 모음에 주로 나타나면서 의미 구분을 유발하는 요소들을 일컬어 초분절음소(suprasegmental phoneme)라고 한다. '초분절'에서 '초(超)'는 'suprasegmental'의 'supra-'에 해당하는 말인데, 어원은 'above'에서 온 것이다. '음소'는 음성·음운론에서 제시된 전문 용어로서 발음상 의미의 구분에 절대적인 기준이 되는 철자들을 총칭한다고 할 수 있다. 여기에 '초분절'이 덧붙여지는 이유는 철자 자체의 변화 없이도 의미 구분이 가능하다는 측면을 강조한 것이다. 초분절음소에는 모음의 길이 이외에도 강세(stress), 억양(intonation), 리듬(rhythm), 장단(duration), 경계(boundary) 등이 있다.

강세: 강약을 [+stress], [-stress]로 표시
억양: 높낮이를 [+H], [- H], [+L], [- L] 또는 ↗, ↘로 표시
리듬: 소리의 흐름 [strong], [week]으로 표시
장단: 길이를 [+long], [-long]으로 표시
경계: 띄어 읽기 위치로서 # 표식으로 표시

초분절음소는 학자에 따라 명칭이 다를 수 있다. 미국 구조주의 언어학자 블룸필드(L. Bloomfield)는 2차 음소(secondary phoneme)라는 용어를 제시하였고, 하우겐(Einar Haugen)과 런던언어학파(London School of Linguistics)는 운율소(prosodeme)라는 명칭을 사용하였다.

4.1 강세와 의미의 관계

우리나라 대통령이 업무를 보는 곳은 청와대이고, 미국 대통령이 업무를 보는 곳은 백악관이다. 분명히 우리말로는 어떤 문제점도 없

지만 영어는 그렇지 않다. 왜냐하면 청와대에 해당하는 영어 블루하우스(blue house)는 '파란 집'의 뜻을 나타낼 수도 있고, 백악관에 해당하는 영어 화이트하우스(white house)는 '하얀 집'을 의미할 수도 있기 때문이다. 영어를 사용하는 사람들은 이러한 뜻을 어떻게 구분하여 사용하는 것일까? 강세(stress)를 이용하여 의미를 구분한다. 만약 1 강세가 blue와 white에 오면 이때는 각각 청와대와 백악관의 뜻이 되고, 각각 house에 1 강세가 오면 파란 집과 하얀 집의 뜻이 된다. 따라서 강세의 위치를 잘못 사용하면 대통령의 업무 장소가 청와대에서 파란 집으로, 백악관에서 언덕 위의 하얀 집으로 바뀌게 된다. black board는 강세의 위치에 따라 '검은 판자'의 뜻도 되고 '칠판'이라는 뜻도 된다. 각각의 강세 위치가 의미의 따라 달라진다는 말이다. 백악관, 청와대와 같은 현상일 것이다. 이 문제를 이해한다면 조금 더 어려운 예에 도전해볼 수 있을 것이다. black board eraser는 강세의 위치에 따라 '검은 칠판지우개', '검은 판자 지우개'의 뜻이 있다. 각각의 강세 위치도 의미에 따라서 달라진다.

강세를 간단히 설명하면 소리의 강약현상이나 소리크기의 정도를 말한다. 영어에서는 강세의 위치에 따라 품사나 의미가 달라지므로 강세가 매우 중요한 역할을 한다. 강세가 음소가 될 수 있는 근거는 다른 분절음소는 변함이 없고 단지 강세에 의해서만 의미가 달라져야 한다. 다음의 예들이 이를 증명해준다.

<e.g> pèrvert(n)   cóntent(n)   ímport(n)
       pervért(v)   contént(v)   impórt(v)

강세표시는 소리 크기의 절대적인 값이 아니라 상대적인 값에 의해 일반적으로 다음과 같이 사용된다.

Trager & Smith	Chomsky & Halle	강세 명칭
´	1	primary stress
^	2	secondary stress
`	3	tertiary or third stress
˘	4	weak stress or weak syllable

더 알아보기

음의 강도 → 강세

• 음절은 강세에 있어서 가장 뚜렷한 부분을 중심으로 주변의 음들을 모아서 한 단위를 형성한다.

• 한국어와 일본어의 경우에는 강세가 없다. 그러나 영어에서는 강세가 단어의 의미의 차이를 가져올 수 있다.
  eg) V permít   N pérmit

• 강세가 운율 초분절음의 자질로서 규칙적으로 변화하는 현상.
  eg) ·-----·-----·-----·-----·----- (rhythm)

• 영어는 강세 언어이며, 그 자체가 운율을 소유하고 있다.

  eg)

/ ⌣	/ ⌣	/ ⌣	Torche
⌣ /	⌣ /	⌣ /	Iambic

  The cúr | few tólls | the knéll | at pár...   (iambic parameter)

• Desmond Morris *Naked Ape* (책 제목: 인간을 가리킴)
  첫 장에서 Morris는 운율과 인간의 관계를 언급하였다. 아기가 엄마의 흔들어 줌과 가벼운 두드려 줌을 통하여 운율의 즐거움을 인식하게 되고, 이런 현상을 바탕으로 인간은 운율을 통하여 즐거움을 느끼게 됨을 설명하였다.

강의 시간에 출석을 부를 때, 대답의 '네'는 말끝을 낮추어서 '네'
라고 하고, 말끝을 높인 '네'는 놀람과 의문 또는 불평과 불만이 섞
인 대답으로 들린다. 그렇다면 음소 구조에서 전혀 차이가 없는
'네'가 동일한 것이 아니라는 것인데, 가만히 그 소리들을 들어보면
'네'의 뜻이 달라지는 것은 주어진 단어의 높낮이와 아주 밀접하게
연관되어 있음을 알 수 있다. 언어학에서는 이와 같은 현상을 가리
켜 억양(intonation)이라고 한다. 소리의 특성 중 고저(pitch)가 억양
을 설명하는 데 주요 요소가 된다. 다음은 여러 언어에서 발견되는
억양의 종류를 영어를 중심으로 보인 것인데, 영어에서의 'yes' 또
는 한국어 '네'의 경우를 각 형태에 적용시켜 보면 그 차이를 이해
할 수 있다.

① He joined the Army. ↘ (Fall)
　서술, 긍정, 선언의 내용
② He joined the Army. ↗ (Rise)
　긍정 및 부정 의문(yes-no), 의심의 내용
　(Swahili) ni　na　taku　sumaki ↗
　　　　　　　I　pres　like　fish
　　　　　　　'I want fish'
　　　　　　　이 언어에서는 억양의 변화를 빼고는 의문문을 만들 수 있는 방법
　　　　　　　이 없다.
③ (Level) → continuation, incompleteness
　eg) 숫자세기
　　　ー　ー　ー　ー　ー
　　　one, two, three, four, five ↘ (끝냄)

④ (Fall - Rise) → statement countered by a doubt. (의심)
⑤ (Rise - Fall) → any doubt countered by affirmative (확신)

억양은 감정의 기복도 표현도 가능하게 해준다. 다음 예에서 그 기능을 잘 알 수 있다. 동일한 문장의 두 번째 형식의 표현 방식은 화자의 본래의 의도가 불행한 상태를 암시하려는 것이다. '네'의 대답이 경우에 따라 긍정이라는 단순한 기능 이외에 대답할 당시 화자의 불만과 불평 등과 같은 감정을 대변하는 현상은 예에서 어느 정도 가늠해볼 수 있다.

Are Bob and Sue married ?
  A1. Yes, happily ↘   (They are happily married.)
                        행복하게 결혼했음을 나타낸다.
  A2. Yes, happily ↗   (Happily they are married.)
                        정말 행복하게 결혼했냐는 의문

4.3 리듬의 이해

영어를 모국어로 사용하는 사람들과 직접 대화를 할 때는 덜한 것 같은데 AFKN이나 CNN에서 들려오는 소리는 마치 제트엔진을 영어에 붙여 놓은 것처럼 숨찰 정도로 빨리 지나간다. 쫓아하기도 만만치 않다. 왜 이리 영어는 빨리 말하는 것처럼 들리는가. 영어에는 강세뿐만 아니라 실제로 여기에 속도(speed)가 붙게 된다. 강세와 속도가 만나면 리듬(rhythm)이 생긴다. 영어는 이러한 리듬이 대체적으로 동일한 간격으로 반복되어 이루어지므로 그렇지 않은 언어보다 빠르게 느껴진다. 혹자는 영어를 '강세박자언어(stress-timed language)'라고도 한다. 한편, 영어를 말할 때 몸동작이 많이 수반되는 것도 영어를 사용할 때 리듬을 타기 때문이다.

먼저 영어의 문장은 전체에 강약의 변화가 생길 뿐만 아니라 실제 발음에는 이 강약요소가 수반되어 이른바 리듬이 생긴다. 즉 「강약(stress) + 속도(speed) → 리듬(rhythm)」 방식으로 리듬의 발생을 정리할 수 있다. 언어학자 존스(Daniel Jones)는 단어의 원래 강세 유형이 환경에 따라 바뀔 수 있는 경우들에 관하여 설명하였다.

I am júst fŏurtéen. 'fourteen'의 경우 본래 강세 형태는 [w s]형이지만, 앞에 제시된 강세 형태가 리듬을 위한 운율을 맞추기 위하여 'w s → s w'로 변경되었다.

```
 ⌣ /            / ⌣
fourteen      shillings
 w s             s w
  / ⌣             / ⌣
fourteen      shillings
 s   w            s w
```

'ŭnknówn'의 본래 강세 형태는 'w s' 형이지만, 위의 강세 형태가 운율을 맞추기 위하여 두 번째 줄처럼 's w'로 변경되었다.

```
/        ⌣ /       / ⌣
⌣       / ⌣        / ⌣
an    unknown    soldier
```

4.4 장단의 역할

눈에 눈이 떨어졌는데 이것이 눈물인가 아니면 눈물인가의 의미가 헷갈릴 수 있다. '눈'의 [ㅜ]를 길게 발음하면 '하늘에서 떨어지는 눈' 즉 snow의 뜻이고, [ㅜ]를 짧게 발음하면 '사람이나 동물의 눈' 즉 eye의 뜻이 된다. 따라서 '눈에 눈'은 눈을 길게 발음하느냐 혹은 짧게 발음하느냐에 따라 그 의미가 달라진다. 만일 '눈에 눈'에서 첫 번째 오는 눈을 짧게 발음하고 두 번째 오는 눈을 길게 발음하면 'eye에 snow'가 된다. 한편 그 정반대로 발음하면 'snow에 eye'가 된다. 마찬가지로 '눈물'도 길게 발음된 눈의 눈물은 'snow의 물'이며, 짧게 발음 된 눈의 눈물은 슬플 때 나오는 'eye의 눈물'이다.

또 한 예를 보면 '잘 한다'라는 말도 '잘'의 [ㅏ]를 보통으로 발음하면 '칭찬이나 격려의 말'이고, [ㅏ~]처럼 길게 발음하면 누가 잘못을 저질러 일을 그르쳤음을 못마땅해 하는 말이 된다. 모음 길이에 따라서 의미가 달라질 수 있음을 보여주는 경우이다. 특히 의미가 완전히 반대가 될 수 있다는 측면에서 재미있는 예라고 할 수 있다.

잘([ㅏ]를 보통으로 발음)　　⇒ 칭찬이나 격려의 말
잘([ㅏ]를 [ㅏ~]로 길게 발음)　⇒ 잘못되었다고 하는 말

4.5 경계와 아이스크림 의미

아이스크림은 아이스크림인데 못 먹는 아이스크림이 있다. 이건 또 웬 뚱딴지같은 소리인가 하고 여러분은 상당히 궁금해 할

것이다. 왜냐하면 아이스크림 가게에 들르면 종류도 너무 많고 이름도 생소해서 어떤 것을 먹을 것인가가 고민이지 못 먹는 아이스크림은 없기 때문이다. 그렇지만 틀림없이 못 먹는 아이스크림이 있기는 하다. 그것은 다름 아닌 ice cream[aiskriːm]과 발음이 동일한 I scream[aiskriːm]이다. 이 둘의 소리를 구분하기 위해서는 적절한 소리 경계를 가리키는 휴지(pause)가 필요한데, 이러한 경우 경계분류(juncture)라고 하는 '#' 연접표시를 사용한다. 따라서 먹는 아이스크림은 [ais#kriːm]으로, 못 먹는 아이스크림은 [ai#skriːm]으로 의미를 구분할 수 있다. 영어의 예를 몇 가지 더 제시하면 다음과 같다.

<예> a nice man / an ice man
    a name / an aim
    keep sticking / keeps ticking
    night-rate / nitrate

이러한 현상은 한국어에서도 아버지를 통하여 쉽게 찾아볼 수 있다. 왜 하필 아버지인가. 아버지 말놀이(말 타고 노는 것 말고)가 있기 때문이다. 우리가 흔히 말놀이를 하던 '아버지가방에들어가신다'는 영어와 마찬가지로 연접의 위치에 따라 뜻이 달라진다. 이미 독자 여러분은 뜻이 어떻게 도출될지 알고 있으리라 믿는다.

<예> 아버지 # 가방에 # 들어가신다
    아버지가 # 방에 # 들어가신다

05 음절의 개념

5.1 모음 그리고 자음의 어우러짐

모음 그리고 자음의 결합의 최초 단위가 바로 음절이다. 이 결합이 단순히 둘만을 합치는 것에서 끝난다면 언어학은 정말 심심한 일로 전락할 것이다. 이처럼 합쳐는 과정을 인정하기 위해서는 두 가지 조건을 생각해야 한다. 첫째는 결합이 수행되는 조건이다. 언어에서 모음과 자음은 꽤 엄격한 조건을 만족시켜야만 하나의 단위를 형성할 수 있다. 둘째는 결합 이후의 변화 상황이다. 모음, 자음의 결합이 음절이 되고, 이 단위가 음운단위로서 소리 현상을 설명할 때 두루 적용된다는 점을 명심해야 한다. 여기서는 바로 이 부분에 대한 설명을 좀 더 상세하게 제시하려고 한다.

5.1.1 음절 단위의 필요성

언어음을 분석하거나 기술하기 위해서 연속상태의 음을 단위나 범주로 분류할 때, 음절은 개념상으로 음소보다는 크고 형태소보다는 작은 단위에 해당한다. 이를테면 두 개의 음절로 이루어진 about /a-baut/의 경우 /a/는 단 하나의 음소로 이루어진 음절이지만, /baut/은 4개의 음소로 한 음절을 이루고 있다. 또한 세 개의 음절로 이루어진 beautiful /bjuː-tɪ-ful/은 의미를 중심으로 분리된 beauti-ful 되어야 하는 형태소 구조보다 훨씬 하위 단위라는 사실을 알고 있어야 한다. 따라서 음절은 음소와 형태소 사이에 위치한 중간 단위라고 할 수 있다. 이처럼 중간 단위로서 음절을 설정하는 근거를 다음과 같이 설명할 수 있다.

첫째, 발화실수(speech errors)로 인한 분절음 교체현상에서 그 타당성을 찾아볼 수 있다. 예를 들어 Fromkin(1971:39)의 ma-ga-zine →ma-za-gine에서 'g'와 'z' 분절음들의 상호치환은 임의적으로 아무렇게나 바뀐 것이 아니라, 'za'와 'gine'의 음절두음(onset)의 자음이 서로 바뀐 것이다. 이를 형태소 구조나 단어구조로 설명할 수 없다. 이와 같이 한 음절의 음절두음, 음절핵음(정점), 음절말음의 위치에 있는 분절음이 다른 음절의 동일한 위치에 있는 분절음들과 서로 교체되는 현상은 음절이라는 단위를 인정할 때 비로소 설명이 가능하다.

둘째, 음절을 단위로 사용하는 음절문자 체계에서 음절이 기본적인 언어단위로 사용되고 있다. 대표적인 예로 체로키어(Cherokee)의 음절 문자를 들 수 있다(Sloat et al. 1978:57~58). 이는 체로키어의 학자인 Sequoya가 1821년에 자신의 모국어를 위해 철자체계를 고안한 것으로서 각 음절들을 기호로 체계를 설정한 것이다. 가령 Sequoya를 음절문자로 나타내면 각 음절은 si-kwo-ya(ꮎ ꮃ ꮒ)처럼 세 개의 기호들로 표시할 수 있다.

셋째, 음절이 심리적 실체를 지닌 중요한 단위로 인식되고 있다. 예를 들어 영어를 모국어로 사용하는 화자에게 singer가 몇 개의 음절로 이루어졌느냐고 물어보면 대체로 두 개의 음절로 되어 있다고 대답한다. 이처럼 언어적 훈련을 전혀 받지 못한 화자라 할지라도 한 단어를 듣고 내부 음절 구조를 쉽게 알아낼 수 있는 것은 음절이 심리적 실체를 지닌 중요한 단위라는 사실을 대변하는 것으로 여길 수 있다.

5.1.2 음절의 정의

음절의 정의를 내리기란 결코 쉬운 일이 아니다. 음절을 다루는 관점이 다를 뿐만 아니라 학자마다 각기 다른 견해를 드러내고 있기 때문이다. 그러나 이들의 관점을 종합해 보면 크게 두 가지로 나누어 볼 수 있는데, 첫째는 음절의 물리적 측면을 근거로 정의하려는 음성학적 정의와 둘째는 음절을 주어진 언어의 음운체계를 염두에 두면서 조직적 기능에 따라 정의하려는 음운론적 정의이다.

5.1.2.1 음성학적 정의

5.1.2.1.1 공명도 이론

전통적으로 공명도 이론(sonority theory)을 음절정의에 이용한 사람은 덴마크의 음성학자인 Otto Jespersen(1904)이다. 그는 각 음을 공명도에 따라 가장 낮은 음부터 차례로 열거해 놓고 있다.

① 무성자음(voiceless consonants)
    ㉠ 폐쇄음(stops): p, t, k
    ㉡ 마찰음(fricatives): f, s, ʃ, h
② 유성폐쇄음(voiced stops): b, d, g
③ 유성마찰음(voiced fricatives): v, z,
④ 비음과 설측음(nasals and laterals): m, n, l
⑤ 전동음과 설탄음(trills and flaps): r
⑥ 폐모음(close vowels): i, y, u
⑦ 반폐모음(semi-close vowels): e, o, ɛ
⑧ 개모음(open vowels): a, æ

이러한 음들이 일정한 공명도를 가지고 정도에 기초해서 일직선상에 선형적으로 배열되는 경우 크고 작은 공명도가 정점(peak)과 골(valley)로 나타나는데, 이때 음절의 수는 바로 공명도의 정점의 수와 일치한다. 예를 들어 animal[ænɪməl]은 공명도 등급에 따라

[8-4-6-4-7-4]로 표시되며, 이들 가운데서 [8] [6] [7]에 해당하는 [æ] [i] [ə]의 세 개의 음이 공명도 정점을 이루므로 3음절의 단어가 된다. 여기서 정점을 이루는 [æ] [i] [ə]를 성절음(syllabic sound)이라 하고, 골에 오는 [n] [m] [l]을 비성절음(non-syllabic sound)이라 한다. 어떤 음이 성절음이냐 또는 비성절음이냐 하는 것은 그 음 자체의 조음 방식에 따라 결정되는 것이 아니라, 앞 혹은 뒤에 오는 음에 대한 공명도의 크기에 따라 결정된다. 따라서 공명도가 가장 낮은 음은 성절음이 되기 어렵고, 공명도가 가장 큰 음은 비성절음이 되기 어렵다. 그러나 공명도가 중간에 해당하는 4, 5, 6의 음들은 경우에 따라 성절음이 될 수도 있고 비성절음이 될 수 있는 성격을 가지고 있다. 이를테면 button, bottle, rhythm의 [n], [l], [m]은 성절음이 되고 how, high의 [u], [i]는 비성절음이 된다.

공명이론은 음절의 수를 쉽게 파악할 수 있는 장점이 있지만 다음과 같은 문제점을 안고 있다. 첫째, 음절을 나눌 때 그 경계가 분명치 않다. 즉, animal과 같은 단어는 그 골이 앞에 오는 정점에 연결된 것인지 혹은 뒤에 오는 정점에 연결된 것인지 분명치 않다. 따라서 a-ni-mal, an-i-mal, an-im-al 중 어느 것을 선택해야 하는지 알 수 없다. 둘째, 영어의 spa와 같은 단어는 1음절어이지만, 공명도에 의해 [s]와 [a]가 두 개의 공명정점을 이루므로 2음절어로 취급되어야 하는 문제점이 있다. 즉, 음성학적으로 결정된 공명도가 화자나 청자가 갖고 있는 음운론적인 음절과 일치하지 않고 있다.

5.1.2.1.2 탁립이론

탁립이론(prominence theory)은 음절을 공명도가 아닌 탁립도에 의해 정의하려는 시도이다. 탁립도는 두 음이 동일한 음장, 강세, 고저를 갖고 있을 때 부분적으로 상대적 공명도에 따라 결정되지만, 동시에 실제의 음장, 강세, 고저에 의해서 달라진다. 이를테면 hidden aims의 [n]은 탁립정점을 이루지만, hid names의 [n]은 그렇지 않은데 그 이유는 전자의 [n]이 후자의 [n]보다 더 강한 강세를 받거나 혹은 더 길기 때문이다.

탁립정점 또한 공명도의 정점과 마찬가지로 음절의 수를 결정하는 역할을 한다. 즉 sonority[sənarətɪ]의 탁립정점을 이루고 있는 [ə, a, ə, ɪ]의 수는 이 단어가 4개의 음절로 이루어져 있다는 것을 나타내 준다. 그러나 이 이론 또한 공명이론과 마찬가지로 두 음절 사이에 있는 음들이 앞뒤의 어느 음절에 속하는지 결정할 수 없다. 또한 extra[ekstrə]와 같은 단어는 e, s, ə처럼 탁립정점이 세 개이므로 3음절어가 되어야 하지만, 모국어 화자는 이를 [ek-strə] 또는 [eks-trə]와 같이 두 개의 음절로 나누는 경향이 있어 그 음절수를 결정하는 것이 쉽지 않다.

5.1.2.1.3 흉곽신축이론

앞에서 살펴본 두 이론이 청자의 입장에서 음절을 정의하려고 했다면, 흉곽신축이론(chest-pulse theory)은 화자의 입장에서 음절을 생리학적으로 정의하려는 시도이다. Stetson(1951)에 의하면 음절은 허파에서 공기를 밖으로 밀어내는 갈빗대 사이의 근육수축 운동인 흉곽신축 운동에 의해 이루어지는데, 이때 흉곽신축의 수가 음절의 수가 된다고 한다. 이러한 흉곽신축 이론의 대두는 언어음을 발성할 때 허파로부터 나오는 공기를 조절하여 소리를 내보내는 일이 매우 중요하다는 인식을 주었다. 그러나 불행하게도 근육운동에 의한 직접적인 조사 결과 이 이론을 뒷받침 해줄만한 증거가 나타나지 않았다. 예를 들어 pots라는 단어는 1음절어이지만, pot까지 흉곽을 한번 진동시킴으로써 2음절로 발음될 수 있다. 또한

Gimson(1980:56)이 지적하듯이 seeing /siːiŋ/과 같은 단어는 분명히 2음절어로 되어 있지만 이때 흉곽진동 또한 두 번 일어나는지는 의심스럽다. 결국 흉곽신축이론은 흉곽신축의 수와 음절의 수가 일치한다는 기본적인 주장을 스스로 지키지 못하고 있다.

5.1.2.2 음운론적 정의

음절의 음성학적 정의가 모든 언어에 적용할 것을 목적으로 하는 범어적인 보편성을 추구한 것이라면, 음절을 개별 언어의 음운조직에 따라 기능적인 음운단위로 보려는 것이 음운론적 정의이다. 즉 언어마다 음의 연쇄를 다르게 나누는 것이다. 예를 들어 [Nga:]와 같은 발화가 /N-ga-a/처럼 3음절로 분절되는 언어가 있는가 하면, /N-ga:/나 /Nga:/와 같이 2음절이나 1음절로 분절이 되는 언어가 있다. 보다 구체적으로 말하면 sticks라는 단어는 일본인에게는 4음절어로 들리지만 영국인에게는 1음절어로 들린다. 이때 똑같은 음의 연쇄가 언어마다 다르게 분절되는 이유가 무엇일까 하고 의문을 품을 수 있는데, 이는 각 언어의 음소결합방식이 다르기 때문이다. 따라서 O'connor/Trim(1953; 1973:259)이 음절을 "음절의 핵인 모음이 두음이나 말음에 있는 하나의 자음이나 언어에 따라서 허용되는 자음 결합과 형성하는 최소의 음소 결합 형식이다"라고 정의한 것은 타당성이 있다. 이들 정의에 의하면 2음절어인 anger는 /æN-gə/, */æ-Ngə/, */æNg-ə/ 중에서 /æN-gə/만이 가능한데, 그 이유는 영어에서 /Ng/ 같은 음의 연쇄를 두음이나 말음에 허용하지 않기 때문이다. 이와는 달리 aster는 /æs-tə/, /æ-stə/, /æst-ə/의 세 가지 분석이 가능한데, 이것은 /st/가 영어에서 두음이나 말음에 모두 가능한 음의 연쇄이기 때문이다. 이 가운데서 만일 한 가지 음절화를 선택한다면 /æs-tə/를 선택할 수 있는데, 이는 O'Connor/Trim의 상대적 확률(relative probability)을 따른 것이다. 상대적 확률이란 이들이 분류해 놓은 영어의 자음 음소 24개와 모음 음소 12개의 결합 가능성을 확률로 계산한 것이다. 예를 들어 __VC의 경우 가능한 음소결합의 수는 277가지이고, CV__의 경우는 421가지이므로, VC_CV로 음절을 나누는 것은 277 + 421 = 698가지의 상대적 확률을 갖는다. 이것은 __V(12) + CC(26) = 38 혹은 CC(59) + V(12)__ = 71의 음소결합 수보다 훨씬 많은 수이다. 따라서 VC_CV인 /æs-tə/가 가장 확률이 높은 선호음절화형태 (preferred syllabification)로서 세 가지 가능성 중에 선택된다. O'Connor/ Trim의 상대적 확률에 대한 개선과 아울러 음소배열규칙이 모든 언어에 나타나는 보편적 현상이라고 주장한 학자는 Pulgram(1970)이다.

5.1.3 영어의 음절구조

영어의 음절은 적어도 하나의 모음과 이 모음의 앞과 뒤에 일정한 자음이 결합하여 이루어진다. Jespersen(1909:453)은 음절의 구성에 대하여 다음과 같이 말한다.

"다른 언어와 마찬가지로 영어에서 어떤 음절은 하나의 모음으로 구성되어 있고 또 어떤 음절은 이중모음(diphthongs)이나 삼중모음(triphthongs)을 이루는 두 개 또는 세 개의 모음으로 구성되어 있다. 마지막으로 모음을 하나도 갖고 있지 않는 음절도 있는데, 이런 경우에는 자음이 음절의 정점을 이룬다."

음절이 모음을 갖고 있는 경우에는, 그것이 단순모음이든 장모음이든 또는 이중모음이거나 삼중모음이라고 하더라도, 그것은 하나의 모음으로 간주할 수 있다. 그러나 모음이 없는 음절, 예를 들면 bottom[bʌtm]과 circumstance[səkmstəns] 등의 [m](물론 Jespersen은 [əm]이 더 보편적이라고 부언하고 있다), 또 able[eibl], devil[devl]의 [l], ridden [ridn], cousin[kʌzn]의 [n]은 이들 자음이 음절의 핵을 이룬다고 한다. 그러나 이러한 경우는 음성적으로 모음이 없이 발음되는 것이고, 음운단위로는 '모음 + 자음'으로 가정하여 모음이 탈락한 것으로 가정하면 문제점이 없어진다.

하여튼 모음은 음절을 구성하는 필수적인 요소이며 이것을 음절핵음(peak)이라 한다. 모음의 앞이나 뒤에 오는 자음은 음절을 구성하는 필수적인 요소는 아니고 수의적(혹은 선택적)으로 볼 수 있다. 이러한 음절구조를 일직선상의 평면에 표시하면 (C)V(C)가 된다. 음절핵의 앞에 오는 자음과 뒤에 오는 자음은 수의적이기 때문에 '( )' 속에 넣었다. 음절핵의 앞에 오는 자음을 음절두음(onset)이라 하고 음절핵의 뒤에 오는 자음을 음절말음(coda)이라고 한다. 음절구조는 일반적으로 다음에 제시되는 틀(template)을 갖추고 있다.

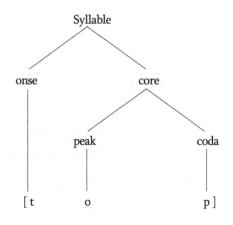

음절의 형태	
첫소리, 음절두음(onset)	- 모음 앞에 오는 자음.
정점, 음절핵(peak)	- 음절의 중심이 되는 모음.
끝소리, 음절말음(coda)	- 음절의 모음 바로 다음에 붙는 자음.

그리고 음절 구조상 자음으로 끝나는 것을 폐음절(閉音節, close syllable), 모음으로 끝나는 것을 개음절(開音節, open syllable)이라 하는데, 영어의 'dog'는 전자에 속하고 'sea'와 같은 단어는 후자에 속한다. 한국어에서도 받침이 있는 '날'은 폐음절로서 '나'는 개음절로서 분류할 수 있다. 이처럼 음절은 이론적으로 정의하는데 많은 어려움이 있지만, 인간의 청각은 소리의 연쇄 중에서 음절의 구분을 아무 어려움 없이 즉각적으로 지각할 수 있다.

음절두음과 음절말음에 오는 자음의 수는 pen이나 bit처럼 하나일 수도 있고, stand처럼 두 개일 수도 있다. stray나 splash는 음절두음이 세 개의 연속자음으로 구성되고, glimpse나 next[nekst]는 음절말음이 세 개의 연속자음으로 이루어진다. 영어에서 음절두음에 올 수 있는 자음연속의 수는 최대 3개까지이나 음절말음에는 4개의 자음이 연속해 올 수 있다. 예를 들면 prompts, exempts, sculpts, texts 등이다. 따라서 영어의 보편적 음절구조는 도식으로 표시하면 $C_0^3VC_0^4$가 된다. C_0는 자음수의 최저수이며, C^3과 C^4는 각기 자음수의 최대수를 가리킨다.

이와 같은 음절의 정의는 이상적인 것이기는 하지만, 실제 여러 언어음성은 매우 복잡해서 거의 비슷한 음의 연쇄일지라도 음절의 분절이 달라지는 경우가 흔히 있다. 즉, '산보(散步)'는 일본어에서 3음절 [sa ㅣ m ㅣ po]이지만, 한국어에서는 2음절 [san ㅣ p'o]로 되는 현상이 바로 그것이다. 각 언어는 고유한 음절구조를 가지는데, 자음+모음 결합 구조를 가리키는 'CV' 구조가 가장 흔한 형태이며, 언어에 따라 'V, VC, CVC, CCVC' 등의 구조들도 있을 수 있다.

한국어, 영어에서의 음절 구조		
'모음 하나'로 된 것	(V): 이, 어, 애	a (book)
'모음 하나 + 자음 하나'로 된 것	(VC): 알, 악, 옷	an, in, all
'자음 하나 + 모음 하나'로 된 것	(CV): 가, 너, 도	do, key, tea
'자음 하나 + 모음 하나 + 자음 하나'로 된 것	(CVC): 각, 밭, 돌	cat, pen, road

5.2 모음과 자음의 결합 조건

음소들이 서로 어우러져 하나의 음절 구조를 만들어 가는 데는 엄격한 제한 조건이 있다. 언어학에서는 이 조건을 가리켜 '배열제약(sequential constraint)'이라고 한다. 다음 예는 영어에서 분절음이 서로 결합할 때 생기는 제약으로서 분절음 음소들이 결합할 수 있는 가능 배열수를 가리킨다. 특히 세 개 이상의 자음이 어우러지는 경우가 있는데, 이때 각 자음들의 분포는 {s}, {p, t, k}, {l, r, y, w}의 순으로 이루어진다.

<예> If: ## C　　C　　C
　　　　 ↓　　 ↓　　 ↓

Then: s　　$\begin{Bmatrix} p \\ t \\ k \end{Bmatrix}$　$\begin{Bmatrix} l \\ r \\ y \\ w \end{Bmatrix}$

위 도표에 제시된 모형에 의하여 영어에서 발견할 수 있는 음소들의 배열을 들어 보자면 다음처럼 될 것이다.

3 자음 연결: spl, spr, str, sty, skr, stw, skw
2 자음 연결: sp, st, sk, sl, sr, sw

만일 자음들의 연결이 정작 단어에서 발견되지만 구조적으로 허용되지 않는 경우에는 묵음(silence)이라는 수단을 사용하기도 한다.

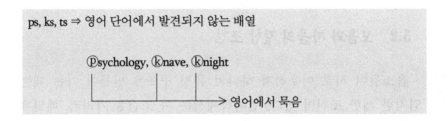

위의 예들은 모국어 화자가 자신의 언어에서 모음과 자음의 배열이 어떤 경우에 가능한지를 알고 있음을 보여주는 것이며, 다음 예들도 같은 맥락에서 이해될 수 있다.

brick   　 / brik /   → 영어에서 발견할 수 있는 단어 형태
　 　 　 　 / blik /   → 영어에서 발견할 수 없지만, 가능한 형태
　 　 　 　 / bnik /   → 영어에 전혀 허용되지 않는 형태

위 세 단어들에서 둘째와 셋째 단어들 중에서 두 번째 단어는 영어에서는 직접적으로 사용되고 있지는 않지만, 음소 배열이 가능한 단어로서의 형태를 지니고 있다. 그 이유는 이 단어가 영어의 단어 형성 조건에 맞는 음소배열을 보이고 있기 때문이다. 그러나 세 번째 단어는 영어에선 전혀 허용될 수 있는 모습이 아닌데, 그 이유는

영어에서는 폐쇄음과 비음의 조합인 'bn' 구조를 단어 앞에 허용하지 않기 때문이다. 언어학에는 이런 경우들을 가리켜 '공백(gap)'이라고 한다. 두 번째에 해당하는 'blick'을 '우연적인 공백(accidental gaps)'으로 세 번째 'bnick'를 '체계적인 공백(systematic gaps)'이라고 부른다. 먼저 우연적인 공백을 보면, 가령 blick이라는 단어는 영어 단어를 구성하는 결합 조건을 충족시키지는 하지만 실제로 영어 단어에는 이 같은 단어는 존재하지 않는 경우를 가리킨다. 따라서 이러한 유형의 단어는 앞으로도 얼마든지 실질 단어로서 생겨날 가능성이 높다고 볼 수 있다. 체계적인 공백은 bnick처럼 영어 단어를 구성하는 형성 조건을 전혀 충족시키지 못하는 것을 의미하는데, 이 단어는 사전에서도 찾아볼 수 없다. 위의 설명을 도표로 나타내면 다음과 같다.

	OCCURRING	NON-OCCURRING
WELL-FORMED	brick	blick
ILL-FORMED	∅	bnick

영어 이외의 언어 중 불어와 스페인어에서 발견되는 배열제약 상황을 보자면 어떨까? 영어와는 다르게 불어에서는 단어의 음운표기에서 여러 자음이 연속적으로 배열되는 자음군의 체계를 허용하지 않는다. 그러나 단어를 실제로 발음해야 하는 음성적인 표현에는 연음 작용 때문에 사전적 표현에 기록된 표기와 다르게 발음되기도 한다. 따라서 불어에서 /fn/, /ʒt/ 분포는 절대 허용되지는 않지만, 사전에서 음운적 기준에 따라서 존재하는 것으로 보일 수도 있지만, 음성적으로 발성할 때는 다르게 나타난다.

la fenêtre 'the window', le jeton 'the token'

<사전적 표기> [la fənɜːtr], [lə ʒətõ]
<실제적 발음> [la fnɜːtr], [lə ʒtõ]

스페인어와 영어를 비교해보면, 단어 앞이 'sC'로 시작할 경우에
는 스페인어에서는 음성적으로 [ɛ]가 나타나는 상황을 발견할 수 있다.

[ɛspaɲa]   'Spain'
[ɛstufo]   'stove'
[ɛskuela]   'school'

5.3 모음과 자음 결합 그리고 음운 변화

모음과 자음의 결합은 일단 합쳐진 상태로만 그대로 존속하지는
않는다. 그 이유는 주변 상황에 따라 많은 변화를 겪어야 하기 때문
이다. 물론 결합 이후의 다양한 변화를 두고 언어학자들이 많은 고
민이 하였다. 언어학자들은 변화의 유형과 변화 과정을 설명하기
위하여 규칙이라는 수단을 이용하였으며, 음운론에서는 이들 규칙
을 가리켜 '음운규칙(phonological rule)'이라고 불렀다.

음운규칙의 성격이 체계적으로 설명되기 시작한 것은 최근 생성
변형문법에서부터라고 할 수 있다. 우선 최근 이론에서는 음운규칙
을 대상에 따라 유사한 소리 사이의 변화를 가리키는 '이음규칙
(allophonic rule)'과 음소와 음소 사이의 소리 변화 과정을 가리키
는 '음소규칙(phonemic rule)'으로 분류될 수 있다.

$$\begin{bmatrix} C \\ \text{stop} \end{bmatrix} \rightarrow \begin{bmatrix} \text{- aspirate} \end{bmatrix} \ / \ \# \ s\_\_\_$$

('s' 다음에 오는 폐쇄음은 $C^h \rightarrow C$처럼 비기식음화가 된다.)

음소규칙

magic	/ mæjik /
	↓
magician	/ məjisən /

음소규칙에서 알아야 할 점은 'magic'과 'magician'의 두 단어들이 비록 철자에서는 차이가 있지만, 의미에서는 서로가 연관되어 있음을 알 수 있다. 최근 이론은 '생성음운론(generative phonology)'에서는 이와 같은 의미의 연관성을 이론에 반영하고 두 단어가 관련됨을 설명하기 위하여, '기저형(underlying representation)'과 '표층형(surface representation)'이라는 두 계층의 모델을 제시하였다. 이 방법에 의하면, 'magician'의 's' 소리가 음소적으로는 본래 다른 'k'음소에서 유래된 것임을 알 수 있다. 따라서 'k'와 's'가 위 두 단어 사이에서는 별개의 단어를 표시하기 위한 별도의 음소들이 아니라 위 환경에서만은 관련성이 있음을 보여주고 있다. 아래는 위의 두 계층 모델을 좀 더 분명하게 보이기 위하여 도식화한 것이다.

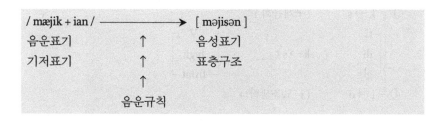

/ mæjik + ian / ──────────→ [məjisən]		
음운표기	↑	음성표기
기저표기	↑	표층구조
	↑	
	음운규칙	

그렇다면 'magic'과 'magician' 두 단어를 연결하는 음운규칙의 모습은 어떤 것일까? 생성음운론에서 제시한 규칙은 크게 네 가지로 나누어 볼 수 있다.

① æ → ə
  이 규칙은 강세 규칙이 적용된 이 후에 적용되어야 한다.
② stress shift
  강세가 최종적으로 형성된 'magician'에서 매 뒤로부터 앞 방향으로 세 번째 자리로 옮겨가기 위해서 강세이동규칙이 적용된다.
③ k → s   구개음화
④ i → ø   모음생략

실제 발음으로 나타나는 모습을 표기하기 위해서 위의 네 가지 규칙들은 ③-②-④-①의 순으로 적용하여야 하는데, 특히 ③과 ④의 순서는 올바른 음성표기를 도출하는데 매우 중요한 역할을 담당한다. 그 이유는 두 규칙의 순서가 ④ → ③으로 바뀌어 만일 삭제가 먼저 적용된다면, 's'를 형성시키는 구개음화(palatalization)과정을 유발시킬 수 있는 환경적 요인인 'i'가 사라지게 되기 때문이다. 결과적으로 아주 다른 음성표기 형태인 /mæjikan/가 도출되는데, 이것은 실제의 음성적 현상과 아주 동떨어진 모습이기도 하다.

규칙적용과정

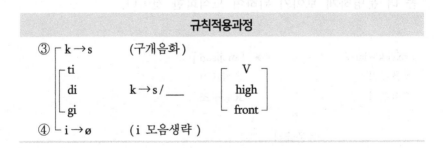

232

모음과 자음의 결합 형태를 결정하는 여러 제약과 결합에서 발생하는 규칙의 모습을 지금까지 설명하였다. 이제부터는 결합된 형태에서 발생할 수 있는 여러 종류의 변화를 설명하는데 어떤 규칙들이 요구되는지를 살펴보고자 한다.

5.3.1 동화

특정 소리가 주변 소리의 성격과 동일해지는 음성 현상을 동화(assimilation)라고 하며 이 현상이 발생하는 환경은 단어들 사이에서나 단어 내부라고 할 수 있다.

• **순행동화(progressive assimilation)**

앞소리 A가 뒷소리 B에 영향을 미치는 경우이다.

A B   danced[dænst], pads[pædz]

- **역행동화(regressive assimilation)**

앞소리 A가 뒷소리 B에 영향을 받는 경우이다.

A B   pancake[pǽŋkeik]→ [pǽŋkeik]

- **상호동화(reciprocal assimilation)**

두 소리 A, B가 서로 영향을 미치는 경우이다.

A B   miss you[misjuː] [miʃʃuː]

5.3.2 이화

동화의 반대되는 현상. 유사한 또는 같은 종류의 언어음이 인접해 있거나 근접해 있을 때, 한쪽이 유사성이 적은 음으로 바뀌는 현상을 이화(dissimilation) 현상이라고 말한다. 예를 들면 영어단어 surprise[sərpráɪz]에서 첫 번째 'r'을 빼고 [səpráɪz]로 발음하는 경우이다. 그 이유는 surprise의 경우에는 두 번째 음절에 'r'이 있기 때문에 자칫 소리의 혼동을 유발시킬 가능성이 있기 때문에 반복적으로 나타나는 'r' 중에서 앞의 'r'을 없애 버린다고 보면 된다.

5.3.3 음위전환

인접해 있는 두 음소가 서로의 위치를 바꾸는 현상을 음위전환
(metathesis) 현상이라고 한다. 영어 발달 과정에서 발견되기도 한다.

ask[æsk] < [æks]
pretty[prɪti] < [pɪrti]

5.3.4 어중음첨가

단어 내부에 여분의 자음을 첨가하는 것을 어중음첨가(epenthesis)
형상이라고 한다. 이때 별도로 첨가되는 자음을 가리켜서 삽입폐쇄
음(intrusive stop)이라고 한다.

something[səmθɪŋ] → [səmpθɪŋ]
dense[dɛns] → [dɛnts]

5.3.5 중화

변별적으로 기능하는 두 개의 음소가 특정 환경에서 더 이상 대
립하지 않고 그중 어느 하나와 같아지는 음운현상을 중화
(neutralization) 현상이라고 한다. 다음 예를 보면 두 단어에서 진하
게 표시된 /t/와 /d/ 사이의 발음이 변화되면서 상호 대립이 사라지
고 결과적으로 모두 [bɛɾɪŋ]처럼 동일한 음성 현상을 보이는 현상
을 확인할 수 있다.

betting[bɛt̬ɪŋ] → [bɛɾɪŋ]
bedding[bɛdɪŋ] → [bɛɾɪŋ]

XI 형태론의 이해

01 영어 단어의 길이

영어에서 가장 긴 단어는 무엇일까? 영어를 공부한 사람이라면 한 번쯤은 의문을 가져봄직 하지 않은가? 일반적으로 사전에 의하여 사람들에게 알려져 있는 긴 단어로는 알파벳 29자로 만들어진 것이 있다.

> floccinaucinihilipilification
> '어떤 것을 무의미하거나 하찮을 것으로 범주화하기'

그렇지만 이 단어는 뒤에 다른 접미사를 첨가하여 더 길게 사용할 수 있다. 그 이유는 영어에서는 하나의 품사를 가진 단어가 경우에 따라서 접미사를 이용하여 더 길게 만들어져 좀 더 확장된 의미를 가리킬 수 있기 때문이다.

```
floccinaucinihilipilification-al
floccinaucinihilipilification-al-ize
floccinaucinihilipilification-al-iz-ation
floccinaucinihilipilification-al-iz-ation-al
floccinaucinihilipilification-al-iz-ation-al-ize
```

이와 같은 확장은 때에 따라서는 끊임없이 계속 반복되어 발생할 수 있다. 만일 사람들이 이렇게 생성된 단어를 사용하는 상황을 만들어낸다면, 단어의 길이는 지속적으로 길어질 수밖에 없을 것이다. 접사를 이용하여 단어를 확장시키는 것은 영어에는 그리 놀라운 일이 아니다. 무기 중 가장 강력한 존재인 '미사일(missile)'은 방어망 체계에 따라서 다음과 같이 확장될 수 있을 것이다.

missile	미사일
anti-missile	미사일을 막는 미사일
anti-anti-missile	미사일을 막는 미사일을 또 막는 미사일

그렇다면 정말로 긴 단어는 무엇일까? 궁금해 하지 않을 수 없다. 그 질문을 들은 내 동료 중에 한 명이 'smiles'가 가장 긴 단어가 아닐까 하는 제안을 하였다. 내가 여전히 어리둥절해 하자 그는 's'와 's' 사이가 1마일이나 되니 정말 길지 않느냐고 말이다. 글쎄 과연 그럴까?

02 단어의 내부 알아보기

단어 구조와 단어 형성은 형태론(morphology)에서 가장 중시하는 부분이다. 특히 단어를 형성하는 기초단위인 형태소(morpheme)에 대한 연구는 언어학적으로 가장 중요하게 다루어졌으며 이에 대한 많은 연구가 진행된 바 있다.

형태소는 단어와 항상 동일하지는 않다. 경우에 따라서는 단어보다도 길수도 짧을 수도 있다. 언어에서 단어라 함은 띄어쓰기와 같은 경계 표시가 앞과 뒤에 있는 것을 총칭한다(다음 예에서 'W'는 'word'의 줄인 표시이다).

house	houses	White House	white house
1 W	1 W	1 W	2 W
word	word-suffix	compound word	phrase
한 단어	한 단어(복수형 포함)	단어(복합어)	구(두 단어)

2.1 형태소 구조 알기

형태소는 가장 작은 의미 단위를 가리킨다. '-s'와 '-ed'는 단독으로 사용되는 단어는 아니지만 '복수형'과 '과거시제형'과 같은 자체적 의미를 가지고 있다.

예) boy-s walk-ed

2.2 접사 형태소들의 이형에 대하여

영어에는 특정 형태소에 대하여 형태소 사이에서 발생하는 음소 변이 현상(different forms, but same meaning)이 많이 있다. 이와 같은 동일한 형태소에 대한 이형(allomorph)을 관찰할 수 있는 대표적인 예로는 접미사인 복수형 어미와 과거시제 어미가 있다.

복수형			과거시제형		
[əz]	[s]	[z]	[əd]	[t]	[d]
houses	desks	legs	padded	walked	crawled
buses	tops	girls	jetted	passed	loved
churches		loves			
bushes					

위에 제시된 이형 형태소의 분포는 서로 관련되지 않은 위치
(exclusive position)에서 각각 별도로 발생하는데, 이와 같은 분포는
이미 음소의 이형에서 보았듯이 상보적 분포라고 부를 수 있다.
다음의 예는 동일한 형태소 'in-' 접두사의 이형들을 살펴 본 것
이다. 이 예에서 'in-'을 기본형으로 삼을 수 있는 이유는 이것이 가
장 넓은 분포성을 보이기 때문이다. 비록 'im-', 'il-', 'iŋ-'들은 특
정 자음으로 시작하는 단어들 앞에만 나타나지만, 'in-'은 기타 모
든 환경 조건에서 발견된다.

in	operative
in	tolerble
in	possible
in	dependent
im	probable
iŋ	concrous
il	logical
ir	responsible
il	legal

03 구속 그리고 자유 분포

　사람이 살아가는 유형은 크게 두 가지로 나뉘는 것 같다. 누구에게나 구애되지 않고 자신의 의지대로 독립하여 살려는 사람이 있는 반면에, 늘 누군가에게 의지하지 않고는 살지 못하는 이들도 적지 않다. 언어 또한 이와 같은 분류에서 그렇게 자유롭지는 못한 것 같다. 그 이유는 형태론에서 단어를 분석할 때 늘 언급되는 형태소는 단어로서 사용되는 것이 있지만, 단어보다도 훨씬 적은 영역에서 특정 단어에 항상 귀속되어 사용되는 형태소도 얼마든지 있기 때문이다.

自由형태소 ⇒ 혼자서 독자적인 분포가 가능하다.
　　　　　　man, woman, house, school, nation, English, Korean
의존형태소 ⇒ 혼자서 사용되는 경우가 없다.
　　　　　　(un)happy, worth(less), book(s), walk(ed), play(ing)

　특히 의존형태소에 의하여 단어가 만들어지는 과정을 일컬어 접사화 현상(affixation)이라고 하는데, 도식으로 보이면 다음과 같다.

affixation → free morpheme + bound morpheme
　　　　　　자유형　　　　　　구속형

04 단어의 모양 변화

4.1 파생과 굴절 접사

접사로 활동하는 형태소 중에는 결과로 도출되는 단어와 접사가 붙는 원래의 부분 사이에 아주 다른 속성을 부여하는 것과 그렇지 못 한 것이 있다. 형태론에서는 이들 접사를 나누어 파생형태소 (derivational morpheme)와 굴절형태소(inflectional morpheme)라고 한다. 이들 접사들에 대한 성격 구분은 다음과 같다.

	문법 범주 변화 (change lexical category)	단어말 위치 (can be final)	생산성 (productive)	의미의 불투명성 (opaque)
파생 형태소	○	○	×	○
굴절 형태소	×	○	○	×

4.1.1 문법 범주 변화와 단어말 위치 관계

일단 파생형태소는 품사의 변화를 유발하는 것이 보통이다. 또한 분포에 있어서도 파생형태소가 다 첨가된 이후에, 굴절형태소가 첨가되는 것이 보통이다.

파생형태소

boy(N) ⇒ boyish(A)   local iz ed   -able, -ish
local(A) ⇒ localize(V)   파생 굴절

walk(V) ⇒ walked(V) boy(N) ⇒ boys(N)	love ed able 굴절 파생 (불가) 과거시제 -ed가 단어 형성의 끝이다.	—

4.1.2 형성된 단어의 의미의 투명성

'-al'이 붙어서 파생되는 명사형은 동사인 'recite'에서 도출된 것이지만, 의미상에 있어서는 파생된 명사와 파생되기 전의 동사는 의미적으로는 아무 연관성을 보여주지 않고 있다. 그 이유는 recite는 암기하다의 의미를 가지고 있지만, '-al'로 파생된 recital은 암기와 상관없이 가수들이나 연예인들의 연주회 활동을 가리키기 때문이다.

recite ⇒ recital

굴절형에서는 굴절된 결과와 굴절되기 전의 형태소가 의미적으로 완벽한 연관성을 보여준다. 이런 연관성을 형태소에서는 '의미의 투시(transparency)'라고 부른다. walk은 과거형 접사인 '-ed'가 붙더라도 '걷는다'는 행위 자체에는 어떤 변화도 없기 때문이다.

walk ⇒ walked

4.2 접사위치와 단어 달라지기

일반적으로 형태론에서 접사가 붙어서 단어가 달라지는 것을 접사화과정(affixation)이라고 하며, 접사가 단어 내부에서 차지하고 있는 위치에 따라 보통 세 가지로 분류된다.

affix ┌ prefix : un-, in-, re-, pre-
　　　│　　　접두사
　　　│ suffix : -al, -ize,-ation,-er
　　　│　　　접미사
　　　└ infix : 접요사

　　다른 형태소가 단어 사이에 삽입되는 접요사의 경우는 흔하지 않
으며, 일부 예가 다음처럼 있기도 하다.

eg) Coeur d'Alene (Montana, 미국 인디언어)
후음인 '?'가 단어 중간에 삽입되며, 이 음소의 기능은 사역동사(causative)를 만
드는 것이다.

		/?/	'make .....'
lup	'dry'	lu?p	'make dry'
nas	'wet'	na?s	'make wet'

　　접요사가 드문 이유는 단어들이 가능하면 자신들의 형태를 유지
하려는 경향이 강하기 때문이다. 따라서 독립 단어 내부에 다른 요
소를 삽입하는 예가 적을 수밖에 없다.

4.3　단어 형성 규칙에 의한 접사 분류

　　접사를 첨가하여 단어의 모양을 바꾸는 과정을 '단어형성'이라고
부른다. 주로 자유형태소와 의존형태소를 서로 결합하는 접사화 현
상이 바로 단어형성의 기본 구조이다. 그러나 단어 형성 과정에서
의존형태소 내부에 서로 다른 현상이 수반되는 것들이 있는데, 음

운적인 변화를 일으키는 것과 음운적 변화와 전혀 관련이 없는 것
들을 가리키는 것이다. 이들 두 종류를 각각 Class I, Class II의 두
부류로 나눌 수 있는데 각자의 특징은 다음과 같다.

4.3.1 소리 변화가 있는 경우

CLASS I : 접사들이 동화, 강세위치변화 등 음운론적 변화에 관
여한다.
CLASS II : 접사들이 음운론적인 변화를 일으키지 않는다.

in- : 음운론적인 변화를 초래한다.
un- : 음운론적인 변화를 전혀 초래하지 않는다.

un —		in —	
un	-happy	im	-possible
un	-satisfactory	il	-legal
un	-pronuncible	ir	-responsible
un	-regonizable	iN	-congruous
un	-likely		
	- ness		- ity
rigidness		rigidity	
kindness			
↓		↓	
음운론적으로 어떤 변화도 없다.		강세 위치에 변화가 생김.	
parent-hood		parent-al	
↓		↓	
강세 변화가 없음		강세 변화가 있음.	

4.3.2 의미와의 연관성

CLASS I : 어근과 접사로부터 전체적인 의미를 알아낼 수 없으
며, 불명확성에 해당된다.

CLASS II : 어근과 접사에서 전체의 의미를 알아낼 수 있으며, 투
명성에 해당된다.

형태적인 변화 이전과 의미 관련이 보임.	의미의 관련이 안 보임.
(opaque meanings)	(transparent meaning)
appreciable (meaning : substantial)	appreciatable
tolerable	toleratable
imperceptible	unperceivable

4.3.3 생산성 측면

CLASS I : 이 계층의 접사들은 생산성이 낮다.

CLASS II : 이 계층의 접사들은 생산성이 높다.

(add attitude to word)	(not add attitude to word)
-ness	-ity
more productive	less productive

05 단어와 단어가 새로운 단어들

5.1 복합어

여기서 다루는 내용을 복합어 형성 과정(compounding)인데 복합어의 형성을 도식으로 보이면 다음과 같다.

Compounding → Free morpheme + Free morpheme
　　　　　　　자유형　　　　　　자유형

eg) ┬── hot dog　　　A + N
　　│　 playboy　　　V + N
　　│　 pickpocket　 V + N
　　│　 rainbow　　　N + N
　　│　 postman　　　N + N
　　└── lighthouse　 N + N

일반 단어와 달리 복합어는 나름대로의 특징을 소유하고 있다. 특히 이들 특징들은 단어 묶음 속에서 복합어를 판단하여 찾는데 매우 중요한 역할을 하기도 한다.

5.1.1 복합어의 특징

5.1.1.1 강세 형태

복합어에서는 강세 형태가 앞 단어에 오는 모양으로 변한다. 이

런 강세 형태를 가리켜 복합어강세규칙(compound stress rule)이라
고 한다.

eg) a hot dóg] NP   개 자체가 뜨겁다 의미
    a hótdog] N   음식의 일종

5.1.1.2 의미의 불투명성

복합어로서 만들어진 단어들이 내부에 있는 단어의 의미를 꼭 반
영하는 것은 아니다. 예를 들어 'pickpocket'에서는 '주머니를 집다'
보다는 '주머니를 털다'를 가리키기 때문에, 동사 'pick'에 대한 목
적어 'pocket'의 기능이 달라져야만 한다. 따라서 복합어는 의미로
볼 때 부분을 형성하는 단어의 의미를 반드시 반영해야 하는 것이
아니기 때문에, 이런 경우를 가리켜 복합어에서의 의미 불투명성
(opaque meaning)이라고 한다.

5.2 숙어

단어들을 모아 절이나 구를 형성한다. 다만 숙어(idiom)는 의미
적으로는 하나의 단어와 같다. 그래서 어떤 통사적 작용도 허용되
지 못한다.

eg) hit the sack   - 'go to bed'
    kick the bucket   - 'die'
    put one's foot in one's mouth - 'error'

만일 다른 단어를 숙어 내부에 삽입하면 숙어 자체의 의미에 변화가 생길 수 있다.

eg) hit the big sack

kick the $\begin{Bmatrix} \text{small} \\ \text{yellow} \end{Bmatrix}$ bucket

5.3 역성

단어 형성 중에서 역성(逆成: back formation)만 역사적인 설명으로만 본래의 구성 과정을 확인할 수 있다. 역사적으로 보면 'editor' 단어는 실제로 'edit'이 있기 전에 있던 단어였다. 이것은 'editor' 단어가 'edit'에서 시작된 것이 아니라, 본래부터 '-or'를 단어의 일부로서 가지고 있던 단어였다. 그러나 후세 사람들은 접미사인 '-er/or'가 파생명사에 많이 나타나는 현상을 별 생각 없이 적용하여, '-or'를 제외시킨 나머지가 동사라고만 생각하여 'edit'이라는 동사를 유추해 내었다.

eg) edit 　 edit-or 　 ⇒ 　 edit

역사적으로 'aggress'라는 단어는 존재하지 않지만, 사람들이 이 단어 위에 있는 다른 단어들의 변화형에 의존하여 이 단어형도 존재할 것이라는 유추를 해내었다. 그래서 형용사형과 명사형에서 이들 문법범주를 형성하는 접미사를 제외시키고 이 단어형을 동사형으로 생각하게 되었다. 어떤 표현이던지 그것이 현재에 널리 사용되는 한 옳지 못하다고 결론을 섣불리 내리기가 쉽지 않을 것이다.

V	A	N
progress	progressive	progression
transgress	transgressive	transgression
regress	regressive	regression
aggress	aggressive	aggression

5.4 혼성

혼성(混成: blending)된 단어의 구조는 다음과 같이 진행된다.

$$\underline{Cn} \ | \ V\,Cn \ \| \ Cn \ | \ \underline{V\,Cn}$$

brunch	=	breakfast	+	lunch
motel	=	motorist	+	hotel
smog	=	smoke	+	fog

최근에 발견되는 독창적인 혼성이나 조어의 예를 찾아보면 다음과 같다.

eg) geep (g|oat + sh|eep) (shoat: Time magazine)

sellathon (sell + mar|athon) (continue to sell)

Bingdom (Bing|crosby + King|dom)

06 단어의 유래

미국에 회사 앞에 가면 샐러리맨들이 점심시간에 간단한 샌드위치와 커피를 들고 먹고 있는 모습을 흔히 볼 수 있다. 바쁜 현대인들이 시간을 아끼면서 끼니를 때우는 방법에는 여러 가지가 있지만, 샌드위치나 이런 유형을 따르고 있는 햄버거는 많은 사람들이 애용하는 점심 식사 방식이다. 한국에도 최근 젊은 층에서 식사를 위하여 샌드위치를 사서 먹거나 나름대로 내용물을 선택하여 집에서 만든 것을 점심 도시락으로 지니고 있다가 먹는 것을 어렵지 않게 발견할 수 있다. 그러면 샌드위치는 어디서 유래된 것일까? 백작이었던 Sandwich(1718~1792) 경이 도박을 지속하기 위하여, 빵 사이에 고기 조각을 넣어서 먹었던 것이 바로 오늘날과 같이 된 것이다. 이처럼 Sandwich 백작이 너무 좋아하던 도박을 위하여 즐겨 먹었던 음식에, 고안해낸 사람의 이름을 붙인 것이 바로 샌드위치라는 음식의 유래가 된 것이다. 언어 발전 과정에서 이처럼 여러 과정을 통하여 많은 단어들이 첨가되었는데, 사람 이름만을 딴 것이 전부는 아니었다. 이 단원에서는 바로 단어의 형성 과정을 살피고 어떤 단어들이 어떤 형성 과정으로 만들어졌는지를 살펴보고자 한다.

6.1 신조어

단어의 조어가 어떤 이의 발명이나 특정한 사건 또는 어떤 물질에 의하여 이루어지는 것을 신조어(neologism)라고 한다. 예를 들면 "Robot"이라는 단어는 소설로부터 유래되었다. 다음 단어들도 유사한 경우에 속한다고 볼 수 있다.

eg) jumbo, gargantuan, Coke, Pepsi, Kodak, Kleenex, Xerox, Robot

6.2 두문자어

단어들의 중요 부분만을 남겨 단어가 형성된 것이다. 주로 각 단어의 앞부분만이 남게 되는 것인데, 따라서 여기에 속하는 단어를 가리켜 두문자어(頭文字語: acronym)라고 한다. 예로서 LASER(Light Amplification by stimulated emission of radiation)를 들 수 있다. 또 다른 유사 단어들은 다음과 같다.

eg) UNESCO, PLATO, Scuba, Snafu, UN

6.3 중첩

단어의 일부나 전체가 반복된 현상으로 조어 현상이 진행되는 것을 중첩(redupication)이라고 한다.

eg) hocus-pocus, hodge-podge, humpth-dumpth

6.4 차용

말 그대로 다른 언어로부터 빌려오는 차용(borrowing)으로 단어가 만들어지는 경우를 가리킨다. 다음의 예들로서 속칭 외래어라고 볼 수도 있다.

eg) blitzkrieg (sudden, swift, large scale offensive warfare ⇒ German)
　　독일이 전쟁 중 수행하였던 전격적 전쟁 작전을 가리키던 용어에서 차용
　　hara-kiri (ritual suicide by disembowelment ⇒ Japanese)
　　일본 무사들이 배를 가르고 할복하는 행위를 가리키는 용어에서 차용

6.5 환칭

특정 상황에 관련된 인명과 같은 고유명사를 보통명사, 동사 또 형용사 등으로 사용하는 경우를 환칭(換稱: antonomasia)이라고 한다.

eg) Cicero(사람이름) ⇒ 웅변가
　　Nero(왕의 이름) ⇒ 폭군
　　Shylock(사람 이름) ⇒ 냉혹한 고리대금업주 (Shakespeare의 '베니스의 상인')
　　Lynch(사람 이름) ⇒ 사적인 형벌을 가함

07 단어 의미 변화의 이해

백마 탄 기사는 모든 여성들이 흠모하는 대상이지만, 'knight'의 어원을 확인한다면 환상에만 잡혀 있기는 쉽지 않을 것이다. 기사가 오늘날에는 여성에게 모든 예절을 지키는 신사의 대명사이지만, 본래의 의미는 '하인, 종복(servant)'이였으며 충직한 충복을 가리키던 말이었다. 만일 본래의 의미를 그대로 따른다면 '기사도 정신 = 하인 정신, 머슴 정신'을 인정할 수밖에 없는데 누구도 이것을 인정하려는 사람을 없으리라고 생각한다. 이처럼 단어의 의미는 시대에 따라서 본래의 의미보다 훨씬 좋게 변하기도 하고 반대로 안 좋은

방향으로 변하기도 한다. 예를 들면 한국말의 '사내, 계집'은 여자와 남자를 가리키던 보통 단어였지만, 오늘날에는 여자와 남자를 낮추어 칭하는 수단으로 전락한 것을 볼 수 있다.

7.1 의미의 변화

미국의 구조주의 언어학의 대부라고 할 수 있던 Bloomfield는 의미변화를 다음과 같이 정의하였다. 그의 말의 요점은 어휘 의미 변화는 문법 범주 변화와는 달리 의미의 변화로서 별도로 구분 지어야 한다는 것이다.

"Innovations which change the lexical meaning rather than the grammatical function of a form, are classed as change of meaning or semantic change."
(문법적 요소에서 기능 측면으로 발생하는 변화가 아니라 어휘 측면에서 발생하는 변혁은 의미적 변화라는 관점으로 분류할 수 있다.)

언어의 그 어떤 변화보다도 의미변화는 언어사회의 생활과 문화에 밀접하게 관련된다. 단어들의 의미변화 유형은 끝없이 여러 양상을 보이지만, 확대(extension), 축소(narrowing), 비유적 용법(figurative use), 존속(subreption) 등 네 가지 유형으로 간략화 한다.

7.1.1 의미확대

●●●●

한 단어가 뜻하는 개념을 여러 가지로 확대시킬 수 있다.

eg) salary: '군인들의 봉급'을 뜻하는 라틴어 salarium에서 왔으며, 이 단어는 salarium은 원래 소금을 뜻하는 sal에서 유래되었다.

dog: 특수한 힘 쎈 개의 품종을 가리키던 중세 영어 dogge에서 유래하여 지금은 일반적인 개를 가리키게 되었다.

7.1.2 의미축소

의미확대의 반대 양상으로 한 단어가 가리키는 여러 개념이 축소되거니 특수화되는 것이다.

eg) Meillet의 예에 의하면 프랑스어 saoul은 원래 '무엇으로 가득한'의 뜻이었던 것이 오늘날에는 '어떤 사람이 술에 취한'이란 뜻으로 그 의미가 축소되어 쓰이고 있다.

7.1.3 비유적 용법

노년기를 '인생의 황혼'으로 비유하듯, 이러한 비유가 일반 언어생활에 일반화될 때 그 비유적 의미가 새 의미로 정착되며, 때로는 주된 의미의 지리를 차지하기도 한다. 예로서 '병목'은 차량이 천천히 빠져나가는 현상에 비유되어 쓰인다. yurt(터키어)는 고대 터키어 또는 현대 터키어족 일부에서 중앙아시아 유목민들이 쓰는 천막을 가리켰는데, 오늘날은 '국가, 조국, 영토' 등의 의미로 사용되고 있다.

7.1.4 존속

기호표현(기표, signifiant)은 그대로 존속되었으나 기호내용(기의, signifié)만이 변한 것이다. 예를 들면 군사 병기의 말들을 보면, 옛 단어가 오늘날 그대로 쓰이면서 내용만 바뀐 것이 있는데, 영어의 artillery는 중세 영어 artillerie에서 발달한 것으로 표현은 그대로 이지만, 그 의미가 돌대포, 돌화살에서 박격포, 대포 등을 가리키는 것으로 변하였다.

7.2 어휘의 변화

7.2.1 어휘소멸

언어사회가 어떤 어휘항목들을 사용하지 않게 될 때 그 단어는 소멸된다. 예로서 옛날의 매사냥이나 연금술에 관계되는 단어들은 오늘날 매우 드물게 쓰이고 골동품 수집가나 과학사들만이 쓸 정도 이다. 셰익스피어의 고전들은 오늘날 주석이나 단어 해설을 필요로 하는데, 그가 썼던 placket(스커트의 옆 터진 곳), foin(칼로 찌르기), to rash(멧돼지에게 이빨로 물리다) 같은 단어들은 더 이상 쓰이지 않는다.

어떤 대상물이나 개념이 그 언어사회에서 더 이상 쓰이지 않아 소멸되는 단어 외에도 사람들의 호감을 잃어 더 이상 쓰이지 않게 된 단어들도 있다. 인종 표현어 Jew와 Negro가 있다. Jew는 유태인 을 모욕하는 경멸적 표현에 쓰이는 것이기 때문에 점잖은 표현인 Jewish로 대치되었고, Negro 대신 Blacks를 더 선호하며, 최근에는 African-American으로 변형되어 사용되고 있다.

7.2.2 어휘의 출현

어떤 대상물이나 개념 또는 제도가 다른 문화를 가진 언어사회에 도입될 때, 그것의 언어표현은 다른 언어사회에 차용된다. 특히 조선시대 새로운 문물이 한국 영토에 유입되면서 새로운 용어가 엄청 나게 나타났고, 최근에 컴퓨터에 관련된 분야가 확대되면서 서신을 대신하는 'e-mail' 또는 'SNS(Social Networking Service)' 등과 같은 용어들이 많이 출현하였다. 다음 설명은 시대에 따라서 출현 빈도수가 두드러진 영어어휘 계통 역사 흐름을 보여주고 있다.

중세시대: 종교 관련 용어들이 출현
근대시대: 생산과 수송 관련 용어의 출현
초기현대시대: 물리, 화학 등 과학 분야와 관련된 용어의 출현
현대시대: 우주, 통신, 의학 용어의 출현

XII 통사론의 이해

01 어순의 기능

통사론이 언어에서 하는 역할은 무엇일까? 지금까지 모음과 자음의 결합으로 이루어진 단어들이 더 큰 구조를 형성하는 데는 언어의 기능인 의미전달과 아주 밀접한 관련성이 있는 것 같다. 다만 단어들의 연결이 무작위로 이루어지는 것이 아니라, 각 단어들이 특정 구조 안에서 어떤 순서로 있어야만 적절한 의미를 전달한다는 점을 아는 것이 무엇보다도 중요하다고 생각한다. 인간이 비록 각 단어 별로 확실한 배경 지식을 가지고 있다 하더라도 단어들이 정해진 순서를 어기고 무질서하게 열거되면, 전체적인 측면에서 의미를 전달받아야 하는 수신자는 화자가 의도하는 바를 전혀 알지 못하게 되는 상황에 이르게 된다. 다음 예를 자세히 들여다보면 바로 단순한 단어만 나열하도록 한다고 해서 의도하는 바가 정확하게 전달되지 못하는 현상을 알 수 있다. 다음의 절(만약 절이라고 불릴

수 있다면)들은 각 단어의 의미와 상관없이 전체적인 의미를 가리
키는 것이 무엇인지를 알기 어렵다.

*Hit ball a he. (doesn't make sense with this order.)
*We can't be called a language
*Speaker only by memorizing words.

위와 같은 문제점을 해결하기 위하여 문법학자들은 문법의 모델
을 설정하였는데 이 모델에서 중시되는 것 중 하나가 바로 단어들
의 순서를 결정하는 것이다. 그 결과로 문법에서 단어들의 순서만
을 중시하여 설정된 문법이 나오게 되었으며, 그 문법은 단어순서
문법(word-order grammar)이라고 불렸다.

1.1 단어순서 문법

영어의 단어순서 문법에 의하면 두 예 중에서 첫 번째 것이 옳은
문장이다.

He hit a homerun
*A hit he homerun.

단어의 순서는 한 문장 내에서 단어들이 제대로 어우러져 총체적
인 의미를 결정할 수 있도록 유도할 뿐만 아니라, 단어들의 순서상
의 변화를 통하여 문장으로 하여금 다른 의미를 전달할 수 있게도
할 수 있다. 즉 'dog'와 'man'의 순서를 동사를 중심으로 바꿈으로
써, 의미적으로 별개인 두 문장을 만들어낼 수 있다.

The dog bit the man.

The man bit the dog.

단어순서 문법의 문제는 바로 중의적인 해석이 불가능한 구조라는 점이다. 중의성(ambiguity)이란 해석에 있어서 하나 이상의 의미 부여가 가능한 경우를 가리킨다.

Old man and woman → old man, woman

                             old man, old woman

little girl's bike → The girl is little.

                   The bike is little.

fat general's wife → The general is fat.

                   The wife is fat.

They are fascinating girls.

'fascinate'이 동사인 경우에는 'girls'가 목적어가 됨.

'fascinate'이 현재분사화 된 형용사라면 'girls'를 수식한다.

They are moving sidewalks.

'move'가 동사이면 'sidewalks'는 목적어가 된다.

'move'가 현재분사이면 'sidewalks'를 수식한다.

중의성(ambiguity)과 애매성(vagueness)은 다른 개념이다. 중의성은 구조적인 차이에 그 원인이 있지만, 애매성은 구조적으로 완벽할지라도 의미적으로 분명할 수 있도록 세분화되지 않아서 생겨나는 경우이다. 'I have a new neighbor'에서 '이웃'이라는 단어가 올바른 곳에 위치하고는 있지만, '이웃' 자체가 누구인지가 명시되지 않아서 의미적으로 애매함이 나타난 경우를 보여주고 있다.

여기서 말하는 의미의 차이란 단어가 나열되는 순서에 의거하여 생기는 것이며, 이것은 단어순서 문법에서 추구하는 바이기도 하다. 그렇지만 이미 보았듯이 단어의 순서를 그대로 유지하고도 여러 가지 의미를 가리키는 경우들이 있었는데 이것은 단어순서 문법이 설명할 수 없는 부분이기도 하다. 그 이유는 단어순서 문법에 의하면 의미가 달라지려면 단어의 순서에 변화가 반드시 있어야 하기 때문이다. 다음의 예는 한 어휘가 다의적일 때 생기는 중의성을 보여 주고 있다.

'bank'라는 단어는 사전적인 의미가 하나 이상으로서 동일한 단어가 두 개 이상의 의미를 가리킬 수 있다. 이와 같이 한 단어가 보여 주는 의미상의 중복성은 어휘적 중의성(lexical ambiguity)이나 동음이의어(homonym)라고 한다.

＊어휘의 다의성에서 오는 중의성
eg) bank ┌ ① money deposit place (은행)
　　　　 └ ② river bank (강둑)

1.2 구조 분석 문법

다음에 제시된 단어순서 문법으로 설명할 수 없었던 예들(주로 구조적 분석에 근거한 중의성)을 다른 방법으로 설명할 수 없는지를 생각해본 것이다. a, b, c라는 세 단어를 단순히 평면적인 관계(flat structure)로만 보지 않고, 각각의 단어들 내부에 독자적인 구조를 인정하는 계층 방식을 도입함으로써 세 단어가 어우러진 구조가 단어들의 순서에 대한 변화 없이도 다른 의미를 나타낼 수 있음을 보여주었다.

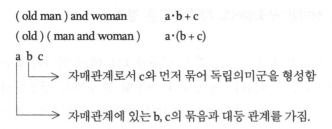

(old man) and woman $a \cdot b + c$

(old) (man and woman) $a \cdot (b + c)$

a b c

⟶ 자매관계로서 c와 먼저 묶어 독립의미군을 형성함

⟶ 자매관계에 있는 b, c의 묶음과 대등 관계를 가짐.

위에 제시된 구조에서 각 요소들은 부분적으로 묶일 수 있다. 계층적인 구조(hierarchial structure)를 이용하면 한 문장이 단어의 순서를 바꾸지 않고 다른 의미를 가리킴을 설명할 수 있다. 그 이유는 계층적인 방법은 부분적으로 다른 묶음을 통하여 의미가 달라지는 것을 보여줄 수 있기 때문이다.

a, b, c → 'flat' structure → 이 구조에서 각 요소들은 동등한 관계에 있다.

a, [b, c] → 'hierarchical' → 이 구조에서 각 요소들은 의미에 따라 내부 구조를 가진다.

문장을 단어의 순서에만 의존하여 분석하는 것이 아니라 문장 내부에 또 다른 구조가 있을 수 있다고 생각하는 방법이다. 이런 생각은 문장의 의미 차이가 단순히 단어들의 나열에서의 차이에만 있는 것이 아니라 단어끼리의 묶음으로도 의미 차이가 가능하다고 보는 것이다. 구조 분석 문법에 의하면 문자의 의미 차이는 단순히 단어들의 순서에만 있는 것이 아니라 단어들이 형성하는 하위구조에도 있다고 볼 수 있다. 그러나 구조의 차이로만 모든 문장의 속성을 다 설명할 수 있는 것은 아니다. 경우에 따라서는 구조의 차이가 있더라도 의미가 같을 수도 있다.

1.2.1 상이한 구조임에도 의미가 같은 경우

　능동형 문장과 수동형 문장은 구조가 다름에도 의미가 같은 경우
에 해당한다. 그 이유는 능동형과 수동형 모두에서 행동주의 행동
의 결과를 받는 대상에는 차이가 없기 때문이다. 다음의 예들은 비
록 다른 구조를 보이지만, 의미적인 측면에서는 차이를 보이지 않
고 있는 것들이다.

　능동 A tiger killed two hunters.
　수동 Two hunters were killed by a tiger.

　부정어인 'not'의 위치가 다를 뿐 기본적인 의미에서는 두 문장이
전혀 차이를 보여주지 않고 있다.

　I don't think he is sick.
　I think he is not sick.

　종속절의 주어가 주절의 목적형으로 바뀌었을 뿐 'go'의 주어임
에는 전혀 차이가 없다.

　I expected that he would go.
　I expected him to go.

　주어가 너무 길다고 생각되는 경우에는 가주어인 'it'을 대명사로
두고 해당되는 부분을 문미로 옮기는데 이렇게 하여도 의미에 있어
서는 전혀 차이가 없다.

$\begin{cases} \text{To play football fun.} \\ \text{It is fun to play football.} \end{cases}$

1.2.2 동일한 구조임에도 의미가 다른 경우

동일한 구조이지만 다른 의미를 가질 수도 있다. 다음의 문장은 한 개의 구조가 두 개 이상의 의미를 보여주는 경우이다. 첫째 의미는 'flying'이 비행기의 의미를 가지고 있는 'plane'을 수식하는 것이며, 둘째는 'flying'이 현재분사의 형용사 용법이 아니라 동명사형으로서 비행기를 날리는 행위를 의미하고 있다. 각 의미에 대한 분석을 다음과 같다.

Flying planes can be dangerous.　① planes that fly

　　　　　　　　　　　　　　　② to fly (=pilot) airplanes

Mary is easy to please.

　　　'Mary'가 'please'의 목적어로 해석되는 경우이다.

　　　(의미: Mary를 즐겁게 하기가 쉽다.)

Mary is eager to please.

　　　'Mary'가 전체 문장의 주어로 해석되는 경우이다.

　　　(의미: Mary가 누군가를 즐겁게 하기 위하여 열심이다.)

다음 예에서 ①은 병아리가 무엇인가를 먹어야 하는데 그 먹이가 너무 뜨겁다는 것을 가리킨다. ②는 사람이 먹으려 할 때 먹는 대상인 닭이 너무 뜨겁다는 것이다.

Chicken is too hot to eat.　① chicken eat by itself

　　　　　　　　　　　　　② you eat

아래 문장에서 ①의 경우는 Jane이 형용사 서술어 'easy'의 주어로서 '사람을 편하게 해준다' 정도로 해석되며, ②의 경우는 '누군가 Jane을 기쁘게 해준다'로 이해할 수 있다.

Jane is easy to please.　　① Jane이 easy의 주어
　　　　　　　　　　　　　② Jane이 please의 목적어

다음 예에서 첫째는 'Bill'과 'Will' 중에서 'Bill'이 'Jill'을 더 사랑한다는 의미이며, 둘째는 'Bill'이 'Will'과 'Jill' 중에서 'Jill'을 더 사랑하는 경우를 가리킨다.

Bill likes Jill more than Will.
　　　　　　　⎡ Will likes Jill.
　　　　　　　⎣ Bill likes Will.

02 나무 그림의 정체

다음 도표는 'the girl kissed the boy'를 구구조규칙(phrase structure rule: PS-rule)으로 구성한 내용을 수형도로 보인 것이다. 이 그림에서 끝부분은 최종표기로서 이 표기 다음으로는 규칙이 더 이상 존재하지 않음을 가리킨다. 일단 최종표기까지 도달하면 각 표기에 위치하고 있는 문법범주와 연관성이 있는 단어들을 사전에서 골라 넣게 되며, 이로써 문장은 최종적인 모습을 갖추게 된다.

the girl kissed the boy.

(구구조규칙)

S	→	NP	VP
VP	→	V	NP
NP	→	Art	N
V	→	kiss(ed)	
N	→	girl, boy	
Art	→	the	

(수형도 구조)

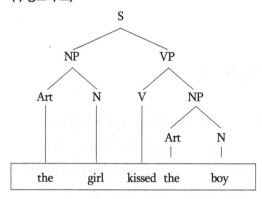

XIII 의미론의 이해

01 의미를 이해하기

언어를 정의할 때 소리만을 생각한다면 진정한 언어라고 할 수 없을 것이다. 따라서 우리는 '소리는 있지만 의미가 없는 언어는 언어가 아니다'라는 명제를 생각해 볼 수 있다. 다만 의미가 그렇게 쉽게 다룰 수 없다는 어려움이 있다는 점을 감안해야만 한다.

1.1 의미에 있어서의 어려움

표현과 문맥 사이에 존재하리라고 생각하는 일대일 관계의 절대성에 문제가 있다.

eg) Dragon, Phoenix, Pegasus, Unicorn
　　의미는 있지만 대상물 자체가 실제로 존재하는 것은 아니다.

Morning Star, Evening Star
금성을 가리키는 것은 같지만 언어적 의미는 당연히 다르게 생각되어야 한다.

비록 'hit, colorful, ball' 세 단어는 각자 한 개 이상의 사전적 의미를 보여준다. 'hit'은 'strike, come upon, run into'의 세 의미를 지니지만, 'he hit the colorful ball'의 문장에서는 'hit'의 세 의미가 모두 사용되지는 않는다. 즉 한 문장이 각 단어들이 보여줄 수 있는 모든 의미를 대변하지는 않는다는 사실이다. 예문에서 우리가 일반적으로 이해할 수 있는 의미는 한 가지일 뿐인데 바로 '그가 공을 찼다'는 사실이다. 이것은 각 단어의 사전적 의미가 문장 전체의 의미와 항상 일치하는 것이 아님을 잘 보여준다.

eg) He <u>hit</u>   the   <u>colorful</u>   <u>ball</u>.
    ⌈ strike   ⌉ ⌈ of many colors ⌉ ⌈ round object   ⌉
    | come upon | | splendid | | dancing place |
    ⌊ ran into ⌋ ⌊   ⌋ ⌊   ⌋

1.2 의미의 범주 분리

다음에 제시된 단어들 사이에 의미의 부류를 나누는 결정은 쉽지 않다.

eg) creek   '모두 물의 흐름을 가리킴'
    stream
    river
    brook
    tributary

"run": 보통은 걸음이 빠른 것을 가리키지만 다른 의미로도 이용된다.

eg) He ran yesterday. (달리다)
   The movie has been running three weeks. (상영하다)
   The General runs the country. (운영하다)

1.3 문맥상 의미와 언어학적 의미

언어 의미를 '비관용적 의미'와 '관용적 의미'로 분류할 수 있다. 관용적 의미는 언어학적으로는 알 수 없다. 이 의미를 이해하기 위해서는 우리는 화자의 의도를 알아야 한다.

eg) Good morning !
   How do you do?
   Do you have a watch?

이들 예들은 언어학적인 의미를 갖지는 않는다. 예를 들어 'Good morning!'은 반드시 좋은 아침을 맞아야만 하는 말이 아니기 때문이다. 누구든지 아침에 만난 사람에게 건네는 의례적인 관용적 용법이다. 대부분의 인사말(greetings)들이 이런 점을 포함하고 있다.
  때때로 사람들은 한 사물에 대한 그들의 감정에 따라 그 사물을 지칭하기도 하는데 이때 이용하는 단어에 차이가 따른다.

예) stingy (구두쇠)   /   economical (경제적이다, 아낄 줄 안다)
   Japs (일본 놈)   /   Japanese (일본 사람)
   politician (정치가, 정치쟁이) /   statesman (지도자로서의 정치인)

02 의미의 상대성

세상을 사는데 주변을 살핀다는 것은 무엇보다도 중요한 일이다. 만일 홀로 세상에 남겨져 있다면 자신이 도대체 어떤 종류의 사람인지를 알기 어려울 것이다. 다른 사람들과 관계 속에서 내 자신이 어떤 부류의 사람이며 어떠한 특성을 소유하고 있는지 쉽게 알 수 있지만, 주변에 아무도 없다면 자신에 대한 평가는 하늘만이 아는 것이 아닐까?

의미론에는 단어의 뜻을 이해하는데 우리의 인생사와 동일하게 관계를 중시하는 관계를 생각하는 접근방법이 있는데, 특정 단어의 특징을 알기 위하여 다른 단어들과의 관련성을 관찰하는 방법을 가리키는 것이다. Firth는 의미에 대하여 다음과 같이 말하고 있다.

The meaning of a word is known by the company it keeps.
(단어의 의미는 같이 동반하는 다른 단어들에 의하여 알 수 있다)

이와 같은 개념에서 출발한 의미론의 방법을 가리켜 상대적 의미론(relational approach)이라고 한다.

2.1 의미의 범주론

2.1.1 색 스펙트럼

색에 대해 정의하려면 우리는 하나의 색깔을 다른 색깔에 견주어야만 한다. 다른 색깔 없이는 우리는 특정 색에 대하여 정의할 수 없다.

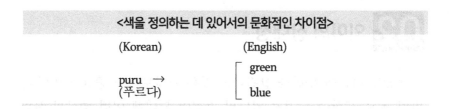

<색을 정의하는 데 있어서의 문화적인 차이점>

(Korean)	(English)
puru → (푸르다)	green blue

2.1.2 가족 관계 분야

가족 관계는 문화에 따라 다르게 정의할 수 있다.

Korean	Hungarian	English	Malay
ənni (hyəŋ)	bòtya	brother	
au(toŋsæŋ)	öcs		sudrà
ənni	néne	sister	
au	hug		

2.2 상대적 의미론의 대표적 용어

2.2.1 동의어

'deep – profound'와 같이 비슷한 의미를 지니는 단어 사이의 관련성을 동의어(synonym) 관계라고 한다.

동의어

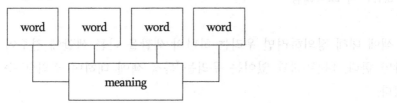

2.2.2 다의어

어원은 동의어와 다의어(polysemant)를 설명하는 기준이 될 수 없다. 비록 몇몇 단어는 어원적으로 여러 가지 의미를 지닌다고 설명되지만, 이제 우리는 그 단어들이 정말로 여러 개의 의미를 소유하고 있는지 혹은 아닌지를 정확히 알 수 없다. "동시적 해석"이 가능할 때 그것은 다의어를 의미한다. 그와 반대의 경우에는, 그것은 동의어를 의미하게 된다.

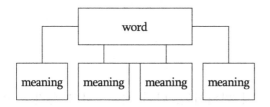

eg) He ran the race.

(run, manage는 동의어)

이 문장에서 'run'은 '달리다'의 의미이며 'manage'의 '경영하다'의 의미를 사용하지 못한다.

(in this case, 'ran' can be interpreted as "run", not "manage".)

Man is a social animal dominated by woman.

(man → human, male, adult를 가리키는 다의어)

세 의미가 모두 적용되어 문장의 의미를 만들 수 있기 때문에 세 의미에 해당하는 경우는 동의어보다는 다의어로 볼 수 있다.

2.2.3 동음이의어

동일한 소리와 다른 의미를 지니는 단어 사이의 관련성을 의미한다. 언어 발달사에서 몇몇 소리의 변화에 의하여 전에는 동일하지 않았지만, 소리가 동일하게 된 단어들을 찾을 수 있다. 동음이의어(homonym)는 때때로 언어를 흥미롭게 한다.

eg) tail - tale
   sea - see
   east - yeast

2.2.4 반의어

반의어(antonym)가 되기 위해서는, 단어들은 하나의 특질을 제외하고는 동일한 의미를 지녀야 한다. 반의어는 의미에 등급을 매길 수 있는 단계성(gradable)과 비단계성(non-gradable)으로 나눌 수 있다.

단계성: hot, warm, lukewarm, cold
   (hot, cold 사이에 중간 단계를 가리키는 단어가 가능하다.)

비단계성: single ↔ married, dead ↔ alive, male ↔ female
   (중간 단계를 가리키는 단어가 불가능하다.)

단계를 설정하는 대표적인 경우가 바로 형용사의 비교급(comparative), 최상급(superlative)이며, 'more, most' 혹은 '-er, -est' 등이 여기에 해당된다. 이들 표현들은 모두 단계성을 허용하는 것으로서 비단계성으로는 사용될 수 없다.

2.2.5 하위어

분류와 포함 과정("class" relation)을 의미하며 단어 의미들의 상하계층(hierarchy)에 바탕을 두고 있다.

하위어의 관계의 예

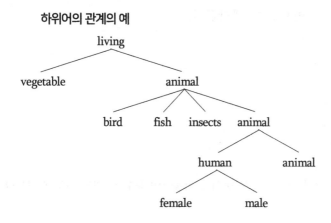

위 도표에서 'animal'이 세 번 사용되었지만 모두 의미상 다른 영역을 가지고 있다. 먼저 두 번째로 나온 'animal'은 첫 번째로 제시된 'animal'의 하위어(hyponym)이며, 가장 위에 있는 'animal'은 두번째 'animal'의 상위어(superordinate)가 된다. 두 번째 'animal'과 세 번째 'animal'도 각자 상위어와 하위어로서 위에 제시된 'animal'과 동일한 관계에 있다.

상위어와 하위어의 관계는 상위어를 하위어보다 의미영역을 넓게 함으로써 특정 상위어에 속하는 여러 하위어들이 서로 결합하여 하나의 상위어의 개념을 나타나게 할 수 있다. 이와 같은 의미적인 설명 방식은 다음에 나올 의미론의 어휘 분해(lexical decomposition) 과정에서, 의미적 자질들이 상위 개념을 표현하기 위하여 특정 단어 의미의 하위어로 배열되는 방법의 기초가 된다고 할 수 있다. 즉 생명체(living)를 표현하기 위하여 하위에 있는 다른 요소들이 밑에서부터 결합해 가는 과정이 전체의 의미를 가리키는데 중요하듯이 하위어로서 나온 용어들을 음운론에서 음소를 위한 변별적 자질들처럼 이해할 수 있다면, 현대 언어학의 의미 자질의 측면을 어렵지 않게 이해할 수 있으리라 생각한다.

eg)
$$\begin{bmatrix} boy \\ child \\ human \\ animal \\ living \end{bmatrix}$$

(이 방법은 단어의 의미적 성분 분석을 적용하여 분류 및 확인 과정에 적용할 수 있다.)

03 내부에서 바깥세상으로

단어 의미를 성분의 분석을 토대로 이해하는 방법을 성분 의미론 (componential approach)이라고 한다. 단어의 정의를 주로 의미론적인 자질이나 고유 자질에 근거하여 이행한다.

예) pregnant ⇒ 이 단어는 [+ female] 의미적 자질을 소유하고 있다. 이 자질이 동물에게 적용되면 우리는 자동적으로 그 동물의 성별을 알 수 있다.

한 단어의 의미는 작은 의미의 요소(의미론적 자질)의 묶음으로 표출된다. 각 자질은 상위어와 하위어로 구성된 나무그림을 이용하여 모을 수 있으며, 각 자질들은 '+, -'의 이분적 특성(binary relation)을 보인다.

$$
\begin{array}{cc}
\text{boy} & \text{man} \\
\begin{bmatrix} \text{+ child} \\ \text{- adult} \\ \cdot \\ \cdot \\ \cdot \end{bmatrix} &
\begin{bmatrix} \text{- child} \\ \text{+ adult} \\ \cdot \\ \cdot \\ \cdot \end{bmatrix}
\end{array}
$$

3.1 성분의미론의 장점

3.1.1 단어의 관계를 정의

예) 반의어 ⇒ 두 단어 사이의 의미 차이는 자질 하나의 차이에 있다.

$$
\begin{array}{cc}
\text{man} & \text{woman} \\
\begin{bmatrix} \text{+ adult} \\ \text{- female} \\ \text{+ human} \\ \cdot \\ \cdot \end{bmatrix} &
\begin{bmatrix} \text{+ adult} \\ \text{+ female} \\ \text{+ human} \\ \cdot \\ \cdot \end{bmatrix}
\end{array}
$$

동의어 ⇒ 모든 자질에서 동일함을 보여준다.

3.1.2 일치 관계

선행사와 대명사의 일치 관계를 명시할 수 있다.

```
who        which
[ + human ] [ - human ]
```

3.1.3 모순을 설명

의미의 모순(contradictory) 현상은 의미론적 자질을 사용함으로
써 설명될 수 있다.

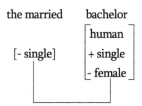

```
the married    bachelor
               ⎡ human  ⎤
  [- single]   ⎢ + single ⎥
               ⎣ - female ⎦
```

결혼한 사실과 총각은 서로 모순 관계에 있기 때문에 상호 연관
성을 맺는 것은 옳지 못한 의미의 문장을 생성할 수 있다.

frighten: V [__ [+ animate]]
*His honesty frightens me.
(놀라게 하는 주체가 살아 있지 않다.)
*I frightened a stone.
(놀라게 할 대상이 적절하지 못하다.)

during: [__ [+duration]]
During the hour.
(한 시간 동안이라는 길이가 나타나 있다.)
*During 10 o'clock.
(시간의 의미에 길이가 포함되어 있지 못하다.)

3.1.4 일탈 현상에 대한 설명 가능

문학적 표현(literary expression)의 목적을 위하여 일부로 요구되는 표현 방식을 어긋나게 하는 방법을 가리킨다. 문학가들은 표현의 극대화를 위하여 이와 같은 방식을 많이 사용하는데, 성분 의미론에 의하면 여기서 제시한 의도적인 일탈도 잘 설명해줄 수 있다.

(다음 예는 실제로 마실 수 없는 것을 문학적 비유로서 표현하면서 작가의 의도를 보여주고 있다.)

drink: [__ [+liquid]]
drank the darkness.
drank the sorrow.

3.2 성분 의미론 문제점

3.2.1 의미론적 자질에 대한 불명확성

의미를 구분 짓는 기준으로 설정한 자질을 살펴보면 몇 가지 문제점들을 안고 있다는 점을 알 수 있으며, 이 문제점들을 정리하면 다음과 같이 정리할 수 있다.

I.   의미 자질은 과연 무엇인가?
ii. 의미 지질은 몇 개까지 설정이 가능한가?
iii. 의미 자질은 보편성을 보여주는가?
iv. 때로는 단어의 의미적 자질과 문법성이 일치하지 않는다.

3.2.2 자질 산출물 다면성

'male, spouse, sibling'과 같은 의미 자질들의 순서만 변화시켜도 다양한 의미를 가리킬 수 있다.

male spouse sibling : brother-in-low
sibling male spouse : sister, brother of husband
spouse male sibling : husband, wife of brother and sister

3.2.3 구별 지어주는 기준성

의미 자질이 단어가 가리키는 의미를 하나로만 국한시켜 항상 정확하면서 불변의 기준을 제시하지는 않는다. 그러므로 자질들이 일부 단어들에 적용되는 경우에 의미를 정확하게 밝히지 못하기도 한다. 그 이유는 범위 구별에 모호성이 발생할 수 있기 때문이다. 다음 예는 'girl'이 소녀를 가리키기도 하지만 때로는 여성 자체를 지시하기도 하면서 의미적으로 발생할 수 있는 애매한 상황을 가리키는 경우이다.

예) You girls! All of you have to be quite as long as you stay in the classroom
(학생들! 교실에 있을 때는 정숙을 지켜주기 바랍니다.)
You girls! Let's think over what will happen in our future.
(여성들이여! 우리 미래에 대하여 한번 생각해봅시다.)

XIV 영어 발달 과정

01 영어의 선조

　사람들은 역사상 아주 유명했던 위인을 접할 때면 흔히 그 사람이 어떻게 태어났는지를 궁금해 하는 것이 일반적인 현상인 것 같다. 예를 들면 일반인들이 물리학의 거장이었던 아인슈타인(Albert Einstein)을 생각해 볼 때 그 사람의 업적은 물론이거니와 그 사람이 태어나고 자란 과정에 대해서까지도 많은 관심을 가질 것이다. 영어에 많은 관심을 가지고 이 언어를 배우고자 노력하고 있는 많은 사람들도 위인을 대하는 사람들과 마찬가지가 아닌가 싶다. 현재 사용되는 있는 영어의 여러 특징들에 대해서 물론 많은 관심이 있기도 하지만, 그 보다 앞서 영어가 과연 어떻게 생겨나서 지금과 같은 모습을 지니고 있는지를 궁금해 하는 것은 지극히 당연한 일이라고 여겨진다.

　현재 대부분의 사람들은 영어를 생각할 때 미국을 떠올리는 것이 보통인 것 같다. 이와 같은 현상이 나타나는 것도 무리는 아니라고 생각한다. 영어를 사용하는 인구 분포를 보면 한 국가로서 영어 인구의 가장 많은 수를 보유하고 있는 국가가 바로 미국이기 때문이다. 그러나 영어는 이름이 이미 가리키듯이 영국(England)을 기원으로 하고 있다. 이 말의 의미는 영어는 미국 대륙의 언어가 아니라 유럽 지역의 언어라는 사실이다. 19세기 경 언어를 지역에 따라서 분류하기 시작한 역사 언어학(historical grammar)은 유럽 지역에 사용되는 언어들을 하나의 어군(語群, language family)으로서 분류하고, 그 어군의 이름을 인구어족(Indo-European Language Family)으로 명명하였다. 역사 언어학자들은 인구어족의 최초 언어를 '인구어'라고 가정하고 최초의 언어가 시대별로 나뉘어 유럽 지역이 현재처럼 많은 언어가 생겨나게 되었다고 주장하였다.

　인구어가 언제인지는 아주 분명하지는 않지만, 동서로 분류가 시작되면서 서군에 속하는 언어들 중에서 독일계 언어로 발전하기 시작하였다. 독일계 언어군은 기원 후 약 100년경에 나타나기 시작하였다고 알려져 있다. 인구어가 독일계 언어군으로 분리된 것은 영어가 생겨나는 데 아주 중요한 계기가 되었다고 할 수 있다. 그 이유는 영어는 역사 언어학적인 조사에 의하면 바로 이 언어군에 속해 있었기 때문이다. 독일계 언어군은 다시 지역적으로 세 부분으로 분리되는데 방향에 따라서 동서북의 세 방향으로 발전을 거듭하게 된다. 이 세 지역의 언어군들은 지금의 유럽 지역을 보면 어떤 언어들로 발전했는지 쉽게 알 수 있다. 동쪽 지역의 독일계 언어는 고딕으로만 발전한 반면에 북쪽 지역으로 발전했던 언어들은 북유럽의 언어들을 형성하는 매우 중요한 바탕이 되었다. 이들 두 어군들과 달리 서쪽으로 발전한 언어들은 고지독어(High German)와 저지독어(Low German)로서 재차 분리 과정을 겪게 된다. 고지독어 계통의 언어들이 현재의 독일어의 모습으로 발전하게 되지만, 저지 독어 계통의 언어는 크게 네덜란드 계통의 언어와 영어로서 최근의 모습을 갖추게 된다. 따라서 영어를 태어난 과정부터 살펴보면 영어와 독일어는 역사적으로 아주 밀접한 연관성을 가지고 있음을 알 수 있다.

> **참고 내용** 역사 언어학은 19세기를 기점으로 하여 발전하기 시작한 언어학 연구 방법의 한 분야이다. 이 분야에 종사했던 학자들은 현대 언어학이 시작되는데 아주 중요한 인물들로서 이들이 주장하였던 이론들은 지금까지도 많은 연구 대상이 되고 있다. 역사 언어학에서 가장 특이한 사항은 신문법주의자(Junggrammatiker = neogrammarian)들의 등장이었다. 이들은 언어의 변천을 정해진 규칙에 따라 이루어지는 결정론적인 현상으로서 규정하고 언어들 내에서 발생한 여러 변화 현상을 자신들이 내세운 규칙에 의거하여 설명하려고 시도하였다.

02 영어가 '잉글리쉬'가 된 과정

영국 영토는 처음부터 영어를 사용하는 사람들이 살았던 것은 아닌 것 같다. 현재 영국을 일컫는 말 중에서 브리튼(Britain)은 로마인들이 이 지역을 지배할 당시부터 사용되었던 지역 명칭이었다. 로마제국을 지배하던 많은 황제들 중에서 줄리어스 시저(Julius Caesar)가 이 지역을 기원전 55년부터 공략하기 시작하였는데, 클라디우스(Claudius) 황제에 이르러 모든 영토를 로마제국 지배하에 두게 되었다. 로마가 영국 영토를 정복할 당시에 그곳에는 켈트 민족(Celt)들이 살고 있었는데 기록에 따르면 이들 민족은 기원전

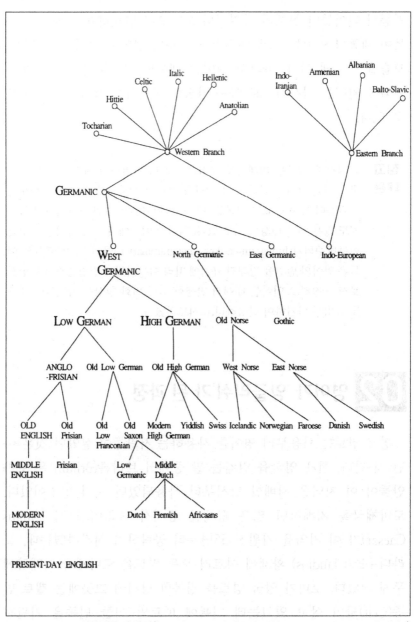

인구어족의 발달(Development of Indo-European Language Family)

6~7세기경 유럽 대륙으로부터 브리튼 섬에 온 것으로 되어 있다.

로마제국은 영국 영토를 계속적으로 지배하지는 못하였다. 그 이유는 로마를 다스리던 지배 계층은 유럽 내의 다른 점령지에 더 많은 관심을 가져야만 했기 때문이다. 결국 로마인들은 영국 영토를 떠나게 되었고, 이곳의 주인으로 다시 나서게 된 켈트 민족들은 브리튼 섬을 독자적으로 다스릴 수 있게 되었다. 다만 문제는 브리튼 섬의 본토 북쪽인 스코틀랜드에 살고 있던 원주민인 바이킹(Viking)이 켈트 민족에게 적지 않는 위협이 되었다는 사실이다. 이것을 해결하기 위하여 그들이 생각한 것이 바로 당시에 유럽 대륙에 살고 있던 게르만 민족을 끌어들이는 것이었다.

게르만 민족들이 유럽에서 영국 영토에 들어오기 시작한 시기는 5세기에서 6세기경이었다. 켈트 민족들은 영국 영토에 나타난 게르만 민족을 처음에는 색슨(Saxons)이라고 불렀다. 그렇지만 게르만 민족들은 자신들을 지칭할 때는 앵글스(Angles)의 의미를 가지는 앵글리쉬(Englisċ)를 사용하였고, 자신들이 세운 국가는 앵겔퀸(Angelcynn)이라고 불렀는데, 이러한 국가 명칭은 'Angle-kin'에서 온 것으로서 '앵글에 속하는 형제'라는 의미로 사용되었다. 11세기에 이르러서 영국 영토는 다시 앵글스의 영토(Angles' land)라는 의미를 가리키는 'Englaland(= England)'라는 명칭으로 불리기 시작하였다.

03 영어의 알파벳이 나타나기까지

영어를 공부하는 사람들이 가장 먼저 접하게 되는 것은 다름 아닌 A~Z의 알파벳을 이루고 있는 철자들이다. 저자 자신도 이 철자들의 모양과 발음을 하나씩 암기하면서 영어 학습을 시작하였던 시절이 생각난다. 그러나 지금에 와서 궁금한 것은 이 철자들이 어디서 유래되었나 하는 점이다. 비록 관심이 있다고 한들 영어를 가르치는 사람들조차도 영어 알파벳의 기원을 정확하게 아는 사람은 그리 흔하지 않기 때문에, 철자 하나 하나의 유래를 알아내는 것은 그렇게 쉬운 일은 아닌 것 같다. 이 장에서는 영어의 토대가 되는 알파벳의 기원에 대하여 생각해 보기로 하겠다.

참고 내용

영국 영토에 이주한 게르만 민족은 하나가 아니었는데, 대표적인 민족 집단은 Jutes, Angles, Saxons들이 있었다. Jutes는 주로 현재의 덴마크 영토 북쪽에 살고 있었던 민족으로 이들은 런던 남쪽을 중심으로 이주하였다. 유럽 대륙에서는 엘베강(Elbe river)과 엠스강(Ems river)을 중심으로 주거 지역을 형성하였던 Saxons는 템즈강 남쪽을 중심으로 이주하였다. 이들 세 민족들 중에서 가장 마지막으로 영국 영토에 이주한 Angles는 주로 템즈강 북쪽을 중심으로 생활권을 형성하였다. 처음에는 이들 민족들이 켈트 민족의 도움 요청에 의하여 영국 영토에 오게 되었지만 결국 게르만 민족들은 켈트 민족을 변방으로 밀어내고 자신들이 이곳을 지배하게 시작하였다.

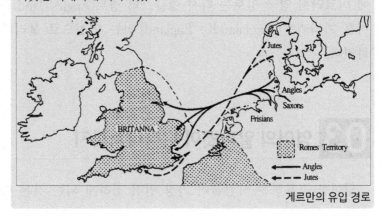

게르만의 유입 경로

284

만일 우리 주변에 글자가 없다면 과연 어떤 상황이 벌어질까? 글자는 문화의 태동과 매우 밀접한 관계를 가지고 있다. 역사를 보더라도 글자를 이용하여 기록한 내용들은 너무도 요긴하게 후세에 사용되는 것을 알 수 있다. 어떤 사람이 중요한 연장을 만드는 방법을 과거에 알아내고 그것을 만들 수 있는 과정을 기록으로 남겨 두었다면, 후대에 이 기록을 보게 되는 사람들이 동일한 방법으로 같은 연장을 만들어 효율적인 생산 활동을 할 수 있을 것이다. 그리고 그 기록은 말소리가 닿을 수 없는 먼 지역에 전달되어, 그곳의 사람들에게도 연장의 혜택을 받게 해줄 수 있다. 이처럼 글자는 문화의 보존과 전파에 절대적인 역할을 할 수 있기 때문에 인간들이 어떤 모양이든지 글자를 만들어 기록을 하고자 함은 아주 자연스러운 일이라고 할 수 있다.

그렇지만 초기의 글자는 지금의 글자 체계와 아주 달랐다는 것이 문제라면 문제일 것이다. 지금까지 남겨진 과거의 기록들을 살펴보면, 최초의 글자들은 주로 그림에 가까운 것이 많았던 것 같다. 예를 들면 자연 세계에 있는 나무를 가리키려면 나무 모양을 그대로 그렸고, 사람을 가리키기 위해선 사람 모양을 그려서 자신들이 뜻하는 바를 기록으로 남겼다. 그림을 이용하여 기록 체계를 세웠던 가장 대표적인 글자에는 상형문자(hieroglyphic system)가 있다. 이 글자는 이집트를 중심으로 사용되었는데 지금까지도 그림을 이용하여 의미를 전달하였던 글자로서 널리 알려져 있다.

우리가 주의 깊게 생각해 보아야 할 것은 그림을 이용했던 글자 체계가 어떻게 소리글자 체계로 바뀌게 되었는가 하는 점이다. 문제는 그림 글자의 한계에 있다고 할 수 있다. 물체를 약호로써 표시

그림 문자 발상의 유사성

하거나 숫자 또는 사람의 이름을 표기할 때 그림만을 이용하는 것은 충분한 방법이 아니었다. 그 이유는 산을 그림으로서 표기할 때 산이 보여주는 모양의 다양성 때문에, 산의 특징만을 따온 표기 방식을 찾지 않으면 안 되었기 때문이다. 결국 산을 가리키는 글자는 특징만을 보유한 약호로 표시되게 되었고, 이것은 글자 체계가 그림보다 훨씬 추상적인 방향으로 발전하는 계기를 마련해 주었다. 숫자의 경우나 사람의 이름도 마찬가지라고 할 수 있다. 많은 숫자를 표시하려고 하는데, 동일한 물체를 반복해서 그리는 것보다는 일정한 수를 나누어 별도의 기호를 설정하는 것이 표기에는 훨씬 효과적이라고 할 수 있다. 사람의 이름도 너무 다양한 상황이 있을 수 있기 때문에, 그림만으로는 모든 이름을 표기하기란 그렇게 간단하지는 않을 것이다.

결국 그림 글자의 한계를 극복하기 위해서 새로운 표기 방식이 고안되었는데 바로 의미와 소리를 동시에 소유한 의미적 음절 글자 체계(logo-syllabic system)이다. 이집트의 상형문제에도 이와 같은 성질의 문자들이 많이 사용되었다. 상형

최초의 문자

286

문자 중에 하나인 '⊙'는 의미적으로는 '태양'을 가리키지만 '/râ/'
와 같은 발음도 가능하다. 이와 같은 방법은 아주 빨리 퍼져 나갔
다. I. J. Gelb는 그의 저서인 *A Study of Writing*(1963)에서 방금 전에
설명한 것처럼 그림 글자 체계가 소리글자 체계로 바뀌어가는 과정
을 잘 설명해 주었다.

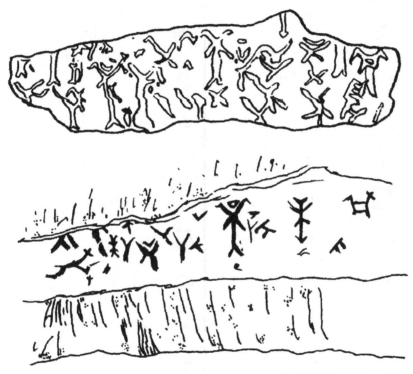

데미안(手宮) 동굴의 고대문자

이처럼 그림을 음절 중심의 소리글자 체계로 전환된 후 영어의
철자와 같은 소리글자 체계가 나타나기 시작하였다. 영어의 소리글
자 체계를 설정하는 데는 그리스인들의 공헌이 절대적이었다. 그러

자 모	그림 본래의 의미	전사자모(발음)	단독으로 의미를 나타내는 경우	자 모	그림 본래의 의미	전사자모(발음)	단독으로 의미를 나타내는 경우
	대머리 독수리	) ['a]			마심지	ḥ [강세 h]	
	갈 대	i [y] ┌어두에서┐ └때로는 a┘			태반 (원판)	ḫ ┌스코틀랜드어┐ └loch의 ch┘	
	두줄기의 갈 대	} y			젖꼭지가 있는 짐승의 배와 꼬리	h [강세 h]	
	팔	⌐ [ʕa]			빗장	} s [z] [강세 s]	
					옷감(실)		
	메추리 새끼 (병아리)	w			연못 (웅덩이)	š [sh]	
	발	b			산허리	ḳ [q]	
	걸상	p			바구니	k	당신은 당신의 당신에게
	살모사	f	그는 그의 그에게		의자	g [강한 g g]	
	올빼미	m	가운데에 ~에 의해 ~로서, ~때문에		빵 덩어리	t	명사의 어미에 붙으면 여성명사
	물	n	~의 (사람)~에게 ~때문에		그물	ṯ [tsh]	당신은 당신의 당신에게
	입	r	(장소)향하여 입(명사)		손	d	
	갈대 울타리	h			뱀	ḏ [dj]	

이집트의 그림 문자와 그 의미

나 그리스인도 알파벳을 새롭게 창안한 것은 아니었다. 그들도 이미 존재했던 글자 체계를 받아들였는데, 그것은 다름 아닌 페니키아 글자(Phoenician)였다. 그리스인들의 기록을 따르자면 시기적으로는 약 기원전 776년경이라고 추정해볼 수 있다. 그리스인들은 자신들이 받아들인 페니키아 문자를 자신들이 사용하고 있던 언어에 맞추어 발전시켰으며, 그 결과 오늘날과 같은 알파벳(alphabet)을 설정하기에 이르렀다.

원 뜻	히에로글리프	히에라티크	시나이 발견 여러 문자	고대 시무드 문자	남셈계 문자	페니키아문자	모하브 문자	헤브라이문자	알파벳 발음	헤브라이어 명칭	우가리트 설형문자
소									'	'Aleph	
집									b	Bêth 1	
궁전										Bêth 2	
모퉁이									g	Gîmel	
빗장									d	Dāleth	
환희 혹									h	Hē	
장식용 장대									w	Wāw	
로터스									z	Záyin	
새싹									ḥ	Hêth	
세트									ṭ	Têth	
파피루스									y	Yōdh 1	
										Yōdh 2	
초목									k	Kaph	
지평선									l	Lāmedh	
물									m	Mêm	
뱀									n	Nûn 1	
지렁이										Nûn 2	
물고기									ṣ	Sāmekh	
눈									'	'Ayin	
입									p	Pē	
얼굴									ç	Çādhē	
짐승의 배와 꼬리									q	Qōph	
머리									r	Rēš	
가지									s	Šîn 1	
?									š	Šîn 2	
생명									t	Tāw	

시나이 문자와 관련 문자의 비교

그리스인들이 페니키아인(Phoenicians)들의 글자를 받아들여 발전시켰다는 것은 이해할 수 있지만, 정작 페니키아 글자가 어떻게 만들어졌는지는 대해서는 분명히 설명하기는 어렵다. 다만 페니키아인들이 활동하였던 지역이 이집트 영토의 근접 지역이라고 할 수 있는 북아프리카였기 때문에 상형문자와 페니키아 글자 체계의 연관성을 생각해볼 수 있을 것이다. 그리스인에 의하여 체계화된 알파벳은 로마인들에 의하여 받아들여지면서 더욱 세련된 모양을 갖추게 됨과 동시에 여러 지역으로 퍼져 나가게 된다. 그 이유는 알파벳을 받아들인 로마 제국은 방대한 지역에 걸쳐서 여러 국가들을 지배하고 있었기 때문이었다. 따라서 주변 국가들은 자연히 그리스 글자를 토대로 발전한 로마 글자를 받아들였으며, 이와 같은 역사적인 현상은 알파벳을 유럽 글자의 대표적인 문자로서 올려놓는데 결정적인 역할을 하게 된다.

참고 내용 본 저서에서는 글자를 문자와 같은 개념으로 사용하고 있다. 문자의 발달 역사는 그림 문자에서 시작되며 의미적 음절 문자로 대체되고 나중에 알파벳과 같은 소리 문자를 낳게 한다. 다음에 나온 내용은 문자의 발달 과정을 간단하게 정리한 것이다.

picture writing ≫ logo-syllabic writing ≫ alphabetic writing
그림 문자   의미적 음절 문자   소리 문자

3.2 알파벳 철자들의 특징과 유래

3.2.1 알파벳이 이전의 글자들과 다른 점

그리스 문자를 거쳐 영어의 기본 틀인 알파벳 체계가 만들어지면

서 영어의 철자는 기존의 페니키아 글자와 다른 특징을 가지게 된다. 두 문자들의 차이점은 크게 둘로 생각해볼 수 있다.

클래식	앙샬			초서체(走行體)			미누스쿨			현대소문자
	4세기	7세기	9세기	전2세기	2세기	7세기	9세기	10·11세기	12세기	
ΑΒΓΔΕΖΗΘΙΚΛΜΝΞΟΠΡΣΤΥΦΧΨΩ										

그리스 문자 자체의 변화

ΠΑΤΕΡΑΠΑCΘΗΤω
ΤΟΟΝΟΜΑCΟΥ·
ΕΛΘΑΤωΗΒΑCΙΛΙ
(4세기)

ΤΕΚΝωΝCΟΥΠΕΓΜΑΤΟΥΝ
ΤΑCΕΝΑΛΗΘΕΙΑΙΚΛΘωCΕΝτω
ΛΗΝΕΛΑΒΟΜΕΝΑΠΟΤΟΥΠΡC
(5세기)

ΠρωτῆῦΠΑΝ́CΤΕΡΓΟΥΓΧΗΊ
πρ°CΤϽΜΕΤCωροΝΕΥΧΕρCΤΕρ
(7세기)

ΔΕΛΦἠΝΕ͞ΠΑΙΝὠΝ. ΤΑ
ΟΙΚΕἶΑΘΑΥΜΆCOΜΑΓΟ͞Υ
ΜἠΝΌΤΙΟΙΚΕἰΑ.ΔΙΑΤΟ͞Υ
ΤΟΤΕΥΔὼCΑΛΛΟΤΙΆΛΗΘ·ἠ·
(9세기)

그리스 문자 앙살체

(기원전 3세기)

(기원전 2세기)

그리스 문자 초서체

원 뜻	명 칭	알파벳 발음	북셈 문자	초기 페니키아 문자	후기 페니키아 문자	키프러스 페키니아 문자	카타르고 문자	신카타르고 문자
소머리	aleph	ʾ						
집	beth	b						
낙타	gimel	g						
문?	daleth	d						
?	he	h						
말뚝	waw	w						
(하늘?)	zain	z						
(담장?)	ḥeth	ḥ						
(보따리?)	ṭeth	ṭ						
손	yod	y						
손바닥	kaph	k						
막대기	lamed	l						
물	mem	m						
물고기	nun	n						
물고기	samek	s						
눈	ʿayn	ʿ						
입?	pe	p						
?	sade	ṣ						
원숭이	qoph	q						
머리	reš	r						
이등	šin	š						
도장	taw	t						

페니키아 문자의 변천

  첫째는 알파벳이 분명하게 나타나는 모음 글자들이다. 페니키아
인들은 북아프리카 지역을 중심으로 활동을 하였던 사람들로서 크
게는 셈족에 속하는 민족이라고 할 수 있었다. 문화 인류학적으로
셈족은 'Semite'라고 불리는데 아랍의 문화권으로 여겨지는 것이 보

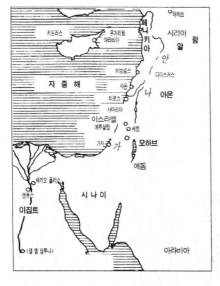

통이었다. 아랍을 중심으로 발전한 글자 체계는 주로 자음을 중심으로 되어 있고, 모음에 대해서는 별도의 글자를 두고 있지 않은 것이 특징이라고 할 수 있다. 그러나 그리스인들은 셈 문화권에 속하는 글자 체계를 받아들이면서 모음을 위한 글자들을 별도로 설정하였는데 이 점이 바로 페니키아 문자와 알파벳을 구분할 수 있는 분기점이 된다고 하겠다. 아랍권 언어들의 글자 체계에 모음을 위한 별도의 글자가 없었던 것은 아랍어권의 단어들이 모음으로 시작되지 않는 것과도 아주 밀접한 관련성이 있다고 할 수 있다. 그러나 그리스어는 아랍어와 달리 모음으로 시작하는 단어들이 있었기 때문에, 이들 모음을 표기하기 위해서는 별도의 글자를 필요로 하게 되었다. 따라서 알파벳에는 'α A (a A), ε E (e E), ι I (i I), o O (o O), υ Υ (u U)'처럼 모음을 위한 글자들이 생겨나게 된 것이다.

둘째는 알파벳 글자를 형성하고 있는 철자들의 의미가 그리스어를 위한 글자 체계로 바뀌면서 사라졌다는 사실이다. 이 말은 페니키아인들이 자신들의 글자들 하나하나에 이름을 정하고 이들 이름들은 각자 본래의 의미가 있었지만, 이들 글자들이 그리스어에 받아들여지면서 글자들의 이름이 가지고 있는 본래의 뜻은 사라진 채 이름만이 남게 되었다는 것이다. 예를 들면 페니키아어에서 'āleph, bêth, gīmel, dāleth'는 각자 소, 집, 낙타, 문을 가리키던 것이었지

294

만, 그리스어에 와서는 의미는 사라지고 'alpha, beta, gamma, delta'처럼 이름만 전수되었다. 우리가 페니키아 문자를 이집트의 상형문제에서 기원되었으리라고 추측하는 것도 그들이 글자에 의미를 부여하던 것과 아주 무관하지는 않다고 생각한다.

3.2.2 알파벳의 기원을 찾아서

영어의 알파벳을 시작부터 생각해보면, 초기의 모습이 이집트의 상형문자와 상당히 흡사한 모습에서 시작한 것을 알 수 있다. 비록 알파벳을 형성하는 글자들이 반드시 상형문자로부터 시작한 것은 아니지만, 근방의 문화의 결산이라 볼 수 있는 시나이 문자와 페니키아 문자가 이미 이집트와는 한 문화권에 속함으로써 상호 영향을 미칠 수 있는 지리적 조건을 가지고 있었기 때문에 이 문자들이 생겨나는 과정도 같은 맥락에서 이해해 볼 수 있으리라고 생각한다. 특히 시나이 문자는 이집트와 아라비아 중간에 있는 반도에서 발견된 문자로서, 지금까지 주장된 학설들에 따르면 가나안인들이 창안한 것으로 되어 있다. 가나안인들은 주로 이집트의 상형문자를 자신들의 목적에 맞게 모양을 변형시켰는데 이들이 주로 한 일은 상형문자에 있었던 자음들을 골라 알파벳의 체계를 세웠다는 사실이다. 이렇게 만들어진 문자들은 후일 가나안 부근으로 퍼져 나갔으며, 페니키아 문자도 이 과정에서 만들어진 것으로 추정되고 있다. 이 단원에서는 현재 영어에서 사용되고 있는 알파벳 26자 중에서 22자의 기원을 찾아보기로 하겠다. 글자들의 발전 과정은 설명이 주어진 이후 예를 통하여 보여주고 있다.

1) 'A'의 발전 과정

이 글자 본래의 명칭
은 'aleph'이며 소(牛)를
의미하며, 상형문자 중
소머리를 가리키는 글
자로부터 시작하여, 시
나이 문자(Sinai)에서 약

Majuscule				
North Semitics	Greek	Latin	Modern italic	Modern Roman
K	A A	A	A	A

Minuscule				
Roman cursive	Roman unical	Carolingian	Modern italic	Modern Roman
λ	λ	a	a	a

호로 변화를 거친 후 페니키아 문자의 일부가 되면서 'A'의 대문자
형태를 취하게 된다. 차이점이 있다면 페니키아 문자 체계 내에서
이 글자는 90°로 누운 상태로 되어 있었고, 이때 'A'의 아래 꼭지점
이 왼쪽으로 아래 부분이 오른쪽으로 향한다. 이 글자가 그리스어
에 들어오면서 현재와 같이 위아래로 서 있게 되는 모양을 가지게
되었다. 소의 머리 모양에서 그리스어의 대문자 alpha가 되는 과정
은 마치 소의 뿔이 위에서 아래로 180° 전환되는 과정을 보여 주는
것과 같다.

이 글자가 그리스어에 받아들여질 때 그리스어에는 이 글자에 해
당하는 자음이 없었다. 그 이유는 셈 문화권에 속하는 언어들은 이
글자를 발음할 때 약화된 자음을 첨부하여 글자의 음가를 표시하지
만, 그리스어에는 약화된 자음이 없었기 때문에 그리스인들은 이
문자를 단순히 'a'를 가리키는 모음 글자로 전환시켜서 사용하였다.
따라서 그리스어에서 alpha의 태동은 모음만을 위한 대표적인 글자
의 시작을 가리키는 것이다. 이 글자로 인하여 그리스어의 문자들
이 비록 아랍권의 문자를 토대로 하여 발전하였지만, 나름대로 모
방에만 그치지 않고 완성도가 훨씬 높은 소리글자 체계를 만들 수
있는 기틀을 마련해주었다고 말할 수 있다.

2) 'B'의 발전 과정

이 글자의 이름은 '집'
이나 '텐트'와 관련되어
있으며, 초기에는 '방'
또는 '건물'의 도면을
가리킨 듯하다. 헤브라
이어의 'beth'는 영어의

Majuscule

North Semitics	Greek	Latin	Modern italic	Modern Roman
𐤁	8	B	B	B

Minuscule

Roman cursive	Roman unical	Carolingian	Modern italic	Modern Roman
ᐅ	B	b	b	b

'B'에 해당하는 'ב'를 가리키는 명칭으로서 본래는 '집'을 가리키는
단어였다. 이집트의 상형문자나 시나이어 문자를 보면 이 글자의
초기 모형은 집을 위에서 내려다 본 듯한 형상을 지니고 있었다. 이
문자가 페니키아에 전해지면서 모양이 달라지기 시작하였다. 우선
페니키아 문자에서 이 문자는 'B'의 위쪽 부분이 현재와는 달리 왼
쪽을 바라보고 있는 모습이었다. 'B'의 아래 부분은 아직 글자 속에
형성되지도 않았다. 당시의 글자 모양은 마치 기가 왼편을 향한 깃
발을 연상시킨다고 보면 된다. 이것이 현재의 'B'의 모양이 된 것은
바로 그리스어에 이르러서였다. 우선 글자가 초기의 모습과는 달리
180° 오른쪽으로 전환되었으며 현재의 모습처럼 위아래로 나뉜 모
양을 갖기 시작하였다.

3) 'C, G'의 발전 과정

이 글자는 본래 'G'를
가리키는 모양에서 시
작되었다. 최초에 이 글
자가 가리키던 의미는
'모퉁이'나 '구부러진 부
분'이었는데 헤브라이어

Majuscule

North Semitics	Greek	Latin	Modern italic	Modern Roman
𐤂	Γ	Γ	C	C

Minuscule

Roman cursive	Roman unical	Carolingian	Modern italic	Modern Roman
ᒉ	C	c	c	C

에 이르러 곡자('ʒ'구부
러진 자를 가리킴)의 의
미를 가진 'gimel'이라는
이름을 가지게 되었다.
물론 구부러진 모양에
서 시작되었다는 점에

G
g

Majuscule				
North Semitics	Greek	Latin	Modern italic	Modern Roman
𐤂	𐌂	Γ	G	G

Minuscule				
Roman cursive	Roman unical	Carolingian	Modern italic	Modern Roman
ʒ	G	g	g	g

서는 공통점이 있다고 할 수 있다. 다른 학설은 이 글자의 이름인
'gaml'이 'gimel'의 원조로서 바로 '낙타'를 가리키는 의미를 가진
단어이기 때문에 글자의 모양이 동물에서 유래되었다 주장도 한다.
그러나 낙타의 등에 있는 '혹'을 연상해보면 이것도 구부러진 모양
을 가지고 있기 때문에 구부러짐을 가리킨다는 점에서는 크게 벗어
나지 않는다고 생각할 수도 있을 것이다. 페니키아 문자에서는 단
지 구부러진 것만을 받아들여 글자의 구부러진 부분을 위로 향하게
하여 수평적 모습으로서 글자를 설정하였지만, 그리스인들은 이 글
자를 수평이 아닌 수직으로 사용하기 시작하였고, 따라서 구부러진
부분이 위를 향하는 것이 아니라 왼쪽으로 향하게 되었다. 그리스
시대에 이르러 이 글자의 명칭은 'gamma'로 전환되었다. 즉 'G'를
가리키는 용어로서 자리를 잡게 된 것이었다.

글자의 구부러진 형태는 에트루리아어와 로마어에 이르러 더 분
명하게 나타나기 시작하였다. 이 언어들이 사용되던 시대에 글자
모양은 현재의 'C'와 같이 좀 더 둥글게 변하였지만, 에트루리아인
과 로마인들은 이 글자를 'k' 소리에 사용하였다. 'G'가 사용되기
시작한 것은 이미 로마자에 'k'를 위한 글자가 있었지만 'g'를 위한
글자가 없었기 때문에 'C'에 선을 가미하여 'G'와 같이 변형시켜 'g'
소리를 표시하게 한 것부터라고 할 수 있다.

4) 'D'의 발전 과정

이 글자의 이름인 'delt'는 '문짝'을 가리키던 말이었으며, 셈어인 'daleth'로도 동일한 의미를 가지고 있었다. 이것이 후일 그리스어

Majuscule				
North Semitics	Greek	Latin	Modern italic	Modern Roman
◇	Ϙ	△	⊃	D

Minuscule				
Roman cursive	Roman unical	Carolingian	Modern italic	Modern Roman
ꜱ	ꝺ	d	d	d

명칭인 'delta'에 이르러서는 '삼각주'를 가리키게 되었는데 조금은 신기하게 생각되기도 한다. 다만 '문짝'을 가리키던 글자의 명칭이 '삼각형'의 의미로 달라진 것은 '텐트'의 입구를 연상하는데서 나온 것이 아닌가 싶다. 우리가 '텐트'의 전통적인 모습을 지니고 있는 아메리카 인디언의 천막을 생각해보면 어느 정도 단어 의미의 변환 이유를 상상할 수 있으리라고 생각한다.

글자의 모양은 그리스어에 이르러서는 삼각형으로 나타났지만, 이것이 로마어에 받아들여지면서 수직으로 변형되고 둥근 부분이 오른쪽을 향하게 되었다. 글자의 한 부분이 원형으로 변한 것은 로마어에서만 발생한 것은 아니었다. 초기 시나이어 문자에서도 삼각형의 위 꼭지점이 둥글게 나타나기도 했다. 다만 페니키아 문자에서는 이 글자를 마치 삼각형을 그려 놓은 듯한 모습으로 기록하였고 이것이 그리스에 받아들여진 것이었다.

5) 'E'의 발전 과정

이 글자는 '즐거움'을 가리키는 감탄사로부터 시작되었다. 특히 '헤(he)'는 헤브라이어의 감탄사에서 유래된 말이다. 이 글자의 최초의 모양은 이집트의 상형문자 중에서 'qa, ḥāā'로 읽히는 문자였는데 그 글자의 의미는 '즐거워하다, 기뻐하다'를 나타낸 것으로서

사람이 두 팔을 번쩍
들어 올린 모습을 그린
것이었다. 이 글자가 이
후 시나이 문자에 이르
러 사람의 모습을 간략
화한 모습으로 변하는

E
e

Majuscule					
North Semitics	Greek		Latin	Modern italic	Modern Roman
𐤄	𐌄		E	*E*	E

Minuscule					
Roman cursive	Roman unical	Carolingian		Modern italic	Modern Roman
	e	e		*e*	e

데 그 모양은 양팔을 위로 향하게 한 것만을 상징적으로 표시한 것
이었다. 마치 농기구 중에서 쇠스랑의 자루를 제외한 뾰족한 부분
만을 상상하면 그 모습을 어느 정도 이해할 수 있을 것이다. 페니키
아어에서는 더욱 간략화 되어 마치 머리를 빗는 데 사용하는 빗과
같은 도구 상징하는 모양으로 변하였다. 그리스어에 이르러서는 빗
의 빗는 부분만을 간략화한 'E'로 모양이 정착하게 되었는데 이미
아라무어의 문자에서도 이와 유사한 모양을 하고 있던 것을 알 수
있다. 다만 글자의 오른쪽 부분이 선으로만 나타나지 않고 작은 삼
각형을 두 개를 붙인 듯한 모습으로 되어 있던 것이 다를 뿐이었다.
　여기서 하나 유의할 점은 아랍권의 문자들은 자음뿐이며 모음을
가리키는 글자가 없었다는 사실이다. 따라서 'E'는 'A'처럼 두음에
나오는 자음 소리를 생략하고 뒤에 남은 모음만을 살린 결과이다.
예를 들면 'he'에서 약음화된 'h'를 생략하여 나중에 남은 소리인 'e'
만을 발음함으로써 'E'의 음가를 결정하였다는 사실이다. 또한 음
가를 살리는 면에서도 글자의 명칭을 'epsilon'으로 결정하였다.

6) 'F, V, U, W'의 발전 과정
　영어의 알파벳을 연구하는 과정에서 흥미롭게 생각할 수 있는 부
분은 바로 이들 네 철자의 기원이 상호 밀접하게 연관되어 있다는
사실이다. 이 글자들의 명칭인 'waw' 또는 'vav'는 '정(釘), 갈구리

(鉤), 곤봉'과 같이 구부러지고 두드릴 수 있는 연장을 가리키며 페니키아어와 헤브라이어로부터 시작된 말이다.

'F'는 'V, W'로부터 시작된 듯하다. 그리스어에 들어와서는 'W'를 가리키는 음을 위하여 'F'를 사용했지만, 나중에는 더 이상 이 글자가 사용되지 않게 되었다. 그렇지만 에트루이라 문자와 로마 문자에 이르면서 'F'는 다시 살아나게 되었다. 특히 에트루리아어에서 이 문자는 현대 문자와 달리 글자 모양이 완전히 반대 방향으로 사용되었는데 로마어에 이르러 지금과 같은 방향으로 바뀌게 되었다.

'F'가 'V'와 연관성을 갖는 현상은 발음에서도 많이 나타나는데, 고대영어의 경우에는 'F'로 기록되어 있지만 음운적 환경에 따라서 'F'가 'V'로 발음되었던 예들이 얼마든지 있었다. 즉 고대영어 단어

Majuscule

North Semitics	Greek	Latin	Modern italic	Modern Roman
Y	Ⅎ	FI	F	F	F

Minuscule

Roman cursive	Roman unical	Carolingian		Modern italic	Modern Roman
F	F	f		f	f

Majuscule

North Semitics	Greek	Latin	Modern italic	Modern Roman
Y	Y	Y	V	V	V

Minuscule

Roman cursive	Roman unical	Carolingian		Modern italic	Modern Roman
u	Y	u		V	V

Majuscule

North Semitics	Greek	Latin	Modern italic	Modern Roman
Y	Y	Y	V	W	W

Minuscule

Roman cursive	Roman unical	Carolingian		Modern italic	Modern Roman
	uu			W	W

Majuscule

North Semitics	Greek	Latin	Modern italic	Modern Roman
Y	Y	Y	V	U	U

Minuscule

Roman cursive	Roman unical	Carolingian		Modern italic	Modern Roman
u	u	u		u	u

인 'ofer'에 있는 'f'는 모음 사이에서 'v'로서 발음됨으로써 현대영어의 'over'와 같은 모습의 발음 현상을 보여 주었다.

'V'와 'W'는 발음상 정확하게 구분되지는 않은 것 같다. 그리스어에서는 이 소리들을 대표하여 'Y'를 만들고 'upsilon' 또는 'Ypsilon'이라고 불렀다. 비록 그리스어의 'Y' 문자는 현대에는 'ü'처럼 발음되고 있지만 과거에 그리스의 서부 방언에서는 'w'로 읽혔을 것으로 생각된다. 이탈리아에서는 'y'가 거울에 비추어진 것처럼 반대 방향으로 되어 있던 문자형으로부터 'V'를 만들어내었으며 '[u]'의 발음을 표시하게 하였다. 이후 로마인들은 이 표기 방법을 받아들이게 되었다. 중세기에 이르러서는 'V'는 자음을 위하여 남게 되었고, 'U'를 고안하여 모음을 표기하는 방법을 모색하게 되었다.

'W'는 고대영어에서 중세영어로 넘어가는 분수령이 되는 노만정복(Norman Conquest)이 발생한 이후에 앵그로 색슨인(Anglo-Saxon)들이 르네문자에 있던 'W'에 해당하는 발음을 표현하기 위하여 만든 것이다. 영어로 'W'를 'double u'라고 부르는 것은 'u'를 두 개 연결시킨 것을 가리킨다고 볼 수 있다. 불어에서는 'W'를 '도브르베[dubləve]'라고 읽는데 'v' 두 개로 만들어진 문자라는 의미이다. 불어가 문자 명칭의 발음으로 기원은 정확하게 설명하고 있다고 할 수 있겠다.

7) 'H'의 발전 과정

이 문자의 기원은 분명하지는 않은 것 같다. 우선 일설에 의하면 이집트의 상형문자 중에서 '실 한 타래, 밧줄'을 의미하는 문자에서 시작되었다고 하는데 당시 해당 문자는 'ḥ'로 발음되었다. 셈족은 엉킨 끈의 의미로서 실타래를 '체틀(chattle)'이라고 불렀다.

다른 주장에 의하면 '둘러쌓음'의 의미를 가리키던 과거의 문자

에서 'H'가 나왔다고도
한다. 특히 이 학설에
의하면 나중에 '둘러쌓
음'의 의미는 '벽(壁)'을
가리키게 되었고, 페니
키아어에서는 '주위를

Majuscule

North Semitics	Greek	Latin	Modern italic	Modern Roman
日	日	H	H	*H*	H

Minuscule

Roman cursive	Roman unical	Carolingian	Modern italic	Modern Roman
h	h	D	*h*	h

둘러쌓음'의 의미를 더욱 강조하여 문자를 설정했다는 것이다. 헤
브라이어로는 이 문자를 'hét, hêta'로 명명된 이유 또한 '둘러쌓음,
벽'과 같은 의미가 포함되어 있기 때문이기도 하였다.

또 하나의 학설로는 'H'를 이집트의 '로터스 꽃'으로부터 기원을
찾는 것이다. '로터스 꽃'이란 마치 열반에 드는 듯한 향기를 내는
꽃을 가리키는 것으로서, 의미와 상관없이 모양의 약화를 통하여
꽃의 외형이 주변 국가의 문자로 전해지면서 'H' 문자에 가까워진
다고 주장하는 것이다. 이 꽃 모양의 약화는 주로 시나이어에 전해
지면서 상당히 다른 모습으로 나타나게 되는데 문제는 페니키아어
에 이르러서는 아주 다른 모양으로 나타난다는 사실이다. 따라서
'로터스 꽃'이 'H'의 기원임을 주장하는 것은 바로 페니키아 문자에
서 더 이상 설명할 수 없는 상황에 이르게 된다. 그 이유는 페니키
아 문자에서 'H'에 해당하는 글자는 '로터스 꽃'에 기원을 두고 있
다기보다는 '둘러쌓음, 벽'과 같은 의미에 더 가까운 글자 모양을
하고 있기 때문이다.

8) 'I, J'의 발전 과정

이 글자 명칭인 'yod'는 헤브라이어로 '손(手)'의 의미를 가지고
있다. 시나이어, 페니키아어, 알람어에서는 각기 옆으로 향한 손,
펴진 상태의 손가락, 손목이 아래로 향한 모습을 가지고 있었다. 이

들 문자들이 각각의 모양을 가지고 그리스어에 이르기까지 이 문자에 해당하는 발음은 반모음(semi-vowel)이었지만, 그리스인들은 이 문자를 'i'로 변형시켜 모음만을 표기하도록 하였다. 이 모음 글자의 명칭을 'iota'로 정해서 불렀다. 로마인들은 이 문자의 용도를 그대로 받

Majuscule

North Semitics	Greek		Latin	Modern italic	Modern Roman
ʌ	?	ı	ı	I	I

Minuscule

Roman cursive	Roman unical	Carolingian		Modern italic	Modern Roman
ı	ı	ı		i	i

Majuscule

North Semitics	Greek		Latin	Modern italic	Modern Roman
ʌ	?	ı	ı	J	J

Minuscule

Roman cursive	Roman unical	Carolingian		Modern italic	Modern Roman
ȷ	ȷ	ȷ		j	j

아들였으며 'i'로 하여금 'i, j'를 모두 표기하도록 하였다. 그러나 'i'와 'j'는 점차 분리되어 'j'를 '제이'라고 읽게 된 것은 시간이 한참 흐른 후이다.

그렇지만 이집트어의 상형문자에 의하면 'yod'에 해당하는 문자들은 두 가지가 있는데, 'Set 신'을 가리키던 문자와 '파키루스'를 가리키던 문자들이 모두 'yod'와 관련된 것으로 보는 주장도 있다. 그러나 이집트어의 바로 다음 시기에 발달하기 시작했다고 믿어지고 있는 시나이어와 알람어에서는 '손'을 가리키는 모양으로 전환됨으로써 이집트어의 상형문자로부터 'I'가 직접적으로 유래된 것을 희박하게 하고 있다.

9) 'K'의 발전 과정

헤브라이어로 이 글자의 명칭은 'kaph'이며 이 단어의 의미는 손바닥을 가리켰다고 한다. 'I'의 명칭인 'yod'는 'kaph'와 동일한 부

위를 가리키지만, 'yod'
는 단순히 '손'만을 의
미하는 반면 'kaph'는
'완전히 펼친 손바닥'을
표현하는 의미를 가지
고 있는 점에서 차이점

K k	Majuscule				
	North Semitics	Greek	Latin	Modern italic	Modern Roman
	↓	↓	K	K	K	K

	Minuscule				
	Roman cursive	Roman unical	Carolingian	Modern italic	Modern Roman
	k	k	k	k	k

이 있다고 할 수 있다. 다음에 다른 알파벳 문자를 설명하면서 다시
언급하겠지만 이처럼 몸의 부위를 가리킨다는 점에서 서로 공통점
을 찾을 수 있는 것으로는 '눈(眼; ain)'과 '입(口; pé)'과 '머리(頭;
rosh)'와 '이(齒; shin)' 등이 있다.

이 문자의 기원 중 헤브라이 이전 시대를 보면 'K'는 이집트어 상
형문자 중에서 '잎'을 가리키는 문자에서 시작되었음을 알 수 있다.
상형문자를 이어 받은 시나이어에서는 초목의 잎 모양을 좀 더 약
화시켜 잎의 줄기 모양만을 살려 문자로 설정하였다. 이때 글자 모
양은 마치 손을 위로 향해서 펴고 있는 듯한 모양을 하고 있었다.
시나이어에서의 'K'를 생각해 보면 지금의 'K'를 좌측으로 눕힌 듯
한 모습이라고 볼 수 있다. 그러면 'K'의 가운데 있는 두 사선들은
마치 잎을 형성하고 있는 줄기나 손가락을 편 모습을 표현하는 것
같다. 페니키아인들은 이 문자를 받아들이면서 'K'를 수직으로 세
워 사용하였는데 현재의 모양과 달리 180° 반대쪽으로 세워서 사
용하였다. 그 이후 그리스인들은 이것을 다시 현재의 모양처럼 돌
려서 사용하였으며 문자의 명칭을 'kappa'라고 정하였다.

10) 'L'의 발전 과정

이집트어의 상형문자는 표의문자와 표음문자로 분리되어 사용되
었다. 그렇지만 표음문자에 관련되는 글자 수는 25자 내외로 표의

문자에 비하여 상당히 제한되었다. 상형문자 중에서 'L'을 표기하기 위하여 사용하였던 문자는 '열린 지역'이나 '지평선' 등을 가리키는

Majuscule				
North Semitics	Greek	Latin	Modern italic	Modern Roman
Ɩ	ʌ	ʌ	L	L

Minuscule				
Roman cursive	Roman unical	Carolingian	Modern italic	Modern Roman
ʅ	L	ſ	l	l

의미로 사용하는 것이었다. 이 문자가 시나이어로 전해지는 과정에서 변화를 일으키게 되는데, 초기의 표음적인 기능은 사라지고 '지배'를 의미하는 기다란 지팡이로 대체되었던 것 같다. 물론 시나이 문자에서 'L'과 관련된 모양이 지팡이만을 의미하는 것은 아니었다. 이집트어에서는 비슷한 모양의 문자로서 '풀기 어려운 매듭, 올가미' 등을 의미하는 문자가 있었다. 그렇지만 시나이어를 거쳐 헤브라이어로 오면서 글자의 의미는 '가축을 모는 막대기'의 의미로 굳어진 것 같다. 이 문자의 명칭이 바로 이와 같은 경향을 보여 주었는데, 시나이어의 'layad'와 헤브라이어의 'lamedh'는 바로 막대기 자체를 가리키는 단어들이었기 때문이다.

그리스인들은 'L'를 지금과 같이 설정하지 않고 대신 'ʌ'처럼 고깔 모양으로 글자 모양을 만들어 사용하였고, 글자의 명칭은 'lambda'로 하여 시나이어나 헤브라이어에서와 마찬가지로 글자의 의미는 동일하게 생각하였다. 그리스어에서 'L'이 이처럼 고깔 모양으로 변하게 된 것은 그리스인들이 이 글자의 경우에는 남방계 셈족의 글자 모양을 따른 것이 아닌가 싶다. 북셈족과 남셈족은 모두 시나이어를 받아들였지만, 남셈족은 나중에 아라비아 계통의 언어로 변하게 되면서 영어의 알파벳 모형으로 변하는 북방계와 차이를 보여 주었다. 그리스어는 주로 북방계 변화를 보이고 있는 알파벳을 따랐지만, 'L'에 있어서는 남방계의 영향을 받지 않았나 싶다. 그리스

의 문자 체계를 거의 그대로 수용하였던 로마인들은 'L'에 대해서만은 북셈족의 변화 양상을 따른 것 같다. 그 이유는 북셈족의 대표적인 문자 체계인 페니키아어에서는 'L'의 효시가 되는 문자 발달 과정을 찾을 수 있기 때문이다. 다만 초기 로마어에서 'L'이 '𝖩'처럼 사용되었다가 후에 현재와 같이 180° 전환되어 사용되게 되었다.

11) 'M'의 발전 과정

이 문자의 발전은 '물'을 가리키는데서 시작되었다고 한다. 이집트어의 상형문자 중에서는 '물결 모양'을 나타내는 문자가 있는데,

Majuscule				
North Semitics	Greek	Latin	Modern italic	Modern Roman
ξ	⌐ꞁ	M	M	*M*	M

Minuscule				
Roman cursive	Roman unical	Carolingian	Modern italic	Modern Roman
ᨮ	(ꞁ)	ꭑ	*m*	m

이 글자의 모양이 변하면서 현재의 'M'이 유래된 것 같다. 시나이어에서는 상형문자의 물결 모양이 훨씬 약식으로 표기되었으며, 페니키아어에 와서 현재의 'M' 모습이 조금씩 나타나기 시작한다. 그리스어는 페니키아 문자를 거의 받아들이는 형식을 취하고 있는데, 이 문자에서 그 경향이 잘 나타난다고 할 수 있다. 글자의 명칭은 헤브라이어로는 '멤(mem)'이고 그리스어로는 '뮤(myu)'인데 이들 명칭들은 모두 '물'의 의미를 소지하고 있다.

12) 'N'의 발전 과정

이 글자는 헤브리아어로 'nun'이라고 불렸는데 흔히 두 가지 의미를 가진 것으로 알려져 있었다. 첫 번째 의미는 '물고기'를 가리키는 것으로 그 의미는 주로 '알람 문자'로부터 시작되었다. 두 번째 의미는 '뱀'을 가리키는 것인데, 이집트어의 상형문자에도 'N'의

시조로 볼 수 있는 문
자가 바로 '뱀'을 의미
하고 있다. 첫 번째 의
미는 현재에는 학자들
사이에서 인정을 받고
있지 않지만, 두 번째는
거의 정설로서 'N'의 기원을 설명할 때는 거의 이 방법으로 설명을
하고 있다.

상형문자에서 '뱀'을 가리키는 문자는 시나이어로 오면서 구부러
진 모습만 남게 되었지만, 명칭에서는 '뱀'을 가리키는 'nahash'를
사용하였다. 페니키아어에서는 구부러진 것을 좀 더 명확하게 하여
현재의 'N'이 되는 전기를 마련한 것 같다. 그리스어에서는 페니키
아에서 설정된 모습을 거의 그대로 받아들이고 현재의 모양으로 다
듬었으며, 이 글자의 명칭을 '뉴(nyu)'라고 정하였다. 그리스인들이
이 명칭을 사용했던 이유는 바로 '뱀'의 의미를 가지고 있는 이름을
따르려고 했던 것에게 시작된 듯하다.

13) 'O'의 발전 과정

이 글자는 '눈'을 상
징하는 문자로부터 시
작된 것으로 알려져 있
다. 고대 이집트어의 상
형문자에는 눈을 상징
하는 문자 형태가 여러
가지가 있었다. 이것이 시나이어에 이르면서 변형을 시작하는데 우
선 눈 모양이 약식으로 표기되기 시작하였으며, 눈동자를 가리키는

부분이 점점 작아져서 페니키아어에 이르러서는 눈의 주변만을 상징하는 둥근 모습만 남게 되었다. 이집트의 상형문자는 '눈'에 해당하는 문자를 'ari'라는 음가로 표시하였지만, 헤브라이어에 이르러 'áyin'처럼 '눈'을 가리키는 단어를 명칭으로 가지게 되었다. 물론 페니키아어에서도 'áyn'과 같은 '눈'을 의미하는 명칭을 가지고 있었다.

이 문자가 그리스어로 전해지기 전에는 ' ´ ' 표시와 같은 음가를 가지고 있었는데, 이것은 셈족 계통의 언어에 주로 살아 있는 유기음을 가리키는 표기였다. 비록 이 음가가 셈족 계통의 언어라고 할 수 있는 아라비아어에서는 성문폐쇄음(glottal stop)으로 남아 있지만, 동일한 문자가 그리스로 넘어가면서 자음보다는 모음으로서 자격을 바꾸게 된다. 그리스어에서는 글자의 변형 모습, 즉 남은 둥근 모양만을 모음으로 사용하면서 'omikron'이라는 명칭을 부여하였다.

14) 'P'의 발전 과정

헤브라이어로 이 문자의 명칭은 'pe'이며 그 의미는 '사람의 입'이다. 이집트 상형문자에는 이미 '입'을 상징하는 문자가 있었고, 이

Majuscule				
North Semitics	Greek	Latin	Modern italic	Modern Roman
?	?	?	P	*P*	P

Minuscule				
Roman cursive	Roman unical	Carolingian	Modern italic	Modern Roman
P	P	P	*p*	p

것이 시나이어로 전달되면서 입 모양의 타원형 모습에서 각이 드러나는 상자 모습으로 변해간다. 상자 모형에서 현재와 같이 서 있는 모습으로 나타난 것은 페니키아 문자에 이르러서였다. 약간은 물음표에 가까운 모습을 하고 있었는데 그리스어로 전해지면서 현재와 같은 모습을 지니게 되었다. 그리스인들은 'P'의 명칭인 'pe'를 따르

면서 'pi'라는 명칭을 부가하였는데 초기 그리스 시대에는 'P'의 둥근 부분이 각이 지고 완전하게 닫힌 모습을 하고 있지 않았다. 그렇지만 로마어에 오면서 미를 살리는 측면에서 각진 윗부분이 둥글게 변하게 되었다.

앞에서 언급하였듯이 'P'는 이집트의 상형문자 중에서 표음문자에 해당하는 글자의 발음으로 나타나기도 하였다. 언뜻 보기에는 마치 상자 모습을 하고 있는데, 시나이어에서 과거의 둥근 모습이 상자 모양으로 변하는 것과 아주 무관하지는 않다고 생각된다. 다만 페니키아와 헤브라이어에 이르러서 이전의 상자 모양을 완전히 탈피한 것은 아주 흥미로운 일이라고 할 수 있다.

15) 'Q'의 발전 과정

이집트어로부터 기원을 찾는다면 '잘 풀리지 않는 매듭'이나 '동물의 몸통과 꼬리'를 가리키는 문자가 기원이 되었다고 할 수 있다. 그러

Majuscule					
North Semitics	Greek		Latin	Modern italic	Modern Roman
⸮	⸮	⸮	⸮	Q	Q

Minuscule				
Roman cursive	Roman unical	Carolingian	Modern italic	Modern Roman
⸮	q	q	q	q

나 시나이어에서는 글자를 옆으로 뉘여 사용하였고, 페니키아어와 헤브라이어에 와서는 둥근 부분을 위로한 글자 모습이 나타나기 시작하였다. 이 시대부터 글자의 기원을 달리 한 것으로 생각한다. 그이유는 시나이어에서는 이 문자를 '카우(qaow)'라고 하였고, 헤브라이어에서는 '코프(qoph)'라고 명명하였는데 이 명칭들의 의미는 '원숭이'이기 때문이다. 학자에 따라서는 '원숭이'를 글자의 기원으로 생각하는 것이 정확하지 않다고 주장하기도 한다.

이 문자의 원래부터의 기능은 'o, u' 다음에 오는 'k'를 표시하려

는 의도에서 시작되었지만, 나중에는 사라져 버리고 그리스어에도 그 모습이 전해지지 않았다. 다만 로마 시대에 이르러 시나이어로부터 페니키아어와 헤브리아어로 발전된 이 문자를 다시 사용하기 시작하였는데 흥미로운 것은 로마 문자의 초기 모습을 보여 주는 '에트루리아 문자'에서 'Q'는 마치 둥근 사탕을 작은 막대기 위에 붙인 듯한 모습을 하고 있었다는 사실이다. 이것이 좀 더 다듬어져서 현재의 'Q'와 같은 문자가 탄생하게 된 것이다.

16) 'R'의 발전 과정

이 글자가 '머리'를 의미하는데서 시작한 것은 반론의 여지가 없는 것 같다. 이집트어 상형문자를 보면 '사람의 머리'를 가리키는 문자가

R r

Majuscule				
North Semitics	Greek	Latin	Modern italic	Modern Roman
ϙ	ϙ	P	R	R	R

Minuscule				
Roman cursive	Roman unical	Carolingian	Modern italic	Modern Roman
ͬ	R	ɾ	r	r

있었는데 그 글자의 음가는 'tep, tátá'이다. 이 문자가 시나이어로 전달되면서 머리의 상세한 모습보다는 머리 형태만을 상징하는 약식 부호로 변하기 시작하였다. 셈어 계통에서는 이 글자를 '머리'의 의미를 가리키는 '레슈(resh)'로 부르기 시작하였으며, 이 의미의 명칭은 그리스어까지 전달되어 '로(rho)'가 이 글자의 명칭으로 결정되었다.

오른쪽을 바라보고 있는 인간의 머리 모양을 간결하게 표시하면, 뒤통수가 'R'의 수직 부분이 되고 얼굴의 옆모습이 'R'의 오른쪽 모습인 둥근 모양을 띄게 될 수 있다. 시나이어에 있는 문자를 보면 위에서 언급한 유사한 모양이 글자 모습으로 이미 나와 있던 것을 발견할 수 있다. 이 글자가 헤브라이어와 페니키아어로 넘어오면서

'P'의 둥근 부분을 왼쪽으로 돌린 듯한 모습의 문자가 형성되기에 이르렀다. 따라서 'R'과 'P'는 초기 모습에서 서로 혼동될 수 있는 여지가 상당히 많았던 것 같다. 특히 그리스인들이 'R'의 초기 문자를 현재의 모양과 같이 돌려놓음으로써 두 글자 사이의 차이점이 미비하기에 이르렀다. 로마인들은 이와 같은 혼동을 피하기 위하여 'R'을 만들기 위하여 꼬리를 달아 앞으로 길게 늘어뜨린 것으로 보인다. 따라서 초기의 문자 모양에서는 'R, P'는 비록 시작 모습은 달라도 변해가는 과정에서 유사한 모습으로 되어감에 따라 이들을 구분하기 위하여 별도의 표식을 첨부하는 방법이 동원되었다고 생각된다.

17) 'S'의 발전 과정

이 글자의 기원은 글자 명칭의 의미에 따라서 세 가지로 볼 수 있다. 헤브라이 문자와 페니키아 문자를 살펴보면 'S'를 좀 더 세밀하

Majuscule				
North Semitics	Greek	Latin	Modern italic	Modern Roman
W	Ϟ Σ	S	S	S

Minuscule				
Roman cursive	Roman unical	Carolingian	Modern italic	Modern Roman
ſ	S	ſ	S	S

게 분리하고 있는 것을 알 수 있다. 우선 분리 결과를 보면 'Ṣ(sadé), Š(shin), S(samek)'로 나누어 볼 수 있다.

첫째는 이 글자의 명칭인 'sadé'가 '낚시 침, 낫'과 같은 연장이나 '코'처럼 신체의 일부를 가리키는 여러 가지 의미를 가지고 있다는 사실이다. 따라서 이 주장에 따르면 'S'는 연장의 한 종류나 신체의 일부인 코로부터 시작된 것으로 생각해볼 수 있을 것이다.

둘째는 '이'를 가리키는 'shin'에서 글자의 기원을 찾는 것이다. 우선 이 글자에 이와 같은 명칭이 주어진 것은 헤브라이어로부터이

며, 이 언어에서 '이'는 'shin'으로 지칭되었다. 헤브라이어와 페니키아어에서 'S'에 해당하는 문자들을 보면 두 개의 뾰족한 모양으로 '이'를 표현한 듯한 모습을 어느 정도 찾아볼 수 있을 것이다. 그리스의 'S'는 이전 문자들이 '이'를 표현한 것을 위로 세운 모습을 한 것을 알 수 있다.

셋째는 그리스인과 로마인이 '시그마(sigma)'라고 명명한 어원으로부터 글자의 기원을 찾는 것인데 이 주장에 의하면 '시그마'라는 명칭은 과거 페니키아어의 '사메크(samek)'에 해당하는 것으로서 이 명칭의 의미는 '물고기'를 가리킨다.

18) 'T'의 발전 과정

이 글자의 명칭이 가지고 있는 의미는 '표식, 기호'로서 헤브라이어로 'taw, teth'라고 한다. 이 글자의 명칭이 가리키는 표식이나 기

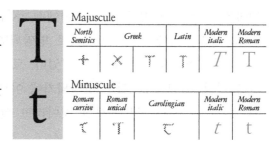

Majuscule				
North Semitics	Greek	Latin	Modern italic	Modern Roman
✝	✗	T	T	T

Minuscule				
Roman cursive	Roman unical	Carolingian	Modern italic	Modern Roman
t	T	t	t	t

호는 주로 십자가를 의미하였다. 이집트어의 상형문자에서는 '생명'을 가리키는 글자로부터 시작하였는데 시나이어에 와서 상형문자의 위에 있는 둥근 부분이 생략되고 마치 십자가를 그린 듯한 모습으로 약화되었다. 이후 헤브라이어와 페니키아어에 이르러서도 글자의 모양은 여전히 십자가 모습을 유지하였다.

그리스어에 와서 글자 모양이 약간 달라지게 되는데, 이집트어의 상형문자에서 윗부분을 생략한 것처럼 십자가에서 위로 올라간 부분을 삭제하고 현재의 'T'를 모습으로 가지게 되었다. 이후 로마인들은 변형된 모습을 그대로 받아들이고, 글자 명칭을 'tē'로 정하여

이전의 문자들과의 연관성을 그대로 유지시켰다.

19) 'X'의 발전 과정

이 글자의 시작을 'ṣamek'를 가리키는 '물고기'로부터라고 주장하는 사람들도 있다. 이 이론에 의하면 'X'의 근원이 'S'라고 보는 것인데

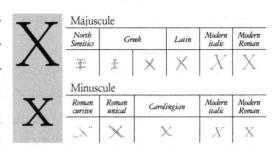

Majuscule				
North Semitics	Greek	Latin	Modern italic	Modern Roman
ꭓ	ꭓ	X	X	X	X

Minuscule				
Roman cursive	Roman unical	Carolingian	Modern italic	Modern Roman
x	x	x	X	X

글자의 명칭 중에서 가장 앞에 있는 'ṣ'를 'X'의 시작으로 보는 것이다. 여하튼 'X'는 초기 셈족 계통의 언어보다는 그리스어에 와서 발전하기 시작한다. 먼저 그리스어에서 'X'는 동부의 'X'와 서부의 'X'로 분리되며 둘 다 '크시(xi)'로 명명되었지만, 나중에 'X'는 '키(khi)'라는 이름을 따로 붙이게 되었다. 로마어에는 바로 나중의 'X'만 들어와 '이크스(ix)'라고 명명되기에 이르렀다. 이 명칭은 오늘날의 'X'의 발음과 가장 유사한 것이라고 할 수 있을 것이다.

20) 'Z'의 발전 과정

이 글자의 명칭은 'zai'이며 연장이나 무기의 일종을 가리키는데 사용되었던 것 같다. 몇몇 학자에 의하면 이 명칭은 페르시아어에서 차

Majuscule				
North Semitics	Greek	Latin	Modern italic	Modern Roman
I	I	Z	Z	Z	Z

Minuscule				
Roman cursive	Roman unical	Carolingian	Modern italic	Modern Roman
z	z	z	Z	Z

용한 것으로 되어 있기도 하다. 다른 주장에 의하면 'zai'는 '올리브나무'를 가리킨다고 하기도 한다. 그러나 글자 모양에서는 이 의미

를 시사하는 어떤 암시도 찾기 어려운 것 같다. 일설에 의하면 페니키아어에서는 'zai'를 'zain'으로 읽으면서 '하늘'을 가리키는데서 나온 것이 아닌가 하는 주장도 있다. 이집트어의 상형문자에는 무기나 연장을 가리키는 별도의 문자가 있었는데 'tem'이라는 음가를 가지고 있었다. 그러나 발음적 측면에서는 'Z'와는 별로 관련성이 있을 것 같지는 않다.

홍미로운 사실은 'Z'는 페니키아어, 헤브리아어, 그리스어 모두에서 알파벳 상의 순서로 일곱 번째에 위치한다는 사실이다. 비록 지금의 체계에서는 가장 마지막에 위치하고 있지만 초기 알파벳에서는 앞에 나와 있는 것이 지금과의 차이점이라고 할 수 있다. 'Z'가 현재 알파벳 체계에서 맨 뒤로 가게 된 것은 로마인들의 이 글자에 대한 인식에서 비롯되었다고 할 수 있다. 초기 로마인들은 그리스어에 있던 '제타(zeta)'를 불필요하게 생각하였다. 그러나 이들이 그리스와 활발히 교류하면서 'Z'의 필요성이 다시 부각되었다. 다만 문제는 로마어에서는 일곱 번째 자리에 'C'에서 파생된 'G'가 이미 위치하고 있었기 때문에 자신의 자리를 찾지 못한 'Z'는 알파벳의 제일 끝으로 가야만 했다.

04 영어의 시대별 발달 과정

현대 영어가 나오기까지 영어의 발달 과정은 영어를 연구하거나 습득하려는 사람에게는 반드시 알아야 할 중요한 내용이다. 영어 시작에 대한 사전 지식을 전혀 알지 못하고 영어를 알려고 하는 것은 어쩌면 알맹이 없이 연필을 기록하는 데 사용하는 것과 다름이 없다고 생각한다. 영어와 관련이 있는 사람이면 시대별 영어의 특징을 확인하고 오늘날의 영어 형태가 어떤 경로를 거쳐 확립되었는지를 확인할 필요가 있을 것이다. 먼저 본 내용에 들어가기 전에 영어의 시대별 특징을 제목을 주어서 간단하게 역사적인 추이 과정을 보이고자 한다.

영어의 시대별 분류
영어의 태동기: 고대시대로서 4세기부터 11세기까지
영어의 상실기: 중세시대로서 11세기부터 13세기까지
영어의 회복기: 중세시대 말기로서 13세기부터 14세기
영어의 재정립기: 근대시대 15세기부터 17세기
영어의 발달기: 초기 현대시대 18세기부터 19세기
영어의 팽창기: 2차 세계대전 이후

4.1 초기 영어 시대

게르만족이 영국 땅에 온 지 얼마 후 8세기쯤 북유럽을 중심으로 살아가던 또 다른 계통의 게르만족들이 영국 국토와 지금의 프랑스 국토의 서해안을 공격하기 시작하였다. 이들 북유럽의 침략자들은 현재 북유럽을 형성하고 있는 노르웨이, 스웨덴, 덴마크로부터 북해와 발트해로부터 영국, 아일랜드, 그린랜드, 프랑스의 노르망디 지역을 침공하고 노략질을 일삼았다. 이처럼 북유럽인들의 다른 지역에 대한 약탈을 서슴지 않았던 해적을 '바이킹'이라고 하였는데, 이 명칭은 'víc + ingr'에서 유래된 것으로서 'creek + one coming from'으로 구성된 용어이다. 그 의미는 '북쪽의 어느 작은 항구로부터 온 사람들'을 가리킨다. 이들이 영국 국토와 프랑스의 노르망디를 공략했던 시기는 대략 750~1050년으로서 이 시대를 가리켜 영

국사에서는 '바이킹 시대(Viking Age)'라고 일컫는다. 바이킹의 침략은 시대별로 셋으로 분류될 수 있다.

4.1.1 바이킹 제1기

787~850년 사이의 시기를 제1기라고 부른다. 793년 '린디스환(Lindisfarne)', 794년 '자로우(Jarrow)'가 약탈된 시기가 바로 이때였다. 834년부터는 주로 영국의 남부 해안과 동앨글리아가 바이킹의 목표가 되었으며, 당시의 침략은 주로 작은 무리를 중심으로 이루어졌던 것 같다.

4.1.2 바이킹 제2기

850~878년을 바이킹 침략의 제2기라고 한다. 866년을 기점으로 캔터배리, 런던, 동앨글리아(East Anglia)가 침략을 당하였고, 867년에는 요크(York)가 약탈을 당하였다. 이처럼 바이킹의 침략이 감행되는 시기에 그 때까지 영국을 지배하고 있던 7왕국들 중에서 웨섹스(Wessex)를 제외한 나머지 지역들이 모두 바이킹의 지배에 들어가게 되었다. 즉 영국 북부인 스코틀랜드, 영국 동부와 북서부에 걸쳐서 영향력을 발휘하기 시작하였다. 878년 웨섹스를 지배하고 있던 알프레드(King Alfred: 871~899)는 바이킹의 지휘자인 구스람(Guthrum)과 웨드모 조약(Wedmore Treaty)을 맺는데, 이로써 영국 국토의 동쪽 부분이 바이킹의 지배하에 들어가게 되었다. 이 조약으로 결정된 국토의 분할은 영국의 체스터(Chester)에서 런던까지 사선으로 경계선이 결정됨으로써, 이 분할선 이상에 살고 있던 사람들은 바이킹의 지배를 받게 되었고 그들의 법률을 따라야만

하였다. 그 결과 북쪽에서 온 사람의 법이 통용되는 지역이라는 의미를 반영하듯이 데인로(Dane Law)라는 말이 생겨나게 되었다.

4.1.3 바이킹 제3기

878~1042년은 바이킹 침략의 3기이다. 바이킹과 웨섹스는 상호 웨드모 조약을 맺었지만 서로의 관계는 상당히 불안하였다. 전쟁은 계속되었고 알프레드 왕의 아들인 에드워드(Edward the

Elder: 899~924)와 손자인 애셀트탄(Athelstan: 924~939)은 바이킹을 상대로 싸워야 했다. 물론 가끔은 승리도 하여 동부 지역의 일부를 회복하기도 했지만, 991년 올라프 트리그바손(Olaf Tryggvason)이 지휘하여 쳐들어온 바이킹 부대는 몰든(Maldon)에서 영국군을

대파하였다. 이 전투는 고대 영어의 대표적 시인 '몰든의 전투(The Battle of Maldon)'의 주제가 되기도 하였다. 994년 덴마크를 다스리며 바이킹의 지도자를 맡고 있던 스베인(Svein)은 런던을 점령하여 영국 땅을 거의 그들의 지배하에 두는 계기를 마련하였다. 1016년 스베인의 아들인 크누트(Cnut)가 아버지의 자리를 이어 받아 영국의 여러 지역을 점령하여 향후 25년 동안 이 지역의 지배자로서의 역할을 수행하게 되었다. 크누트가 지배하였던 지역으로는 스코틀랜드의 일부, 덴마크(1019), 노르웨이(1928)를 들 수 있다.

> **참고 내용**
>
> 몰든의 전투는 바이킹에게는 영광을 영국인들에게는 수치를 안겨준 역사적 사건이었다. 이 전투를 기점으로 하여 바이킹의 영국 국토에 대한 지배력을 더욱 강화할 수 있었고, 영국왕은 명칭만 유지한 채 도망자의 생활을 하지 않으면 안 되었다. 당시 가장 수모를 겪었던 영국왕으로는 애셀레드(Æthelred)가 있었다. 크누트는 애셀레드를 쫓아내고 영국 국토의 지배자로서 영광을 누릴 수 있게 되었던 것이다.

4.2 중기 영어 시대

4.2.1 노만의 유래

영국 역사에서 고대영어의 시기와 중세영어의 시기를 분리하는 중대 사건이 있다면 '노만 정복(Norman Conquest)'이다. 영국 영토를 다스리던 왕족들이 바이킹의 침략으로 위기를 맞게 되고 왕위의 계승이 어려워지자 프랑스의 노르망디 지역에서 세력을 키우고 있던 노만인들이 영국 영토를 접수하고 새로운 지배자로 나서게 된 것이다. 이를 계기로 영국 영토에는 정치, 문화, 언어 등에 적지 않은 변화가 일어나게 되면서 노만인들에 대한 연구는 영국을 이해하는데 아주 중요한 요소가 되었다.

먼저 '노만'에 대한 기원을 생각해보지 않으면 안 된다. 노만 (Norman)이란 말은 'North + man'에서 온 단어로서 북방인이라는 것을 가리킨다. 다시 말하자면 바이킹을 지칭하던 말이었다. 8세기에 바이킹의 침략이 유럽의 전 지역으로 퍼져나가게 될 즈음 프랑스의 해안 지역은 완전히 바이킹들이 약탈로 너무도 어려운 형편에 있었다. 그래서 당시 프랑스의 왕이었던 찰스(Charles the Simple) 왕은 바이킹들과 협정을 맺고 프랑스 서부 해안 지역을 이들의 주 거지로 인정하게 되었다. 당시 바이킹의 수장이었던 롤로(Rollo)는 초대 노만 공(公)으로 봉해졌고 귀족으로서 유럽에 진출할 기회를 가지게 되었다. 롤로는 가능한 한 빨리 프랑스에 동화되기 위하여 자국어를 버리고 불어를 배우기 시작하였다. 이와 같은 프랑스에 대한 동화는 11세기까지 지속되었으며, 이들은 한 지역의 지배 계급으로서 유럽에 알려지게 되었다.

4.2.2 노만 영국 영토 지배

영국 영토를 명목상으로나마 다스리던 에드워드 왕(Edward the Confessor)은 후손을 남기지 못한 채 1066년 1월 죽었다. 왕위 계승은 왕족이 아닌 귀족 중에서 헤롤드(Harold)가 물려받게 되었지만, 주변국에서는 이것을 그렇게 탐탁하게 생각하지 않았던 것 같다. 그 중에서도 특히 왕의 생전부터 왕위 승계를 약속 받았다고 주장했던 윌리암 공은 1066년 9월 28일 8천여 명의 군대를 이끌고 영국에 침공을 감행하였다. 우선 윌리암 공은 군대를 페벤시(Pevensey)에 상륙시켰다. 이 소식을 접한 헤롤드는 당시 자신의 형제인 토스티(Tostig)에 대한 침공을 중지한 채 급히 남하하여 노만 군대를 저지하려고 하였다. 이들 양군은 헤스팅스(Hastings)에서 접전을 벌이게 되었고, 같은 해 10월 14일 노만 군대의 승리로 끝나게 된다. 헤롤드는 전쟁의 패배로 죽음을 맞이하였고, 전쟁을 승리로 이끌었던 윌리암 공은 런던의 웨스트민스터 사원(Westminster Abbey)에서 왕위에 오르게 된다.

4.2.3 노만 정복 시대 이후 영어 변천

윌리암 공이 완수시켰던 노만 정복 이후 영어에는 급속한 변화가 발생하기 시작하였다. 그 중에서 가장 두드러진 변화는 바로 프랑스어의 영어에 대한 영향이라고 할 수 있다. 노만 정복이 있기 전에는 영어에 유입된 단어들은 주로 'castle, proud' 등과 같은 소수의 단어들만 있었지만, 노만에 의해 정복되면서 노만인들이 지배 계급으로 등장한 이후에는 유입되는 프랑스어의 수가 급격히 늘기 시작하면서 약 10,000개 이상이 되었고, 그 중에서 7,500개 정도는 오늘날까지도 현대 영어에 그대로 남아 있는 상태이다.

노만 정복 이후 영어의 변화는 세 가지로 볼 수 있다. 첫째는 프랑스의 대량 유입이라고 할 수 있다. 프랑스어가 영어에 유입된 것은 노만 정복의 시대 초기에는 미비하였지만, 노만인들이 11세기 영국을 점령한 이후 약 250년이 흐른 다음인 14세기경부터 눈에 띄게 외래어의 수가 증가하기 시작하였다. 또한 영어에 들어 온 프랑스어 단어들은 빠르게 동화되었는데, 예를 들면 'faitth'란 단어가 유입된 이후 영어에 본래부터 있던 접미사들(-less, -ful)이 붙어서 'faith-less, faith-ful'과 같은 모습으로 사용되기도 하였으며, 거꾸로 영어에 본래부터 있던 단어들에 프랑스어 계통의 접미사들(-ess, -rance)이 첨가되어 'godd-ess, hand- rance'와 같이 사용되기도 하였다.

프랑스어로부터 단어들이 차입되는 형태를 시대별로 구분하면 다음과 같다. 여기서 보여 주는 수치는 옥스퍼드 사전(The Oxford English Dictionary: OED)과 미시건 미들 사전(Michigan Middle English Dictionary)에 나온 것을 정리한 것이다.

시대 구분	옥스퍼드 사전	미시간 미들 사전
1100~1200	2.0%	2.0%
1200~1300	25.5%	19.2%
1300~1400	48.0%	46.3%
1400~1500	24.5%	32.5%
합계	100%	100%

둘째는 동의어의 증가이다. 프랑스어로부터 많은 수의 단어가 들어오게 되자 영어에 본래부터 존재하던 동일한 의미의 단어들과 동의어로서의 관계를 맺게 되었다.

영어	프랑스어	영어	프랑스어
begin	commence	child	infant
help	aid	hide	conceal
wedding	marriage	hearty	cordial
smell	perfume	power	might

셋째는 프랑스어로부터의 차입된 단어들은 일상적 용어도 많이 있었지만 압도적으로 많은 수의 단어가 유입된 분야는 정치, 종교, 법률, 군사, 상용, 의복, 요리, 문학 등과의 관련성을 보여준다.

정치, 행정 용어 : administer, parliament, chancellor, court,
　　　　　　　　emperor, govern, budget, tax

종교 용어	: religion, theology, clergy, service, faith, miracle, paradise, devotion, mercy
법률 용어	: justice, suit, jury, evidence, judge, heir, pledge, sentence, libel, plead
군사 용어	: army, navy, enemy, arms, sergeant, retreat, soldier, defence, lieutenant
상업 용어	: bargain, merchandise, merchant, money, price, customer, purchase
의복 용어	: fashion, dress, coat, gown, button, collar, lace, fur
요리 용어	: beef, pork, veal, mutton
문학 용어	: art, sculpture, image, music, melody, literature, romance, tragedy
학문 용어	: study, grammar, college, university, noun

4.2.4 영어의 정비와 위상 회복

노만 정복으로부터 1300년 초기까지의 약 200년간 프랑스어가 영국의 지배 계급의 유일한 중심어가 되었고 영국의 공용어로서 의회, 법정 등에서 사용되었다. 그러나 세월이 흐르면서 중산층의 사람들도 서서히 프랑스어를 사용하기 시작하였고, 영어와 프랑스어를 모두 사용하는 이중모국어 화자가 생겨나기도 하였다. 여기서 한 가지 분명히 할 일은 영국에 사용되었던 프랑스어는 크게 두 부류가 있었다는 사실이었다. 첫째는 유럽 본토에서 사용되던 대륙 프랑스어(Central French)이다. 둘째는 노만인들이 프랑스 영토에서 살고 있을 때 형성된 노만식 프랑스어(Norman French)이다.

대륙의 표준 프랑스어와 노만 프랑스어 사이에는 발음의 측면에서 많은 차이를 보여준다. 다음에 나온 표에서 진하게 표시된 부분이 서로 다르게 발음하는 형태를 가리킨다.

	대륙 프랑스어		노만 프랑스어
ʤ 〉ʒ	joy, rouge	g	garden
ʃ	chaperon	ʧ	chair, charge
ʧ 〉ʃ	chase, chattel	k	catch, cattle
g	guardian	w	warden
k	liqueur	kw	quarter, quality
t	hotel	st	hostel
oi	royal	ei	real

아무튼 그런 과정을 거치면서 오랜 세월 동안 영어는 하층민의 언어로서 사용되었던 것이 사실이다. 그러나 13세기 후반부터 귀족들 사이에서는 프랑스어에 대한 관심이 엷어지는 현상이 두드러지기 시작하였으며, 영어가 상류 계층의 사람들 사이에서도 사용되기에 이르렀다. 이 시기에는 라틴어가 강하게 대두되기도 하여 영국에서는 영어, 프랑스어, 라틴어가 상용되기도 하였다. 그러나 이 세 언어들 중에서 영어는 서서히 공용어로서 자신의 위치를 찾아가기 시작하였는데 여기에는 적지 않은 역사적 사건들이 영향을 미쳤기 때문이다.

이들 사건들 중에서 가장 획기적인 것이 바로 백년 전쟁(Hundred Years' War: 1337~1453)의 발발이었다. 1337년 에드워드 3세(Edward III)는 프랑스에 있는 자신의 영토와 왕위를 주장하면서 프랑스 왕실과 전쟁을 시작하였는데 바로 백년 전쟁의 시작을 알리는 사건이었다. 영국 군대는 1346년 크레시(Crécy)와 1356년 포아티에(Poitiers)에서 대승을 거두고 헨리 5세(Henry V)가 1415년 안

쟌크루(Agincourt)에서 완승을 거둠으로써 프랑스의 지배 계급으로 나서게 되었다. 그렇지만 1422년 헨리 5세의 급작스런 죽음과 1429년 쟌다크(Joan of Arc)의 등장으로 전세는 급변하였고, 영국 군대는 프랑스 영토에서 철수하게 된다. 이 사건으로 인하여 프랑스어는 더 이상 공용어로서 자신의 위치를 지킬 수 없게 되었을 뿐만 아니라 적국의 언어로서 많은 사람들에게 강한 반발심의 대상이 되기도 하였다.

영국 역사에서 영어를 제자리로 돌리는데 중요한 역할을 하였던 또 하나의 시대적 배경은 바로 중산층의 대두라고 할 수 있다. 14세기경 영국에는 중산층의 사람들에게 지위를 향상시킬 수 있는 사건이 생겼는데 바로 흑사병의 창궐(Black Death: 1348~1350)이었다. 전 인구의 3분의 1의 목숨을 앗아간 이 사건은 봉건제도의 근본이었던 노동계층의 수를 현저하게 감소시킴으로써 노동력에 대한 많은 비용을 부담하게 하였다. 이와 같은 사회적 변화는 노동자들로 하여금 재화를 모으게 하는 수단을 마련해 주었으며, 재산을 축적한 노동자들은 중산 계급이라는 새로운 계층을 탄생시키기에 이르렀다. 이들 중산 계층의 사람들은 프랑스어보다 영어를 주로 사용한 사람들이었기 때문에 영어가 이들에 의하여 다시 국가의 중심어로서 사용되게 된 것은 그렇게 놀라운 사실이 아니었다.

더하여 당시에 새롭게 태동하던 대학의 설립도 교육의 고급화를 통해 영어가 자기 위치를 찾아가도록 하는데 많은 기여를 하였다고 볼 수 있다. 영국에서 대학은 12세기부터 생겨나기 시작하여 1163년에 옥스퍼드(Oxford), 1209년에 케임브리지(Cambridge)가 세워졌다. 이 대학들은 초기에는 승려의 자제들을 교육시키기 위한 것이었지만, 나중에는 일반적인 학문의 장으로서 역할을 확장하기에 이르렀다. 그리고 이 이후에도 여러 대학들이 설립되었는데, 1411

년에 성 앤드류(St. Andrew), 1494년에 아바덴(Aberdeen), 1583년에 에딘버러(Edinbrugh)가 여기에 속하였다. 특히 1349년부터는 대학 교육에서도 영어가 인정받게 되었는데 이러한 추세는 1385년 이후에 일반화되기 시작하였다.

영어가 정치적인 측면에서도 공용어로서 자리를 굳히게 된 것은 1362년에 대법관이 의회에서 개회를 알리는 개회선언문을 영어로 읽기 시작하면서부터라고 할 수 있다. 이처럼 영어가 왕실, 의회, 법정은 물로 중앙정부와 지방정부의 공문서에 사용되기에 이르렀다. 15세기가 되면서부터는 문학용어에서도 영어가 나타나기 시작하였는데 1476년 웨스트민스터 사원에서 인쇄 작업과 번역 작업(자신이 인쇄했던 106편 중 28편을 자신이 직접 번역함)을 하던 캑스톤(Caxton)은 106편에 해당하는 작품들을 영어로 인쇄하여 영어가 일반화되는데 많은 기여를 하게 된다.

4.3 현대 영어 시대

영어의 발달은 영국 본토를 중심으로 이루어지데 반하여 미국영어는 미국 대륙을 중심으로 발전하였다. 미국영어가 영국영어와 다른 점은 표준어라는 개념이 없었다는 것이다. 다만 지역에 따라 교양이 있다고 생각되는 사람이 사용하던 방법을 따름으로써 표준어에 준하게 사용했다는 것이 영국영어와 달랐다고 할 수 있다. 미국영어가 영국에서 사용되던 영어와 다른 점은 무엇이지 생각해 보기로 하겠다.

미국을 건설한 초기의 건국자들은 대부분 영국을 배경으로 살던 사람들이며, 이들이 신대륙의 발견 이후 새로운 삶을 위하여 영국으로부터 미 대륙으로 이주한 사람들이다. 그들이 사용하는 언어는 영어였다. 다만 현재까지 상당한 시간이 흐른 뒤 대서양을 중심으로 분리되어 살던 사람들은 동일한 영어라고 할지라도 지역에 따라 상당한 차이가 나타나게 되었다. 우리가 사용하고 있는 한국어를 보더라도 각 지방에 따라 특색이 있다. 저마다의 특색은 지방을 대표하는 특징으로 부각되어 말만 들어 보아도 어느 지역에 살던 사람인지를 쉽게 알 수 있도록 하였다. 따라서 지방에 따라 다른 지역 언어 현상이 '방언'으로서 발전하여 저마다 독특한 특색을 지니게 되어, 다른 지방의 말 형세와 다를 수밖에 없다.

하물며 대서양을 사이에 둔 미국과 영국이 영어가 역사적으로는 한 때는 같았다 하더라도 오랜 시간이 흐른 지금 처음처럼 동일한 모습을 그대로 보여주리라는 것을 기대하는 것은 무리일 것이다. 물론 두 나라에서 사용하는 말이 뜻이 통하지 않을 정도로 변한 것은 아니다. 다만 부분적인 측면에 차이가 생기는 것인데 오늘날 영어를 공식어로 인정하고 있는 여러 국가에 영어의 모습이 조금씩 다른 형태를 보이는 것과 어쩌면 동일한 특징이 아닐까 한다. 이제부터 미국영어와 영국영어의 차이가 무엇인지 확인 하고자 하겠다.

4.3.1 영국식 그리고 미국식 철자법

철자법에 관하여서 웹스터(Webster, Noah)는 이미 1783년에 『미국영어 철자법(*The American Spelling Book*)』을 출간하여 미국영어에는 이론적이며 간단하고 미국적인 철자법이 필요하다고 강조하였다. 미국식 철자법이란 영국 방식을 유지하고 있는 재래식 철자법에 비해 간단하다는 특색을 가지고 있으며, 대부분의 경우 단어 어미부분에서 발견된다. 다음은 영국식, 미국식 영어의 철자에서 나타나는 차이점을 정리한 내용이다.

Britain English	American English
-our, -re, -ise, -ce, double consonant	-or, -er, -ize, -se, mono consonant

e.g. (영/미)

colour-color	favour-favor	honour-honor
humor-humour	lobour-labor	odour-odor
calibre-caliber	centre-center	fibre-fiber
metre-meter	criticise/critisize	
defence-defense	offence-offense	practice-practise
waggon-wagon	jewellery-jewelry	traveller-traveler

4.3.2 영국식 그리고 미국식 단어 종류 특징

어휘는 형태론에서는 단어를 가리키는 것인데 의미상으로는 주로 동물, 사물 또는 현상을 지칭하는 말이다. 영국으로부터 초기 개척자들이 영국 영토에서 미국으로 이주하여 거주지를 마련하면서 영국을 비롯한 유럽 지역에서 전혀 보지 못했던 동물이나 식물 등을 맞닥뜨리게 되었다.

4.3.2.1 새로운 환경을 위한 단어 출현

이 대상들에 대한 명칭은 자신들이 만들기보다 이미 미국 대륙에 살고 있던 인디언들로부터 배우면서 명칭을 익히게 되었다. 그래서 초기 정착민들은 영국영어에는 존재하지 않는 미국 대륙만을 위한 단어를 소유하게 되었다.

지형과 관련된 신종 어휘

bluff: 해안 절벽

clearing: (삼림) 개벌

divide: 분수령

foothill: 구릉지대

gap: 협곡

notch: (산골짜기) 좁은 길

watershed: 분수령

지형과 관련된 신종 어휘

bullfrog: 식용 개구리

chipmunk: (북미산) 다람쥐

garter snake: 누룩뱀

ground hog: 마못 (woodchuck)

locust: 매미

moose: 말코손바닥사슴

mudcat: 메기

opossum: 주머니쥐

porgy: 도미류

potato bug(beetle): 감자 딱정벌레

raccoon: 너구리

reed bird: 갈대새

skunk: 스컹크

terrapin: 후미거북 (식용)

식물 관련 신종 어휘

eggplant: 가지나무

hickory: (호두나무과) 나무

live oak: 참나무속 나무

pecan: 피칸(피칸 파이)

persimmon: 감(나무)

squash: 호박

sweet potato: 고구마(ocarina)

underbush: (나무 밑에 자라는) 덤불

인디언 고유 어휘

canoe: 카누

mackinaw: 격자무늬 담요

moccasin: 밑이 평평한 노루 가죽신

toboggan: 터보건(썰매)

tomahawk: 인디언 큰 도끼

papoose: 젖먹이나 어린애를 업는 자루

squaw: 인디언 말(때로는 여자를 가리킴)

wampum: 조가비 구슬(인디언들이 화폐로 사용)

wigwam: 임시로 건축된 대회장(정치 집회도 가능)

4.3.2.2 어휘의 구조와 의미

  의미상 동일하지만 영국과 미국에서 각각 어휘 모습이 다른 경우인데, 때에 따라서는 동일한 모습의 어휘가 다른 의미를 가리키는 경우도 있다.

동일한 철자 - 상이한 의미		
	Braitain English	**American English**
billion	a thousand million	a million million
dumb	stupid, mute	mute
homely	plain, ugly	domestic
pants	trousers	underpants
pavement	road surface	pedestrian path
school	educational institution	primary and secondary levels
smart	intelligent	intelligent, groomed
nervy	cheeky	nervous
ride	sit on a horse	travel in or on a conveyance
guy	a person dressed strange	man, fellow

동일한 의미 - 상이한 철자		
Britain English	**American English**	
petrol	gasoline	연료
lorry	truck	트럭
zevra crossing	crosswalk	건널목
queue	line	줄
boot	trunk(of car)	짐칸
bonnet	hood(of car)	차 앞덮개
single	one-way	일방통로
pram	baby carriage	유모차
aerial	antenna	안테나
flat	apartment	아파트
nappy	diaper	기저귀

동일한 의미 - 상이한 철자		
Britain English	American English	
bill	check	계산서
trouser	pants	바지
bank note	bill	지폐
ground floor	first floor	일층
first floor	second floor	이층

4.3.3 영국식 그리고 미국식 발음 차이

영국영어에는 '표준발음'이라는 것이 있다. 이 발음은 오늘날 영국의 각계각층을 지배하는 엘리트 그룹의 발음으로 영국의 인재를 양성하는 사립학교(영국에서는 미국과 달리 사립학교를 public school이라고 부른다)에서 가르치는 발음을 일컫는다. 이 발음을 용인발음(Received Pronunciation: RP)이라고도 한다.

반면, 미국영어에는 영국에서와 같은 표준 발음은 없다. 다만, 방송과 언론매체에서 사용되는 영어 및 중서부 지방에서 널리 쓰이는 영어를 묶어 미국영어의 표준어로 삼는 것이 일반화 되어 있다. 이것을 일반 미국영어(General American: GA)라고 한다.

미국영어와 영국영어의 발음에는 많은 차이가 있다. 리듬(rhythm)과 억양(intonation)에 차이가 있어서 영국인들은 간결성을 풍기는데 미국인들은 느리고 완만한 느낌을 준다. 따라서 우리가 영어발음을 학습하거나 지도할 때 미국식 영어발음을 따를 것인가 아니면 영국식 영어발음을 따를 것인가가 먼저 결정되어야 한다. 현재 대한민국에서 영어발음 교육을 실시하는 경우에 미국식 영어발음과 영국식 영어발음이 섞여 사용되고 있지만, 보다 대중화되고 많이 학습되어지는 발음은 미국식 영어발음이다. 예를 들어 우리가 주변에서 어떤 사람이 ask를 [애스크]가 아니라 [아스크]로 발음한다면 그 사람의 발음이 잘못된 것이 아니라 그 사람의 발음이 영국식 발음을 따르고 있다고 이해를 해야 할 것이다.

미국영어와 영국식 영어발음의 차이를 가장 잘 보여주는 것 중의 하나가 /r/의 발음이다. 미국영어에서는 'park, car'에서처럼 모음 뒤에 /r/이 오는 경우에 각각 [pɑrk], [kɑr]처럼 /r/을 발음한다. 그러나 영국식 영어발음에서는 /r/을 발음하지 않고 각각 [pɑːk], [kɑː]처럼 발음한다.

	영국식 영어발음	미국식 영어발음
sport	[spɑːt]	[spɔrt]
bird	[bəːd]	[bərd]
first	[fəst]	[fərst]
car	[kɑː]	[kɑr]
park	[pɑːk]	[pɑrk]

4.3.4 영국식 그리고 미국식 단어 강세 특징

강세에서는 같은 단어인데도 강세의 위치가 다른 단어가 있다. 그에 대한 예를 들면, 'necessary'의 발음을 생각하면 된다. 영어에서 '-ary, -ery, -ory'로 끝나는 단어는 원래 프랑스에서 차용한 단어로 차용 당시 necessary는 프랑스어의 'necessarie'에 해당하는데, 끝에서 두 번째 음절에 강세를 두어 발음하였다. 이 단어가 영어에 들어오면서 다시 그보다 두 음절 앞으로 당겨지게 되었고, 그 자리에는 두 번째 강세가 놓여 발음되었다. 19세기 이후 영국에서는 이 강세(제2강세라고 함)가 없어지면서 미국영어의 발음과는 거리가 멀어지게 되었다. necessary는 영국영어에서는 [네]에만 강세를 두어 [네쎄스리], 미국영어에서는 [네] 및 [쎄]에 강세를 두어 [네쎄쎄리]로 발음한다.

4.3.5 영국식 그리고 미국식 문장 강세 형태

미국식 영어와 영국식 영어의 문장 강세 차이는 분명하지는 않다. 그렇지만, yes/no로 답을 유도하는 의문문에서 영국식 영어는 조동사에 약한 강세를 주지만, 미국영어에서는 강세를 주지 않는다.

영국영어:　Will you be at the party?

미국영어:　Will you be at the party?

4.3.6 영국식 그리고 미국식 억양 패턴

영국영어와 미국영어의 억양의 차이는 두드러지게 나타나고 있다. 영국영어는 문장을 시작할 때 높이가 미국영어보다 높게 시작해서 점차적으로 하강하다가 문장의 마지막 음절에서 활강하듯이 미끄러지면서 내려간다. 그러나 미국영어는 문장을 시작할 때 보다 작은 상승 하강조로 시작해서 중간 높이를 유지하다가, 문장의 마지막 음절에서 두드러진 상승하강조로 문장을 마친다. 다시 말해서 영국영어는 억양의 변화가 크며 말소리의 폭이 높은 곳에서 낮은 곳으로 계단식으로 이동한다. 그러나 미국영어는 발화가 끝날 때까지 높낮이 발음의 패턴이 두드러지게 나타나지 않는 경향이 있다.

05 영어의 미래 현황

우리는 영어를 사용하면서 늘 하나의 동일한 질문을 던지게 된다. 미래 사회 구조 속에서 영어는 과연 우리 앞에 어떤 모습으로 다가설까 하는 것이다. 무엇보다도 영어가 우리가 이미 접하였고 앞으로도 그 안에서 활동할 수밖에 없는 새 시대에서 어느 정도 자신의 영역을 확대할 것인가에 대하여 실행된 여러 조사를 살펴보면 대부분의 사람들은 모든 분야에서 영어가 단연코 어떤 언어보다도 탁월하리라고 대답하는 것을 어렵지 않게 발견할 수 있다. 특히 경제·과학기술·문화면에서 영어의 사용 영역이 상상을 초월할 만큼 확장될 것이라는 사실에는 어떤 식으로든 반론하기란 그리 쉬운 일은 아닐 것이다. 따라서 영어가 지금 보다 앞으로 자신의 적용 영역을 늘여 가기보다는 오히려 줄여 갈 수도 있다는 생각은 아예 처음부터 접어 두는 것이 가장 현명한 판단이라고 생각한다. 그렇다면 많은 사람들이 영어의 영향력을 위에서 말한 것처럼 중요하게 생각하는 근거는 과연 무엇일까?

첫째는 미래 시대의 새로운 질서의 확립을 들 수 있다. 여기서 말하는 새로운 질서란 경제학자, 문화이론연구가, 정치과학연구자들이 예상하는 아주 새로운 형태의 '세계질서'를 가리킨다. 이와 같은 질서가 가능해진 이유는 바로 통신 문화에 혁신적 방식이 대두된 현상에 있다고 본다. 컴퓨터 통신의 총아라고 여겨지고 있는 인터넷 체계는 새로운 시대를 열어 가는 견인차 역할을 하지 않을 수 없었을 것이다. 이처럼 새로이 나타난 통신 연결 고리는 'WEB'이라는 새로운 네트워크를 창시하였으며 이로 인하여 우리 주변에는 경제적, 정치적, 문화생활상 아주 다른 모습의 국제 사회가 등장하게 된 것이다. 세계를 지배할 이와 같은 국제 교류 양식은 새로이 구축되고 있는 정보 전달 방식을 바탕으로 혁신적으로 바뀌어 가고 있었다. 이런 상황 속에서 영어는 국제적 상호 소통 및 사업상의 거래를 위하여 매개 언어로서 중요한 위치를 차지하게 되었다. 그 이유는 대부분의 통신 방식은 어떤 다른 언어보다도 영어를 모국어나 공용어로 하고 있는 미국이나 유럽을 중심으로 발전하였기 때문이다. 그래서 이 방식을 도입하여 부강한 나라의 건설을 희망하는 국가들은 자신들의 정치적 소신과 상관없이 이 방식을 사용하고 있다.

둘째는 개인과 사회가 격리된 채로 상호 연관 관계가 없던 시대와는 달리 미래 시대에는 개인, 가족, 사회와 같은 국가를 형성하는 모든 구성 요소들이 따로 분리된 구획선이 없는 '세계화 추세'에 놓여 있다는 사실이다. 과거에는 한 개인이 살아감에 있어서 자신의 가치관과 삶의 방식을 시공의 제한된 환경에 맞추어 살지 않으면 안 되었다. 그러나 미래에는 힘으로는 보잘 것 없는 개인이라도 자신 보다 훨씬 규모 측면에서 상위에 있는 어떤 조직과도 교류할 수 있는 시대에 살지 않으면 안 되게 되었다. 개인과 마찬가지로 한 국가가 한정된 지역에만 구애받지 않고 좀 더 넓은 세계를 활동 무대로 얼마든지 삼을 수 있게 된 것이다. 각 나라들은 자신의 삶을 영위하게 위하여 스스로를 다스리고 추스르는 것 이외에도 주변 국가들의 형편을 살펴야만 하는 상황에 임하게 되었다는 사실이다. 최근 아시아에 불어 닥친 외환위기는 비록 아시아 지역에 위치한 몇몇 국가에서 시작되었지만 나중에 가서는 세계 경제를 악화시키는 중요한 원인이 되기도 하였다. 따라서 세계 여러 나라들은 자신들의 돈을 출자하여 해당 국가들의 경제 회복에 함께 동참하였다. 또한 모든 나라들이 자신들의 원만한 경제 운영을 위하여 수출과 수입을 조절하는 국제무역 조절 기구를 발족하였는데 이 모든 일들은 개별적인 단위가 주위의 모든 다른 단위와 함께 고려되어야만 하는 상황을 잘 설명해 주는 아주 적절한 예라고 할 수 있을 것이다. 영어는 이처럼 개인, 사회, 국가를 완전히 개방하는 변화 추세에서 모든 관련 요소들을 연결시킬 수 있는 중요한 역할을 담당하지 않으면 안 되게 되었다. 그 이유는 세계화를 선도하고 있는 경제협력개발기구(OECD)의 주요 세력들은 영어를 자신의 모국어와 마찬가지고 구사할 수 있는 언어적 환경을 지닌 국가들이기 때문이다. 또한 이들 선도 그룹에 속하는 국가들이 자신들의 결정을 국제적으로 인정받기 위하여 국제연합(UN)과 같은 모임을 주선하고 국제적 여론을 주도해 가고 있다. 여기에 참여하고 있는 국가들의 대표들도 영어를 자신들의 활동을 위한 주요 언어로서 선택하고 있다. 비록 몇몇의 언어들이 영어와 함께 공식어로서 채택되어 있기는 하지만 정작 회합을 이끌어 가는 자리에서는 영어를 선호하고 있는 현실을 쉽게 알 수 있다.

이 내용을 잘 살펴보면 위에서 지적한 정보 전달 방식과 국제질서를 바라보면서 우선 현재에 사용되고 있는 영어를 여러 측면에서 규명해 볼 수 있을 것이다. 그 이유는 현재의 확실한 이해는 미래에 나타날 영어의 다양한 양식을 예측할 수 있게 할 수 있기 때문이다. 그리고 새로운 세계적 변화 추세는 영어가 어떻게 이 흐름에 적응할 것인가에 대한 의문을 던져 보게 할 수 있는 기회를 우리에게 마련해 줄 수 있을 것으로 생각한다. 따라서 영어가 미래에 나타날 새로운 질서와 환경에 어떻게 적응할 것인지를 생각해 보는 것도 아주 중요한 일이라고 생각한다. 끝으로 이처럼 변화된 시대를 위한 영어의 사용 방법 및 영어 교육 양식이 새로이 대두될 사회에 과연 어떤 방식으로 영향을 미칠 수 있는 지에 대해서도 생각해 보아야 할 것이다.

5.1 위성통신의 발전과 영어 사용

영어가 세계적으로 자신의 영역을 넓혀 가는 데는 통신이 무엇보다도 중요한 역을 담당하였다. 우선 스타 TV와 MTV(Music TV)는 국제적으로 영어를 퍼뜨리는데 엄청난 역할을 보여 주었다. 스타 TV는 다양한 오락프로그램을 이용하여 세계에서 많은 시청자를 확보하게 되었는데 이 프로그램을 접하는 사람들은 내용을 좀 더 정확하게 이해하기 위하여 영어 학습에 적지 않은 시간을 할애하지 않으면 안 되기 때문이었다. 이 방송을 통하여 시청자들이 접하게 되는 운동 경기들도 영어를 중시하게 되는 중요한 몫을 담당하기도 하였다. 특히 CNN은 미국을 중심으로 만들어진 국제 통신망으로서 세계 뉴스를 그때그때 알림으로써 국제적으로 많은 시청자를 확보하게 되었다. 이 방송은 영어가 세계적으로 영역을 확대하고 미국식 영어의 위치를 향상시키는데도 중요한 역할을 담당하였다. 이 방송에서 소식을 전해주고 있는 주요 앵커들은 주로 미국 출신으로서 자신들이 익히 사용하고 있는 미국식 영어를 기반으로 소식을 전해 주고 있기 때문이다.

5.2 과학기술과 영어 현황

최첨단 기술의 총아인 컴퓨터는 영어의 확장과 밀접한 관련성이 있다고 볼 수 있다. 첫째는 대부분의 첨단 기술들이 다국적기업을 통하여 이루어지고 있기 때문이다. 미국은 다국적기업을 가장 많이 소유하고 있는 나라로서 이들 다국적기업들이 기술을 개발하는데 여러 국가들과 제휴하여 다양한 기술을 개발하도록 도와주고 있다.

특히 미국을 중심으로 발전한 기업들이(GM, GE 등) 아시아의 국가들과 연계하여 새로운 제품을 생산하려고 할 때 영어는 이들 기업들이 상호 연관성을 갖는데 아주 중요한 역할을 할 수밖에 없다.

둘째는 국제회의 또는 세미나에서 발표자들의 내용들이 주로 영어로 이루어지고 있다는 사실이다. 여러 지역 출신들이 세미나 등에 참석하였을 때 영어는 이들 상호간에 이해를 돕는데 아주 중요한 매개체가 되고 있다.

셋째는 통신기술과 문서처리 기술에서 영어는 무엇보다도 중요한 역할을 수행하고 있다고 보여 진다. 특히 문서처리 소프트웨어인 문서처리 컴퓨터 프로그램은 아스키코드를 중심으로 만들어진 것이다. 아스키코드는 주로 영어를 기반으로 하고 있기 때문에 이 기술 분야에서도 영어를 배제하고는 적절한 방식을 찾을 수 없다고 생각한다.

넷째는 세계적으로 널리 사용되고 있는 각종 장비들이 미국에서 대부분 제작되고 있거나 미국 기업과 관련된 산업체에서 만들어지고 있기 때문에 이들 장비를 사용하고자 하는 사람들은 영어를 알지 않고는 장비를 효과적으로 사용하기가 쉽지 않다. 특히 무기 장비들은 주로 미국 체계를 따르고 있는 실정이라 영어를 이해한다는 사실은 아주 중요한 요건이라고 하지 않을 수 없다.

5.3 인터넷과 영어 현황

이미 앞에서 언급한 바 있지만 인터넷은 영어를 중심으로 만들어진 것이라고 해도 과언이 아니다. 현재까지 웹사이트를 중심으로 만들어진 여러 주소들은 90% 이상의 영어를 중심으로 제작되어 있으면 현재에도 꾸준하게 제작되고 있다. 최근 비즈니스의 중심을 형성하고 있는 전자상거래는 어느 국가보다도 미국에서 활발하게 발전하고 있기 때문에 미국과 상거래를 하고자 하는 사람들은 당연히 영어를 하지 않으면 안 된다. 또한 국제적으로 사용되고 있는 전자메일은 주로 영어로 이루어지고 있는 실정이다. 비록 한정된 국가에서는 자신들의 언어로서 전자메일을 하고는 있지만 국제적인 전자메일에서는 대부분이 영어를 사용하고 있기 때문에 영어는 아주 중요한 위치를 차지하고 있다고 볼 수 있겠다. 특히 과학산업과 관련된 기술은 전자메일을 통하여 여러 국가에 시시각각 소개되고 있는데 대부분의 내용이 물론 영어로 구성되어 있다. 학문적으로도 새로이 소개되는 이론들은 거의 영어로 소개되고 있기 때문에 영어를 알지 않고는 정보의 세계 속에 들어갈 수가 없다. 비록 특정 기술이 다른 언어의 지역에서 개발되었다고 하더라도 국제적 공인을 받기 위해서는 반드시 영어로 재구성되어 소개되어야 한다.

XV 인간 사회 그리고 영어

01 사회언어학 출범

언어를 연구하는 분야에서 언어 자체의 특성을 규명하는 한계를 넘어서 주변 환경을 중심으로 언어 활용을 다시금 바라보는 시각이 1970년대를 중심으로 나타나기 시작하였다. 특히 유럽 및 미국을 중심으로 언어학을 연구하는 분야를 별도로 규정하기 위해서 '사회 언어학'이라는 용어를 사용하기 시작하였다. 일단 유진 니다(Eugene Nida)가 자신의 저서 『형태론(*Morphology*)』에서 해당 전공 분야의 용어를 언급하였으며, 1940년 경 토마스 왓슨(Thomas Hodson)이 논문을 통하여 분야의 명칭을 최초로 제시하였다. 또한 헤이버 커리(Haver Currie: 1952)에서는 촘스키 중심의 이론언어학 연구에서 사회적 조건을 철저하게 배제시키고 언어의 속성을 설명하려는 시도에 무리가 있음을 직감하고 언어와 사람 관계의 밀접한 관계성의 중대성이 경시되었던 흐름을 탈피해야만 하는 필요성을 대두시키려는 일환으로 '사회언어학'이라는 용어를 언급하였다.

그렇지만 언어를 연구대상으로 여겼던 이전의 연구들을 살펴보면 유사한 관점이 전무했던 것이 아니었다. 언어를 인간의 사고 형식을 이해하기 위한 가교로서 판단하였던 학자들 중에 언어를 기록의 결과로만 보는 대신 좀 더 깊게 언어 활용 상황을 감안하려는 노력이 시도되었고, 이런 성향은 언어를 행동양식의 한 패턴으로 이해하려는 관점이 대두되었다. 여기서 말하는 언어의 행동양식을 줄여서 '언어행위'라는 개념이 나타나기에 이르렀다. 여기에 연관된 학자들이 행위를 일종으로서 제시하였던 개념들은 다음과 같은 내용으로 정리해볼 수 있다.

언어행위 개념 정리

① 발화행위(locutionary act)
   문법에 기초하여 말하는 문장 표현
   예) John eats a piece of bread. (적절함)
       A piece of bread eats John. (비적절함)

② 발화수반행위(illocutionary act)
   의도를 갖고 말로써 결과를 기대하면서 말하는 표현
   예) promise(약속하다), command(명령하다), warning(경고하다)

③ 발화매개적행위(perlocutionary act)
   말 표현으로 발생하거나 얻어지는 효과 등
   예) inspire(고취시키다), impress(인상을 주다), mislead(호도하다), persuade(설득하다), deceive(속이다)

발화행위의 경우는 문법적 조건에 맞는 문장을 '적절하다(appropriate)'

으로 문법을 어긴 문장을 가리켜 '비적절하다(inappropriate)'라고 분류할 수 있다. 문법으로만 볼 때 규칙을 어기는 경우를 가리켜 '비문법적이다(ungrammatical)'라고도 말할 수 있다.

발화수반행위를 갖추기 위한 경우로서 일례인 'promise'를 생각해본다면, 다음의 전제 조건들을 제안해볼 수 있으며, 이들 조건들이 만족된다는 환경 하에서 앞서 언급한 '적절하다' 그리고 '비적절하다'를 나눌 수 있다.

'적절하다' 판단 화자의 조건
• 핵심적 조건 ⇒ 해당 행위를 분명히 이행한다.
• 성실성 조건 ⇒ 해당 행위에 성의껏 임한다.
• 예상의 조건 ⇒ 해당 행위에 대한 청자의 관심을 우선시한다.
• 발의의 조건 ⇒ 해당 행위를 수행할 능력을 갖춘다.

다음 예들은 상대방에게 전달하면서 위에서 제기한 조건들 중 일부를 어기는 경우를 제시하고 있다.

I promise to give the moon.
→ 화자의 능력 밖의 내용으로서 발의 조건을 어기고 있다.

I promise to devote my life for you.
→ 수차례 들을 수 있는 표현이기는 하지만, 때로는 청자들이 화자의 '성실성 조건'을 무조건 믿고 항상 수용하기가 쉽지 않으리라는 태도를 보이는 경우를 많이 접할 수 있다.

언어를 사용하면서 사람들 사이에 이해와 그에 해당하는 행동의 발생은 화자 및 청자 사이의 의도 및 표현이 수반하는 결과 등이 중요한 부분이기도 하지만, 표현 자체를 파악할 때는 두 대화자 사이에 공유되는 사전 지식이 매우 중요한 역할을 담당하기도 한다. 다음의 예는 동일한 동사 'take(과거형 took)'을 사용하고 있지만, 문장에 수반하는 해석에서 주변 상황에 대한 판단이 문장 의미를 정확하게 이해하는데 중요한 요인이라는 점을 확인할 수 있다.

I took the bus to the zoo.　(동물원으로 버스를 타고 가다)
I took the bear to the zoo.　(동물원으로 이동시키다)
I took the boy to the zoo.　(동물원을 구경시키다)

위 예에서 'take'를 보면, 첫 번째 문장에서는 '버스를 타다'는 의미로 나타나지만 두 번째, 세 번째 문장에서 의미가 '타다' 보다는 '동물원'으로 '이동시키다' 혹은 '데리고 가다'처럼 해석되어야 할 것이다. 이처럼 같은 동사를 사용하더라도 문장에 결부된 의미의 주변 환경 조건에 의하여 전체 의미 파악을 달리해야 해당 표현들을 제대로 이해할 수 있다.

다음 문장들은 동사 'shelve'연관된 의미에 따라서 문장 전체 이해가 달라지는 경우이다. 첫 번째는 '선반에 얹다' 두 번째는 '경사를 주다' 세 번째는 '보류하다'라는 의미라서 다르게 해석되어야 한다.

Sue shelved the books.　　　　　(책을 두다)
The wall shelved toward the door. (벽이 경사지다)
They shelved the plan at last.　　(계획을 보류시키다)

02 사회언어학 분야

여기서 먼저 사회언어학 그리고 언어사회학에 대한 정의를 생각해보려고 한다. 전자는 언어를 염두에 두기는 하지만, 사회적 현상이 가장 중요한 관점인데 반해 후자는 언어학을 중점으로 사회를 바로는 방법을 가리킨다. 그러나 둘 사이에 구분은 그렇게 분명하지 못해서 오늘날 학자들 사이에 이 둘에 대하여 명확한 분류보다는 혼용하여 생각할 때가 많다고 볼 수 있다. 따라서 사회언어학 분야의 하위 범주는 크게 다음과 같이 나누어서 보는 것이 타당할 것이다.

- 사회 계층(Social Class) 구성과 언어
  - 연령(Age) 패턴과 언어
  - 성(Gender)의 구분과 언어
  - 민족성(Race) 구분과 언어
- 계량적(Quantitative) 검증 측면과 언어
- 변이(Variation) 및 변화(Change) 현상과 언어

다음에서는 위 제시된 분야들을 중 일부를 선택하여 간략하게 살펴보고자 한다.

03 사회 계층 이해

한국어에는 존칭의 표현에는 별도의 표현들이 있지만 영어에서는 동일한 형태의 표현들을 찾기가 어렵다. 이 말은 한국어, 영어

등이 통용되는 사회적 현상에 차이가 있음을 가리킨다고 말할 수 있으며, 이처럼 언어의 사용은 그것이 사용되는 장소의 환경에 따라 다르게 나타난다는 점을 알고 있어야 한다.

또한 동일한 언어에서조차도 환경에 따라서 다른 표현 방식이 사용된다는 사실을 확인할 수 있다. 즉 같은 사람이라고 하여도 거주 지역, 행동 위치, 사회적 위상, 귀속된 조직 등에 따라서 다른 표현 방식을 보이는 경향이 있으며, 이와 같은 사회에 연관된 외적 조건들은 각자 별개의 표현 방식을 유발시키는 조건으로서 역할을 수행한다. 이처럼 상황에 따라 다르게 나타나는 표현 결과를 가리켜 '방언(dialect)'이라고 부르며, 이것은 또 다시 둘로 분류하여 거주 지역 및 행동 위치를 묶는 '지역적 방언' 그리고 연령, 성, 민족 등 사회적 위상 및 귀속된 조직을 묶어서 '사회적 방언'이라고 명명할 수 있다.

3.1 지역적 방언의 이해

지역적 방언이란 다른 말로 수평적 방언이라고 부를 수 있으며, 지리적 조건이 매우 중요한 역할을 담당한다. 한국어의 경우 지역적 방언은 크게 경기지역, 충청지역, 호남지역, 영남지역, 제주지역 등을 중심으로 언어 현상이 다르게 나타나는 모습을 설명할 수 있다. 방언은 때로 '사투리'라는 말로 대치되기도 하며, 사람들 중에는 자신이 속한 방언을 통하여 다른 사람과의 유대감을 표현하기도 한다. 미국에서는 크게 중부방언, 서부방언, 동부방언, 남부방언의 구분을 언급하고 있으며, TV 방송 등에서는 이들 방언의 패턴을 부각시킴으로서 해당 프로그램에 등장하는 인물의 특성을 표현하는 수단으로 활용하기도 한다. 앞 장에서 영국영어, 미국영어의 경우만을 보더라도 지역이 바로 영어의 특징을 규정하는 중요한 기준이 되고 있음을 확인할 수 있다. 학자에 따라서는 영어가 세계로 퍼져 나가면서 지역적인 특색을 반영하면서 발달을 거듭하였던 영어들을 별도의 영어로 가리키기도 한다. '피진(Pidgin)' 그리고 '크리올(Creole)'이 바로 여기에 속한다. 예들 들어, 환태평양지역을 중심으로 여러 도서 지역을 중심으로 발달하였거나, 중남미 지역 국가들에서 발생한 영어 표현들을 생각해볼 수 있다. 특히 크리올은 지역에서 방언으로서 발달한 피진 형태의 영어 표현을 새로 태어난 아기가 모국어로 배우면서 하나의 지역 모국어 형태로 남게 된 결과를 가리킨다. 이처럼 영어가 다양한 지역에서 다채로운 형태로 나타나면서 오늘날 다수의 영어 표현들이 세계에 분포하고 있다.

　사람들이 방언이라는 개념을 이야기할 때는 반드시 잊지 말아야 할 부분이 바로 '표준어(Standard)'라는 개념이다. 앞선 장에서 영국영어, 미국영어를 언급한 적이 있는데 이들 영어들은 스스로 자신들의 표준어를 가리키는 용어를 갖고 있음을 알 수 있다. 영국영어에서는 RP(Received Pronunciation)를 미국영어에서는 GA(General American)를 사용하여 표준어를 지칭하고 있다. 특히 세계 뉴스를 주도하고 있는 BBC는 RP를 중심으로 그리고 CNN에서는 GA를 주축으로 표준형의 수행하고 있다. 따라서 영어교육 현장에서는 이들 두 표준방식을 기준으로 하여 제작된 영어교재를 중심으로 영어교육 프로그램을 운영하고 있다.

3.2　사회적 방언의 이해

　방언의 정의를 사회에 중심을 두는 것은 바로 언어의 수직적 측면을 고려하고 있다고 보아야 한다. 바로 사회 내부에서의 상위 및 하위 위치가 매우 중요한 요인이라는 뜻이다.

언어의 사회적 현상 중에서 사회적 측면을 중시하여 언어 현상을 연구하였던 대표적인 언어학자가 바로 윌리엄 라보프(William Labov)이다. 우선 그의 연구 결과를 보면 자신이 미국 뉴욕시 방언 형태를 관찰하면서 사회계급에 따라서 영어 단어에 속한 'r'의 발음 성향에 변이가 나타나는 사실을 발견하였다. 물론 영어 표준어에서는 'r'을 발음해야 하지만, 뉴욕이라는 지역 및 사회적 소속 상황에 따라서 해당 자음의 발음 형태가 달라지는 모습을 확인하고 사회적 조건에 따라서 발음이 달라질 수 있다는 가설을 착안하기에 이르렀다.

우선 실험조사 내용을 살펴보면 라보프 자신이 백화점에서 자료를 모으는 작업으로 시작되며, 당시 'r' 발음의 경향을 살피는 수단으로서 영어 표현 중 'Fourth floor'를 활용하였다. 여기서 중시할 점은 'r' 위치가 바로 이어서 발음되는 'th' 발음 앞에 위치하고 있다는 점이다. 즉 'r' 발음이 Karen에서처럼 모음 사이에 있는 예보다 'r' 발음에 변화가 발생할 확률이 높을 표현을 선별하여 조사를 실행하였다. 이 표현을 토대로 뉴욕 소재 백화점들인 Saks, Macy's, S. Kleim 등을 중심으로 종업원들의 발음들을 조사하였다. 조사 결과에 의하면 백화점의 지명도에 따라서 정도에 차이가 나타나는 현상을 확인할 수 있다. 백화점 지명도가 높을수록 해당 표현에 속한 'r'의 발음 유지가 분명하지만, 지명도 수준이 낮아질수록 'r' 유지 수준에 하향되는 수치를 확인할 수 있다. 또한 'r'에 대하여 질문을 던지는 경우 최초 대답은 자신의 발음에 주의를 기우리지 않은 채 발음할 때 'r' 발음 출현 빈도수가 낮게 나타나지만, 다시 한 번 환기시키면서 질문을 던지게 되면 주의를 기우려서 대답을 하면서 'r' 출현 빈도수가 높아지는 모습을 보여준다는 사실을 발견하였다. Labov의 예에서는 'r-less'(r 발음 생략)규칙은 사회적 계층과 언어

변이에 관하여 설명을 제시할 때면 항상 인용되는 내용이기도 하다. 언어학이론을 수립하는데 총력을 기우렸던 촘스키의 방식만으로는 이와 같은 현상을 명확하게 설명하기가 쉽지 않을 것이다.

백화점 지명도와 'r' 발음 현상

Upper Level	Saks	30 % r-less
Middle Level	Macy's	41 % r-less
Lower Level	S.Kleim	82 % r-less

조사과정에서 라보프는 직접 백화점을 방문하였고, 종업들에게 자신이 조사 기준으로 삼았던 'Fourth floor'를 사용하여 질문하는 방법을 사용하였다. 즉 자신이 원하는 층을 찾으려는 시도로서 종업원에게 해당 표현을 제시하고, 처음 대답을 마치 듣지 못한 양 재차 질문을 던지는 방법으로 발음의 차이가 나타나는지를 확인하였다. 다음 결과는 첫 번째와 두 번째 질문에서 확인된 'r' 발음 변이 현상을 도표로 보여주고 있다. 여기서 알아야 할 점은 백화점 지명도에 따라서 'r'을 발음하는 수치가 다르다는 사실이다. 결과에 따르면 지명도 높은 장소에서의 종업원들은 항상 발음에 주의를 기우리는 반면에 지명도가 높지 않은 곳에서의 발음 성향에서는 'r' 발음 여부를 크게 염두에 두지 않는 모습을 확인할 수 있다.

질문의 반복과 r 변이 현상

Question ('Four floor')	1st Question		2nd Question	
	백화점	Casual Answer	백화점	Careful Answer
r-ful 빈도수	Saks	63 %	Saks	64 %
	Macy's	44	Macy's	61
	S.Kleim	8	S.Kleim	18

04 언어행위 태도에서의 의미 현상

특정 단어를 살펴보면 애초 생성 당시의 의미를 그대로 유지하면서 지금까지 사용되는 경우를 찾기가 쉽지 않다. 시대가 흐르면서 수많은 사람들이 동일한 단어를 사회적 변화 속에서 사용하면서 주변 환경의 변화를 인하여 다양한 의미들이 해당 단어와 연관을 맺게 되는 현상들이 흔하게 발생한다. 현대 과학문명이 대두하면서 단어의 의미가 다양화되는 추세를 보이기는 하지만, 많은 경우들에서 과거 포괄적인 대상을 가리키다가 후기로 접어들면서 특정 대상만을 지칭하게 되는 예들을 많이 접하게 된다. 예를 들면 앞에서 언급하였던 'man'만을 보더라도 시작 단계에서 '인간' 전체를 아우르는 의미를 갖고 있었지만, 근자에는 인간들 중 남성만을 가리키는 용어로 전용화 되어 있다. 그리고 식사 탁자에서 많이 볼 수 있는 'meat'를 보더라도 초기 '고형 식품'을 가리키다가 시대가 흐른 후 현재에는 '육류'만을 가리키는 의미 특정화 결과를 보여주었다. 이처럼 언어행위에서 단어의 의미 변이 및 변화는 어쩌면 당연한 현상으로 받아들여야 하지 않을까 싶기도 하다. 또한 언어학자들 대부분은 이와 같은 언어 현상을 잘 알고 있기 때문에 특정한 단어에서의 '진정한 의미'라는 개념을 갖는 것 자체에 큰 의미를 부여하지 않는다. 따라서 단어의 의미를 역사적 관점에서 이해하기 위해서는 다음과 같은 의문점들을 염두에 두면서 의미적 측면을 살피는 방식의 정당성을 분명하게 인식해야만 한다.

특정 단어가 실제로 대화 구조 환경 속에서 사용되는 경우
• 단어가 사용될 당시 대화상에서 무엇을 암시하는가?
 (what is implied conversationally when it is used?)
• 단어가 언어 수행 구조에서 무슨 단어들과 자주 어울리는가?
 (what other words it frequently occurs with (in collocations))
• 단어가 다른 대화 환경에 있게 되는 경우 무엇을 암시하는가?
 (What it implies when it is used in different conversational contexts)

4.1 의미 변이의 하향화 현상

사회 속에서 화자들이 나타내는 언어행위 중에 자신들이 표현하려는 대상들에 대하여 어떤 심적 상태 혹은 심리적 태도를 견지하는지를 확인할 수 있다. 즉 표현 자체가 화자들의 심리 상황을 대변하는 경우가 만기 때문일 것이다. 영어에서 일부 단어들을 보면 화자가 묘사하는 대상에 대한 자신의 태도를 표현 속에 그대로 대신할 수도 있다. 해당되는 용례들을 보면, 상대방에 관련된 용어들을 선별하는 과정에서 화자가 품고 있는 긍정적, 부정적 감성을 가늠할 수 있을 뿐만 아니라 이를 토대로 화자들이 말을 수행하는 과정

에서 자신들이 가리키는 대상들에 관하여 어떤 판단과 관점 등을 짚어낼 수 있다. 다음 예는 대표적인 사례 중에서 일부만을 제시한 것이다. 우선 특정 민족에 대해서 주어진 용어 전체보다 일부를 생략시키는 축약을 통해 부정적 이미지를 전달하는 방식이 있다. 그리고 동일한 직종을 가리키지만 선택 용어를 통하여 긍정 혹은 부정의 정서를 표현하는 방법이 있다. 또한 사회적으로 통용되고 있기는 하지만, 여전히 성에 따른 차별적 의미를 그대로 반영하는 예들도 적지 않다.

예) 축약과 부정적 반응
　　Chin(Chinese), Jap(Japanese), Rurky(Russian)

　　용어 선택과 대상 평가
　　Politician ⇒ Statesman(정치인)
　　Policeman ⇒ Police Officer(경찰관)

　　성별이 반영된 표현
　　man (⇒ 일반적 사람을 지칭: human beings)
　　chairman (현재는 'chairperson'을 사용)
　　snowman

　　다음 예들은 Miriam Meyerhoff(2011) 내용 중에서 사람들이 특정 단어 표현에 관하여 지녔던 정서적인 반응 추세를 단어의 의미적 변화를 통하여 보여주고 있다.

	1290년	1530년	1648년	1711년	1835년
girl	소녀의 의미	결혼 이전 처녀	연인의 의미	정부(情婦), 매춘부	흑인여성
queen	893,900년	1588년	1900년	1924년	
	왕의 부인	여성에 대한 애정 표현	매력적 여인, 애인	남성 동성애자	
gay (형용사)	1310년	1637년	1825년	1935년	1980년대
	유쾌한 (사람)	쾌락, 방탕에 탐닉	부도덕적 삶을 사는 (여인)	동성애의	어리석은, 절망적인

4.2 사회적 변화 그리고 표현의 다양화

사회 속에서 사람들이 이야기를 전개할 때 가장 먼저 상대방의 사회적 위치를 생각하면서 자신의 표현을 변화시키는 모습을 많이 볼 수 있다. 특히 가족 관계만 보더라도 초기 영어를 보면 핵가족 형태의 구성원들만이 존재하는 속에서 이들을 지칭할 때 그렇게 복잡한 용어들을 고안할 필요가 없었다. 그렇지만 사회가 확장, 팽창을 거듭하면서 가족 구조가 복잡하게 발전하게 되면서 여기에 속하는 사람들을 지칭할 때 단순하게 기존의 단어들이 가리켰던 의미만으로 담당하기에 무리가 따르게 되었다. 따라서 동일한 단어라고 하더라도 의미 자체 영역을 확장시키거나 또는 가족 구성원 중 특정한 사람을 가리키는 방향으로 의미가 변화되기 시작하였고, 이 또한 부족하다고 여기는 단계에 이르게 되자 서서히 주변 외국어로부터 해당 부분에 적용이 가능한 용어들을 빌리는 형식을 취하게 되었다. 사회언어학자 연구자들은 전자를 일컬어 단어 의미 변이 및 변화라고 부르게 되었으며, 후자의 경우를 일컬어 차용어를 통한 단어 숫자 확장이라고 부르게 되었다. 영어는 역사를 통하여 11

세기 프랑스 지역에 거주하였던 노만인(Normans)들의 영국 영토 정복이 차용어를 확장하는데 중요한 역할을 보여주었다. 이때 수용된 단어들을 보면 영어에 존재하였던 형제를 성별로 구분한 '남자형제(brother)', '여자형제(sister)' 등이 주를 이루었지만, 차용어를 받아들이면서 친족에 연관된 다양한 표현들을 사용하기에 이르렀다. 여기에 속하는 예로서 'cousin(사촌)', 'niece, nephew(조카 여, 남)' 등을 들 수 있다.

언어에 따라서 경어라는 방식을 통하여 표현을 별도로 갖추기도 한다. 특히 독일어를 보면 'Sie' 존칭 표현이 있으며, 이 단어는 본래 '당신(독: du, 영: you)'을 가리키던 대명사였지만, 후일 상대방에게 경의를 표하는 존칭으로 그 영역이 확장되었다. 영어의 경우에는 이와 유사한 표현이 지금까지도 존재하고 있지 못하다. 그렇지만 영어에서는 상대방의 위치를 감안하면서 예의를 갖추기 위한 방법이 있는데 바로 예의 보이는 수위에 따라서 동일한 의미라도 표현을 단계적으로 다르게 표현하는 방식이 있다. 영어 학자들 중에는 이런 형식의 표현 방법을 가리켜 '기능적 표현(functional expression)'이라는 표현을 사용하기도 한다. 이런 표현들은 흔히 '공손 정도 수준(politeness level)'에 따라서 표현 방법에 차이가 나타난다.

공손 정도 수준

Help me!	도와 줘!
Can you help me?	도와줄래?
Could you help me?	도와줄 수 있어?
Would you help me?	도움 좀 줄 수 있는지요?
Do you mind helping me?	실례지만, 도움을 줄 수 있나요?

4.3 언어 모습 그리고 인간의 사고 형태

언어 현상을 살펴보면 그 안에서 사회 모습과 사상의 형식을 어느 정도 가늠할 수 있다. 18세기 경 유럽 언어학자 중에서 Herder는 언어가 인간 사고에 영향을 미칠 수 있다는 주장을 피력하였다. 물론 인간 마음 그리고 언어는 양쪽이 상호 영향을 미칠 수 있는 잠재력을 갖고 있기는 하다.

이전부터 많은 사상가들은 인간 마음이 언어에 영향을 미치면서 언어 변이와 변화를 유발시킬 수 있다는 생각을 갖고 있었다. 이와 같은 관점을 정리해서 명명한다면 'Me first 원리'라고 부를 수 있을 것이다. 이에 해당하는 예들은 두 단어의 전환이 발생할 때 좀 이상한 느낌을 줄 수가 있다. 말의 표현 중 '주어'에 가깝게 위치한 단어를 필두로 멀리 떨어진 다른 표현을 사용하는 특성을 보여주고 있다. 언어학적인 관점에서는 이 현상을 두고 인간 마음이 언어에 미치는 영향을 반영한다고 말할 수 있을 것이다.

Me - first principle

this and that	* that and this
here and there	* there and here
sooner or later	* later and sooner
in and out	* out and in
to and fro	* fro and to
at home or abroad	* abroad and at home

위의 예와 유사한 경우로 비유적 표현에서도 사람들은 마음이 언어에 미치는 영향 때문에 목적된 목표물을 설명하는 데 무엇인가를 자신의 신체 현상에 비유하기도 한다. 그렇지만 이런 방식은 너무

오랜 기간 반복해서 사용하였기 때문에 사람들은 이와 같은 표현들을 가리켜 '진부한 표현(a cliché)'이라는 부른다.

The volcano coughed. (화산이 쿨럭 거렸다)
이 표현은 중립적이며, 이 표현으로부터 우리는 크기 혹은 다른 정보를 알 수 없다.

He coughed like volcano. (그가 크게 기침을 하였다)
여기서는 우리는 화산에 비유를 함으로써 그가 큰 소리로 기침을 한 것을 알 수 있다.

그렇지만 이미 말했듯이 Herder 관점에서처럼 언어가 인간 마음에 영향을 미치는 경우로 적지 않게 발견할 수 있다. 이 부분은 과거 'Sapiro-Whorf'의 주장으로서 언어가 인간 사고에 영향을 미치는 수준에 따라서 '언어의 상대성' 혹은 '언어의 절대성'으로 불리기도 하였다.

이 두 학자들의 주장을 예로써 정리해보면 모든 언어는 다른 색깔 체제를 가지고 있으며, 그것이 언어에 따라서 단어 숫자 분포에 영향을 미친다는 현상으로 보면 된다. 색깔만 보더라도 단어 표현 숫자가 많을수록 언어가 색깔을 묘사할 수 있는 잠재력이 더욱 강화된다고 볼 수 있음을 가리킨다.

물론 여러 언어들을 통해서 우리는 세 가지의 기본 색깔들 빨강, 파랑(녹색), 그리고 노랑 등을 발견할 수 있다. 이 현상은 음성학적 체제(a, i, u)와 유사하게 볼 수도 있다. 바로 이와 같은 현상은 세상의 모든 사람들이 문화적인 진보의 수준과 상관없이 색깔에 대한 기본적인 감각을 가지고 있다는 사실을 확인할 수 있다.

언어가 인간 마음에 영향을 미치는 예는 문장 구조적 측면에서도 그 가능성을 찾을 수 있다. 다음 문장은 두 가지의 주어를 가정할 수 있는데 가장 앞에 위치한 'Indians' 그리고 다음에 위치한 'Scout'를 동사 'kill'의 행위 주체로 볼 수 있다.

The Indians the scouts saw killed a buffalo.

- Indian → killed a buffalo (인디언이 들소를 죽였다)
- Scout → killed a buffalo (정찰병이 들소를 죽였다)

위 문장을 보면 외견상 동사 'kill'에 가깝게 위치한 명사 주어 'scout'를 행위 주체로 볼 수 있는 가능성이 많이 보이기는 하지만, 위 예 경우에는 문장을 접했던 사람들 대부분이 비록 'Scout'와 'Indian'이라는 단어를 듣기는 했더라도 'Indian'을 행동 주체로 보는 것이 옳다고 판단하는 모습을 발견할 수 있다. 이 사실은 토대로 우리는 이 문장의 구조를 살펴볼 때 문장의 시작점이라고 볼 수 있는 '심층 구조'가 인간 마음에 영향을 미친다는 점을 확인할 수 있다. 그래서 청자들이 문장을 대할 때 'Indian'을 'kill'의 주어로서 선택하는 상황을 이해할 수 있을 것이다.

참고문헌

Alpert, R. & Harber, R. (1960). "Anxiety in academic achievement situations". *Journal of Abnormal Social Psychology*, 61, 207-215.

Alptekin, C. & Atakan, S. (1990). "Field dependence-independence and hemisphericity as variables in L2 achievement". *Second Language Research*, 6, 135-149.

Bailey, K. M. (1983)." Competitiveness and anxiety in adult second language learning: Looking at and through the diary studies". In H. W. Seliger & M. H. Long (eds.), *Classroom oriented research in second language acquisition*. Rowley, MA: Newbury House.

Bauer, J. Z. (1995). *The art of teaching the natural approach*. Reading, MA: Addison-Wesley Publishing Company.

Bear, M. F., Coonors, B. W., & Paradiso, M. A. (1996). *Neuroscience: exploring the brain*. Baltimore: Williams & Walkins.

Beebe, L. M. (1983). "Risk-taking and the language learner". In H. W. Seliger & M. H. Long (eds.), *Classroom oriented research in second language acquisition*. Rowley, MA: Newbury House.

Brodkey, D. & Shore, H. (1976). "Student personality and success in an English language program". *Language Learning*, 26, 153-159.

Brown, H. D. (2000). *Principles of language learning and teaching*. Englewood, NJ:

Prentice Hall.

Chapelle, C. & Abraham, R. G. (1990). "Cloze method: What difference does it make?". *Language Testing*, 7, 121–146.

Chapelle, C. & Green, P. (1992). "Field independence/dependence in second language aquisition research". *Language Learning*, 42, 47–83.

Chapelle, C. & Roberts, C. (1986). "Ambiguity tolerance and field independence as predictors of proficiency in English as a second language". *Language Learning*, 36, 27–45.

Chomsky, N. (1959). "A review of B. F". *Skinner's Verbal Behavior. Language*, 35, 26–58.

Doron, S. (1973). *Reflectivity-impulsivity and their influence on reading for inference for adult students of ESL*. Unpublished manuscript, University of Michigan.

Ellis, R. (1994). *The study of second language acquisition*. Oxford: Oxford University Press.

Ely, C. M. (1986). "An analysis of discomfort, risktaking, sociability, and motivation in the L2 classroom". *Language Learning*, 36, 1–25.

Ely, C. M. (1994). *Second Language Tolerance of Ambiguity Scale*.

Ewing, D. W. (1977). "Discovering your problem solving style". *Psychology Today*, 11: 12, 69–73.

Gardener, R. C. & Lambert, W. E. (1972). "Attitudes and motivation in language study: Who says it isn't effective?" *Studies in Second Language Acquisition*, 13, 57–72.

Goodman, K. S. (1970). "Reading: A Psychological guessing game". In H. Singer & R. B. Ruddell (eds.), *Theoretical models and processes of Reading*. Newark, DE: International Reading Association.

Guiora, A. Z., Acton, W. R., Erard, R. & Strickland, F. W. (1980). "The effects of benzodiazepine [valium] on permeability of ego boundaries". *Language Learning*, 30, 351–363.

Guiora, A. Z., Beit-Hallahmi, B., Brannon, R., Dull, C. & Scovel, T. (1972). "The effects of experimentally induced changes in ego states on pronunciation ability in a second language: An exploratory study". *Comprehensive Psychiatry*, 13, 139–150.

Hansen, J. & Stansfield, C. (1981). "The relationship of field dependent-independent cognitive styles to foreign language achievement. *Language*

Learning, 31, 349-367.

Heyde, A. (1979). "The relationship between self-esteem and the oral production of a second language". Unpublished Doctoral Dissertation. University of Michigan.

Horwitz, E. K., Horwitz, M. B. & Cope, J. (1986). "Foreign language classroom anxiety". *The Modern Language Journal*, 70, 125-132.

Jamieson, J. (1992). "The cognitive styles of reflection/ impulsivity and field independence and ESL success". *The Modern language Journal*.

Kagan, J. (1965). "Reflection-impulsivity and reading ability in primary grade children". *Child Development*, 37, 583-594.

Kagan, J., Pearson, L. & Welch, L. (1966). "Conceptual impulsivity and inductive reasoning". *Child Development*, 37, 583-594.

Krashen, S. (1982). *Principles and practice in second language acquisition*. Oxford: Pergamon.

Krashen, S., Seliger, H. & Hartnett, D. (1974). "Two studies in adult second language learning". *Kritikon Literarum*, 3, 220-228.

Lieberman, P. (1991). *Uniquely human*. Cambridge, MA: Harvard University Press.

Lightbrown, P. M. & Spada. N. (1993). *How languages are learned*. Oxford: Oxford University Press.

MacIntyre, P. D. & Gardener, R. C. (1991). "Language anxiety: Its relationship to other anxieties and processing in native and second languages". *Language Learning*, 41, 513-534.

Maslow, A. H. (1970). *Motivation and personality*. New York: Harper & Row.

Naiman, N., Frohlich, M., Stern, H. H. & Todesco, A. (1978). *The Good Language Learner*. Toronto: Ontario Institute for Studies in Education.

Rubin, J. & Thompson, I. (1982). *How to be a more successful language learner*. Boston: Heinle & Heinle.

Watkins, D., Biggs, J & Regmi, M. (1991). "Does confidence in the language of instruction influence a student's approach to learning?". *Instructional Science*, 20, 331-339.

찾아보기

〈지은이 소개〉

지은이 김형엽은 고려대학교 대학원 영어영문학과에서 영어학(음성/음운론 전공)으로 석사학위를 받고, 미국 일리노이대학교에서 언어학으로 박사학위를 취득하였다. 현재 고려대학교 글로벌학부 영미학전공 교수로 재직 중이다.

지은이 오관영은 고려대학교 대학원 영어영문학과에서 박사학위를 취득하였다. 현대영어교육학회 편집이사로 활동하였고, 현재, 전남대학교 문화사회과학대학 국제학부 교수로 재직 중이다.

지은이 이현구는 고려대학교 대학원 영어영문학과에서 영어학(음성/음운론 전공)으로 박사학위를 취득하고, 시애틀에 있는 University of Washington 언어학과의 객원교수를 역임하였다. 2000년대 현대영어교육학회를 창립 및 회장을 역임했다.